目 录

引　言

　　长期以来，史学界认为，康熙二十二年（1683 年），清廷统一台湾后施琅因平台有功在台岛获得了勋业地。他委派管事、督垦等管理其土地，招佃垦种，收取大租（施侯租、施侯大租）。但是，近年来有人提出，施琅在台的土地并非因军功受赏而获得，而是倚势掠夺而来的。施琅主张把台湾收入清朝版图，就是为了保有其在台的大片土地、维护其个人的私利。持此说者还把施琅在台经营官庄说得一无是处，对之全盘否定。

　　本书在广泛收集史料的基础上，把问题放到当时的历史条件下进行研究，着重剖析了那些常被一些人引以为据的史籍的记载，并且论及表面上看似和上述问题毫不相干而实际上却存在密切关系的人与事，进而和上述观点展开商榷。书中指出：施琅在台的土地系来源于受赏、购置和招佃垦辟，虽然他也接受投献，但此举不同于掠夺。所以，指责其在台土地都是靠掠夺而取得的，并不符合史实。施琅主张留台，是为了海防的巩固和国家的安全，尽管其中也包含对其个人利益的考虑，但大量史实证明，他始终是把国家利益置于首位而以家族利益服从国家利益的。因此，谓其是为了私利而主张留台是缺乏根据的。施琅因为必须经过深入台岛实地调研和深思熟虑后才能决定是否留台，同时也考虑到在他拥兵据台期间提出这一主张是不适宜的，所以才待至班师后疏请留台。施琅在台经营官庄，促进了台湾的土地开辟和农业进步，更重要的是对于吸引晋江等地的施氏族人渡台加入建设台岛的行列发挥了不可替代的作用，所以应从总体上给予肯定的评价。

第一章　掠夺说质疑

第一节　季麒光《再陈台湾事宜文》辨析

关于施琅在台土地的来源，史学界有三种不同的说法。

一则来源于封赏　据日本据台初年临时台湾土地调查局的调查研究，施琅因于康熙二十二年（1683 年）平定台湾郑氏政权有功，获赏台湾广大的埔地为世业。他投入资金，招徕漳、泉二府人民进行垦种，收取施侯租。施琅拥有的土地共有五十五庄，分布如下：

沤汪堡（将军庄、港口庄）、学甲堡（中洲庄、溪底寮庄、北门屿庄、蚵寮庄、学甲庄）、打猫西堡（旧南港庄、埤头庄）、牛椆溪堡（番婆庄、菜公厝庄、月眉潭庄、潭仔墘庄、中洋仔庄、三间厝庄、大客庄、大岺庄、溪北庄）、观音中里（大社庄、保舍甲庄、楠梓坑街、土库庄、林仔边庄、三奶坛庄）、半屏里（后劲庄、八封寮庄、右冲庄、大湾庄）、大竹里（篱仔内庄）、兴隆内里（覆鼎金庄）、兴隆外里（左营庄）、小竹上里（翁公园庄、山仔顶庄）、仁寿上里（漯底庄、港口岺庄、白米庄、梓官庄、大舍甲庄、蚵仔寮庄、茄苳坑庄、街尾岺庄、后协庄、盐埕庄、弥陀港庄、海尾庄、旧港口庄、石螺潭庄、

1

阿公店街、前锋庄、赤崁庄)、仁寿下里（下盐田庄)、观音下里（湾仔内庄、赤山仔庄、仁武里庄、竹仔门庄、新庄)。

施家原在台设有十个收租馆，至道光年间才减为四个①。

不少学者持有相同或类似的看法。安倍明义指出，"清政府赐予"施琅台湾"一块埔地，给他为世袭的业地。后来把它开放给漳、泉两州（府）的移民开垦，'将军庄'的地名系由此而来"②。吴新荣说：清廷"封施琅将军为靖海侯，并赐将军庄等地为他的勋业"③。谢英从也指出："施琅平定台湾有功，清廷授以土地，供其招佃开垦，设馆收租，称为施侯租。"④

二则来源于掠夺 石万寿即持这个观点，他说："五十五庄土地的来源，据说是康熙皇帝赐施琅跑马四日，所经之地皆为其所有，于是由北门屿开始，东至乌山头，西至马沙沟，最后在今将军庄停止跑马，遂以此地建将军府，作为在台湾的府第，并在史椰甲社，即今台南县学甲镇附近公馆庄（今公馆村）建立租馆，作为督垦佃

---

① 临时台湾土地调查局：《土地惯行一斑》（日文版）二，南天书局，1998 年初版第二次印刷，第 272～275 页。这是日据时期关于施琅在台勋业地的最原始的调查资料，共有五十四庄二街。后来的学者多予引用。而伊能嘉矩《台湾文化志》上卷载观音中里的"楠梓坑街"为"楠梓坑庄"，若此，则为五十五庄一街（该书为台湾省文献委员会译编，1985，第 150 页）。长期以来，学界在引用上述调查资料时，大多谓为五十五庄。张俊博士特为我从北京国家图书馆复印了这则史料，谨此志谢。

② 安倍明义：《台湾地名研究》，武陵出版社，1990，第 187 页。

③ 吴新荣：《沤汪地志考》，《萝卜庄昆冈情——将军乡人拾穗》，财团法人西甲文化传习基金会，2000，第 41～42 页。

④ 谢英从：《施侯租业新发现——大潭底庄、椰树脚庄、史椰脚庄位置考》，《台湾文献》第 56 卷第 1 期。

户与收租的馆舍。然而此五十五庄北至三叠溪，即今北港溪南，南至高雄市前镇区篱仔内，如此广大土地，实非跑马四日所能得到的土地，因之施琅实利用朝廷未派官员治理台湾以前，肆意掠夺的成果。……施琅所掠夺的田庄既然如此，其副将吴英以下将校员吏群起效尤，甚至连其亲友，亦得到施琅的特许，招佃开垦草莱。……施琅与其副将吴英以下为维护其在台湾庞大田产，以及其他利益，当然力事留台湾置郡县，此实为施琅力事于台湾置郡县，派兵驻守的真正理由所在。施琅为了有效管理其五十五庄土地，乃设施公租馆十处，置管事分掌收租，经由将军庄或直接运送泉州，交与靖海侯世袭业主。可见施琅一家仅依靠台湾此一大片施侯租田园，即世世代代享用不尽，也可见施琅力主收台湾为版图的真正用意所在。"①

三则来源于封赏和掠夺 伊能嘉矩持此说。他在其著述中一面说："本文所载施侯租田园，传系靖海侯施琅以其勋业地，令在台之闽属分垦，从此征收大租（施侯租）之惯例，而永远以业主靖海侯之名管理者。"另一面又说："施琅亦自负其功绩，有纵余威之迹象。现如台湾南部各地方所存称为'施侯租'田园之土地，虽属出于恩赏之勋业地（《清律》所谓功臣田土），但亦有不尽然者，康熙二十三年诸罗知县季麒光在《条陈台湾事宜文》中云：'将军以下复取伪文武遗业，或托招佃之名，或借垦荒之号，别设管事照旧收租。在朝廷既宏一视之仁，而佃民独受偏苦之累，哀冤呼怨，县官再四

① 石万寿：《台湾弃留议之探讨》，林金悔主编《沤汪·将军·施琅——将军乡乡名溯源暨施琅学术研讨会论文集》，台南县将军乡公所，2002。后文所引石万寿的说法皆出自此文，不再作注。

申请，终不能补救。'……此概系当时在靖台首功名下，致被吞并者，此等横夺私占，亦被公然默认，视同隆恩之勋业地耳。"①

下面，就上述各种说法展开分析。

据笔者所知，在许多清代的档案、史籍如《清圣祖实录》、《康熙起居注》、施琅的传记和相关的施氏族谱中，都未见载有关于施琅在台勋业地的资料，所以若要探讨这个问题，就须花大气力去搜寻有关的史料。而不能仅以所谓施琅跑马四日不可能圈定"五十五庄"那么广阔的土地的推测为依据，就判定施琅在台的田地都是"掠夺"来的。

其实，关于施琅跑马圈地的传闻，其可靠性就很成问题。须知施琅平台之年（康熙二十二年，1683年）已经六十三岁了（施琅生于天启元年，即1621年。清代史籍所载施琅的年龄皆为虚岁），且他在攻打澎湖时右眼负伤②。而施琅平台之日，恰是康熙帝对其倍加信任、倚重之时③。就常识而言，连续跑马四日，是须消耗大量体力的，即使是体魄强壮的年轻人也不易坚持。试想，康熙帝怎么可能采用这种方式来酬赏年逾花甲且身上带伤的功臣施琅呢？

前已述及，根据日据时期的调查，施琅的勋业地是因其平台有功而获得的清廷的赏赐，但并没有提到这个赏赐是必须通过跑马圈地的程序才能兑现的。石万寿既信从调查资料所载的"五十五"庄的说法，又对它未言跑马圈地的事实视而不见，而附会以令人难以置信的上述传说，这样论述问题，未免缺乏说服力。

---

① 伊能嘉矩：《台湾文化志》上卷，台湾省文献委员会译编，1985，第149页。
② 施琅：《靖海纪事》卷上，《飞报大捷疏》载：康熙二十二年六月十六日海战，施琅"右眼被铳击伤"。
③ 施伟青：《康熙帝对施琅的评价探源》，《台湾研究集刊》2000年第1期。

伊能嘉矩以季麒光的有关记述作为其掠夺说的依据，而季麒光关于施琅经营台湾土地等问题的记载有数则，为作出综合分析，兹统引于下。

1.《再陈台湾事宜文》台湾"既入版图，均议赋额，以各项田园归之于民，照则均征，则尺地皆王土，一民皆王人，正供之外，无复有分外之征矣。乃将军以下，复取伪文武遗业，或托招佃之名，或借垦荒之号，另设管事，照旧收租。在朝廷既弘一视之仁，而佃民独受偏苦之累，哀冤呼怨，县官再四申请，终不能挽回补救。且田为有主之田，丁即为有主之丁，不具结，不受比，不办公务，名曰'荫田'，使贫苦无主之丁，独供差遣"①。

2.《荫丁漏粮文》"……台湾新辟版图，人民原非土著，伪郑归诚之后，所存茕茕佃丁不过十之二三，卑县等以丁饷亏悬，多方招徕，因而册有续增之丁口，野有新垦之田园，庶使披荆带棘之区，有负丰授廛之户，乃何以按册有丁，按户则无丁，家甲之牌，视同故纸，不具结，不应役，甚至拖欠丁粮，揆厥所由，皆因新附之民自将军以下，就所有之田即为佃丁另立管事，督垦收租，不受制于县官，所辖佃丁不办公务，名曰'荫佃'。使荒瘠之田，贫苦之丁，无主可投者，独当差遣。"②

3.《密陈营盘累民文》"……视事以后，里民男妇老幼皆称将军管事叶虔等将新化里民田冒指营盘，横征租粟，不论上中下则，每甲收一十八石，往来络绎，民佃不堪受其诛求，纷纷具控。如陈

---

①　季麒光撰，李祖基点校《蓉洲诗文稿选辑·东宁政事集》，香港人民出版社，2006，第182页。

②　季麒光撰，李祖基点校《蓉洲诗文稿选辑·东宁政事集》，香港人民出版社，2006，第205页。

四、徐虎等八十六人为冒献血业事，寡妇王氏、郑氏等为噬寡吞孤事，张旭、林盛等四十一人为釜鱼乞命事，潘治、董寅等二十六人为吞占殃民事，郑吉、林叔等一十五人为究还民业事，郑再、黄秋等十人为混献占夺事，其余李文起、薛云、曾庄氏等陆续投诉者，案积如山。此辈冤民，环呼望救。卑职审讯得实，将叶虔等责惩，断给归民，复将各案情形并营盘田数绘图缮册，痛哭上书于将军。且卑职地方如大竹排、下加冬、铁线桥、茅港尾、急水溪等处，皆系垦熟营盘，不下二三千甲，不报册，不输粮。詹高、陈贵等自称督垦管事，倚伪时名号，登堂抗礼，田数多寡，不容查核。差官陈钦、颜亲等十有口人奉将军令牌，勒限征租，擅拨车夫。县官亦无从诘其真伪，莫可如何。但卑职自责惩叶虔之后，南北两路管租副使曾蜇、郑耀星及蓝瑶、林明等有田园、蔗车，侧目于卑职。恐棍徒横虐，将军侯未必尽知，而谗言日进，以致忤威获戾，不揣冒昧，沥血密陈，仰吁宪慈俯电愚诚，曲赐主持，庶功名性命可望瓦全，国计民生俱在宪台［幹］斡旋补救中矣。"[1]

4.《上将军施侯书》"盖闻大功难居，盛名易隳。公侯将相善处功名者，莫如留侯、邺侯。然神仙托迹，终属诞妄。不若汾阳，功盖天下，以一身倚社稷安危，四十余年，主不疑而人不忌者，由于居躬服物，不涉嫌疑，不鸣德怨也。今君侯钟川岳之英，孕星辰之秀，指挥而三军静，叱咤而百神肃。台湾遗孽，自世祖章皇帝频年命将，挽租输粟，费数百万之金钱、兵力而未能底定者，君侯一战而下之。其事较班、传而更奇，比卫、霍而尤烈。古云

---

① 季麒光撰，李祖基点校《蓉洲诗文稿选辑·东宁政事集》，香港人民出版社，2006，第 202 ~ 203 页。

'有非常之人，而后有非常之事'，非君侯孰能当此而无愧乎？圣天子念一统之盛，古今未有，褒赏元功，恩封世职。君侯之功名不为不盛矣，君侯之爵禄不为不崇矣，君侯之贻厥子孙者，自此而昌炽方滋矣。则君侯之上答皇麻，下系舆情，以永其河山带砺之盟者，亦慎且重矣。职一介鲰生，半通下吏，谬膺简拔，调补海疆，得从员属之班，瞻拜君侯于幕下。接君侯之丰神谈笑，因知丰功大烈，有所自来，何敢以蠡见蛙鸣仰参高朋之万一乎？然自幼读书稽古，从来履满席丰者，或以贪黩而败，或以跋扈而败，或以结纳而败，或以狗马声色骄淫而败，或以门宾幕吏招摇而败。而上林苑之清沁水园之争，上则起震主之嫌，下则贻青史之讥，诚可鉴戒。今台湾之地，皆君侯所辟之地也；台湾之民，皆君侯所生之民也；台湾之文武员属，皆君侯药笼之参苓也。在君侯之身，正如泰山沧海，人谁与让？况君侯泉人也，以泉之人镇泉之地，台湾虽阻重洋，皆君侯梓里之余也。宽其所有，而抚恤其民人，正君侯今日之事也。乃何以职等视事以来，问出水，则曰'君侯之兵眷'也；问田亩，则曰'君侯所垦辟'也；问蔗车，则曰'君侯所竖立'也；问佃丁，则曰'君侯所荫免'也。嗟此小民，始为身家计，纷纷具控。及见君侯之员佐持君侯之符，宣君侯之命，执系箠击，声言提解。嗟此小民，又为性命计，皆依徊隐嘿，使县官无从定断，则小民之情事，亦甚可怜；而员佐之声灵，更非职等之所能问矣。窃思君侯业隆今古，位极人臣，视此所余之粟谷，不过九龙之一脔耳，岂肯以盖世之勋名与小民争此尺寸之获？昔公仪一国之相也，犹命拔割园葵，不分民利，君侯独不闻乎？今职秩微言浅，而所据陈于君侯者，又冒昧而不知忌讳，亦明知君侯之心事如光风霁月，无所不容；君侯之员佐，皆能仰体君侯之心，不以位卑言高，为职罪戾。伏望君侯俯加垂察，使职得效冯谖之诚，为君侯广焚券之仁，则功在社稷，泽在生民，君侯之令名盛德，亦永远不替矣。"①

据《诸罗县志·职官志》记载："季麒光，无锡人，康熙丙辰进士，二十三年知县事。……在任逾年。"② 季氏系台湾入清以后首任诸罗县知县。上引材料，第一则至第三则应是他写给当时的"宪慈"即福建总督王国安的报告，第四则是写给靖海侯、靖海将军、福建水师提督施琅的信。

必须指出的是，迄今未见有人对上述材料中所涉及的内容提出过任何的疑议，人们往往把它全部视为信史，而不加分析地径予引用。诚然，季麒光所言，大多并非凭空捏造，但也不是都符合事实，尤其是他有时采用令人费解的含混其词的表述方式，这就使读其文字者难免发生误解，所以很有进行深入分析的必要。下面，我们将问题放到当时的历史条件下进行剖析。

大家知道，长期以来上述第一则材料一直被用来作为指斥施琅在台经营土地曾经恃势横为、欺压百姓的重要证据。伊能嘉矩正是据之以立论的。而今看来，这个观点似可商榷。

据清朝台湾首任知府蒋毓英始修于康熙二十四年（1685 年）的《台湾府志校注》记载，其时台湾汉人"实在民口三万二百二十九：男子一万六千二百七十四；妇女一万三千九百五十五"③。陈孔立先生

---

① 季麒光撰，李祖基点校《蓉洲诗文稿选辑·东宁政事集》，香港人民出版社，2006，第 203 ~ 205 页。

② 周钟瑄主修，陈梦林编纂《诸罗县志》卷三，《秩官志·列传》，台湾大通书局，1984，第 51 页。

③ 蒋毓英撰，陈碧笙校注《台湾府志校注》，厦门大学出版社，1985，第 71 页。

认为，康熙二十二年，因"郑氏归清时，郑军官兵及部分移民迁回大陆"，台湾"汉人人口一度减少到7万~8万人"①。康熙二十三年，施琅上疏指出："台湾沃野千里"，但"弥山遍谷，多属土番"，他们不事农耕，"射猎是事"；而"安于耕桑可得按户而问赋者，皆中国之人，于数十年前，生聚乎其间。及郑逆拥众盘踞，兵即为农，农即为兵。兼沿海数省之地方人民，有为其所掠而去者，有趋而附者，非习于渔，则与为佃。自臣去岁奉旨荡平，伪藩、伪文武官员、丁卒与各省难民相率还籍，近有其半。人去业荒，势所必有"②。

台湾在郑氏统治时期土地开发原本就很有限，而今又有许多劳动力迁返大陆，这就加剧了台岛地广人稀的状况，面对广阔的荒地，台湾地方官府多致力于招徕垦辟。所以，其时人们极易向官府申领到垦照，以招佃开辟。伊能嘉矩曾论及这个问题，他说："左示垦照系为清领当初作成，而可证明其由来最久之有关诸罗县下鹿野草草地（鹿仔草堡）开垦者……具禀人沈绍宏为垦思禀请发给告示开垦事，缘北路鹿野草荒埔，原伪郑时左武骧将军旧荒营地一所，甚为广阔，并无人请耕，伏祈天台批准宏，著李婴为管事，招佃开垦，三年后输纳国课，并乞天台批发明示台道，开载四至，付李婴前往鹿野草草地，起盖房屋，招佃开垦，永为世业，须至禀者。今开四至：东至大路及八掌溪，西至龟佛山及崁，南至抱竹及崁仔上，北至溪崁。康熙二十四年十月？日。"而台湾官府很快就作出批示："垦荒现奉上令准速给照，以便招佃，及时料理，候垦耕成熟之后，照例起科。"③

---

① 陈孔立：《清代台湾移民社会研究》增订本，九州出版社，2003，第32页。
② 施琅：《靖海纪事》卷下，《壤地初辟疏》。
③ 伊能嘉矩：《台湾文化志》下卷，台湾省文献委员会译编，1991，第136~137页。

在临时台湾旧惯调查会第一部报告《台湾私法》中收集了很多此类发给垦照的事例，为避文繁，仅举一例：

> 台湾府凤山县正堂纪录八次署诸罗县事宋，为垦给单示以便垦荒裕课事，据陈赖章禀称，窃照台湾荒地现奉宪行劝垦，章查上淡水大佳腊地方，有荒埔一所，东至雷厘秀朗，西至八里分干脰外，南至兴直山脚内，北至大浪泵沟，四至并无妨碍民番地界，现在招佃开垦，合情禀叩金批准给单示，以便报垦升科等情。业经批准行查禀，着该社社商通事土官查勘确覆去后，兹据社商杨永祚、伙长许总、林周、土官尾帙斗谨等覆称，祚等遵依会同伙长土官踏勘陈赖章所请四至内高下不等，约开有田园五十余甲，并无妨碍，合就据实具覆各等情到县。据此，合给单示付垦，为此示给垦户陈赖章，即便招佃前往上淡水大佳腊地方，照四至内开荒垦耕，报课升科。不许社棍闲杂人等骚扰混争。如有此等故违，许该垦户指名具禀赴县以凭拿究。该垦户务须力行募佃开垦。毋得开多报少，致干未便，各宜凛遵毋忽。特示。
>
> 康熙四十八年七月二十一日给发淡水社大佳腊地方张挂①。

可见申领垦照必须报明所要认垦的土地的四至，官府只要勘明该地块没有侵占"民番地界"，就发给垦照，让申领人招佃垦辟，待垦为熟田后，垦户要向官府报告已垦熟田园的面积，并缴纳正供（田赋）。而垦户所认垦的土地则得到官府的保护，他人不得骚扰侵

---

① 临时台湾旧惯调查会第一部报告《台湾私法》（附录参考书）第一卷上，日本神户市北长狭通八丁目十九番屋敷印刷所，明治四十三年（1910年），第186页。

占。值得注意的是，垦户陈赖章申领垦照时的情况和前文所述沈绍宏不同。沈绍宏是选定地块后，即向官府申领垦照，拟获准后，再着手到该地方盖房招佃。而陈赖章则是"现在招佃开垦"，等官府派人去查勘其申领的地块时，他已"约开有田园五十余甲"。这明显属于先斩后奏，并不符合先申领垦照、后招佃垦耕的规定。但是，盖因其时官府急于招徕开垦，所以在查明其"并无妨碍民番地界"后，就未与之计较，而是随即发给垦照，这可谓事后追认。它反映了在台湾入清初期，台湾地方官府为尽力推进台岛的开发，在批发垦照的程序方面曾经采用了一些灵活的办法。

从史籍记载来看，当时台湾的荒地，既有从未开辟的草地，也有既经垦耕而后被抛荒的土地，而后者则包含原郑氏的文武官田、营盘田等。季麒光《覆详地粟定额文》说："今郑氏归诚，凡漳、泉之人各归故土，所存一二汤火遗黎，十室九空……伪时耕种之民，尽遁亡而不返。此日抛荒之土，欲招垦而无人。"① 这里的"抛荒之土"无疑包括了原郑氏的文武官田、营盘田等。康熙中期任台厦道的高拱乾曾发布公告称："台湾地经初辟，田尽荒芜，一纸执照，便可耕耘，既非祖父之遗，复无交易之价。"② 因为荒芜的文武官田、营盘田与汉族移民和台湾土著居民的土地没有纠葛，可以省掉交涉协商，所以"一纸执照，便可耕耘"。尹章义先生指出："请垦的可耕地若是荒芜

---

① 季麒光撰，李祖基点校《蓉洲诗文稿选辑·东宁政事集》，香港人民出版社，2006，第206页。

② 高拱乾：《劝埋枯骨示》，台湾史料集成编辑委员会：《明清台湾档案汇编》第二辑第九册，中华文化复兴运动总会、"国立"台湾大学图书馆、远流出版事业股份有限公司，2006，第176页。本书多处引用《明清台湾档案汇编》所载的资料，为避文繁，后面出版单位注为中华文化复兴运动总会等。

的郑氏领台时代的延平王田、文武官田、屯田（即营盘田——引者）等，自然是'一纸执照，便可耕耘'。"① 其所说就是这个情况。

伊能嘉矩在谈到台湾土地抛荒的情形时说："先是与郑氏之没落，同时在南北各地设镇开屯之将弁兵民，概放弃退离其地（既设二十四里之外），原有垦区复任其荒芜。"② 可见郑氏既垦田园抛荒之多。对于上述土地，人们都可以像对待其他荒地一样，通过申领垦照，招佃垦耕。且台湾地方官府，对于申领垦照者并无身份等级的限制规定。《台湾私法》所载"垦照说略"指出：

> 当清代康熙二十四年，即日本贞享二年，彼时台湾初归清国版籍，仅得两载虚期，政令风化初开，百事未备，凡开疆正宜辟土，垦耕事务岂可稍缓乎？为此县官出示招民开垦，冀以扩张疆界，而充益国课。无如台岛地广人稀，阡陌之利未开，赋政之源未出，故凡有赴官衙请垦者，不问贵贱，悉行照准，只以速成为效。官将原禀照抄，批示许可字据，盖用县印，给付垦户执凭，听其备资招佃，兴工开垦，三年之后，照例禀报成科，配纳供课。至开垦之初，先则指明地段四至界址，继则养佃陆续开垦。故无立定期限，或因许可之地，该垦户垦成之田园未及半数，中间生变而中止，或财力不继而转给他人垦耕，虽情状不同，而其接续之权必有另立契约，而无请官登记，此清代开垦之惯例也③。

---

① 尹章义：《台湾开发史研究》，台北市联经，2003 年初版第四次印刷，第 59 页。

② 伊能嘉矩：《台湾文化志》下卷，台湾省文献委员会译编，1991，第 137 页。

③ 临时台湾旧惯调查会第一部报告：《台湾私法》（附录参考书）第一卷上，日本神户市长狭通八丁目十九番屋敷印刷所，明治四十三年（1910 年）印刷，第 172 页。

弄清以上情况，再回头来看前面列举的季麒光所记第一则材料，所谓"将军以下，复取伪文武遗业，或托招佃之名，或借垦荒之号，另设管事，照旧收租"，系指施琅及其随征将弁吴英等人取得郑氏文武官员遗弃的土地，招佃垦种，设立管事，收取地租。而前已述及，这些土地都已属于荒地，须招徕劳力垦辟，所以"招佃"不假，"垦荒"是实，不存在"托"和"借"的问题。至于设立管事，收取地租，也是正常的举措，不仅台湾，包括大陆，恐怕是没有垦首（地主）不收地租的，我们毕竟不能要求施琅、吴英等人将建立田庄当作慈善事业来经营。

而关于施琅、吴英等人取得台湾土地的时间，历史上有不同的说法。康熙五十三年（1714年），台厦道陈滨称："本道看得台地之有官庄，皆因荡平之初，土广人稀，版籍未定，文武官身家念重，各招佃垦种为衣租食税之计，相沿至今。"[1] 这似是说在台湾被收入清朝版图之前，施琅、吴英等文武官员就已经在台湾取得土地，招佃垦种了。但是，雍正四年（1726年），时任闽浙总督的高其倬则奏称："臣查台湾田土，向当台湾初定之始，止台湾一县之地，原有人户、钱粮，故田土尚为清楚；其诸罗、凤山二县皆系未垦之土，招人认垦，而领兵之官自原任提督施琅以下皆有认占，而地方文武亦占做田庄，再其下豪强之户亦皆任意报占，又俱招佃垦种取租。"[2] 高其倬明明白白地指出，是先有"招人认垦"，后才有施琅等文武官员的"认占"，且他声明其是在经"查"之后

---

[1] 陈滨：《革除官庄详稿》，台湾史料集成编辑委员会：《明清台湾档案汇编》第二辑第九册，中华文化复兴运动总会等，2006，第303页。

[2] 高其倬：《为奏台地开辟事》，台湾史料集成编辑委员会：《明清台湾档案汇编》第二辑第十一册，中华文化复兴运动总会等，2006，第157页。

才有了这个说法的，理应是有所依据。乾隆十一年（1746年），协办大学士兼户部尚书刘于义也奏称："查台郡官庄向系守土官员因台湾地广人稀，招佃开垦。"① 乾隆四十二年（1777年），闽浙总督钟音上疏说："伏查台湾官庄租息一项，向系驻守员弁招佃开垦。"② 既然是"守土"或"驻守"的官员、员弁"招佃开垦"，那当然是台湾已被收入清朝版图，并已派官治理、遣兵镇戍以后的事了，可见刘于义、钟音也不认为文武官员是在"版籍未定"之时就占有台湾土地，招佃垦种的。连横《台湾通史》卷八《田赋志·官庄》记载："初，施琅克台之后，以台地肥沃，地旷人稀，奏设官庄，召民开垦，按其所入，以助经费。"③ 虽然关于施琅奏设官庄的记载仅此一处，但如果把它和前述的高其倬、刘于义、钟音的疏奏结合起来分析，则似应认为是可信的。

须知，康熙二十年（1681年），当康熙帝准备复用施琅为福建水师提督以征台时，是遭到朝中众多大臣的反对的。他们认为，施琅一去必定反叛；又施琅在攻取澎湖至进入台湾本岛前后这段时间里，曾多次上疏请求清廷对于台湾的弃留作出裁定，以便其遵行（这个问题拟在后详论）。在这种情况下，当施琅统兵入台后，则在清廷尚未对台湾弃留作出定夺之际，就率领其随征将弁广占台岛的土地，招佃垦种，这岂不是给人提供了口实？时人可以指责他言行

---

① 刘于义：《台湾官庄租息照例蠲免》，中国第一历史档案馆、海峡两岸出版交流中心：《明清宫藏台湾档案汇编》第二十四册，九州出版社，2009，第130页。本书多处引用《明清宫藏台湾档案汇编》所载的资料，为避文繁，后面编辑单位注为中国第一历史档案馆等。

② 钟音：《请蠲免台湾官庄租息》，中国第一历史档案馆等：《明清宫藏台湾档案汇编》第六十四册，九州出版社，2009，第228页。

③ 连横：《台湾通史》，商务印书馆，1983，第133页。

不一，企图在台湾长期驻扎，拥兵自重；甚至亦可斥其妄图在台割据自立，欲与清廷分庭抗礼。施琅虽然为人骄傲，有时行事也难免霸道①，但他在处置重大问题时却往往是小心谨慎、瞻前顾后的②。杨熙先生指出：

　　施琅思虑缜密，勇于任事，设谋敢于冒险，执行则谨慎细心。明郑应诺归附后，施琅虽然已率军登陆台湾，仍然不敢任意妄作。……清初纳台湾入版图，而未立制度之时，幸而有施琅全力筹谋善后抚治事项，始得树立治台规模。施琅筹谋治台正可作为一项例证，用以说明领导人物在制度创建期间的重要性。③

杨先生的看法是有见地的。

综上，陈滨的说法可靠性恐怕不大，且施琅、吴英等人占取台湾"伪文武遗业"也不应斥之为"掠夺"，因其取得的是无主的荒地，和掠夺是风马牛不相及的。陈孔立先生早已指出：

　　所谓"施侯大租"指的是施琅后代所继承的"勋业"，或

---

① 施伟青：《康熙帝对施琅的评价探源》，《台湾研究集刊》2000年第1期。施伟青：《论施琅的功过》，林金悔主编《沤汪·将军·施琅——将军乡乡名溯源暨施琅学术研讨会论文集》，台南县将军乡公所，2002。

② 施琅在攻打澎湖、招抚郑氏、管理海洋贸易、安置迁入大陆的郑氏官兵、制定台湾的赋额等问题上都表现出谨慎的态度。请参看拙著《施琅评传》（厦门大学出版社，1987）、《施琅年谱考略》（岳麓书社，1998）的相关章节以及论文《施琅的军事才能和两岸的统一》、《论施琅的招抚策略及相关问题》（均见拙著《中国古代史论丛》，岳麓书社，2004，第530～549、550～584页）、《论施琅的海防思想及其实践》（王日根、张侃、毛蕾主编《厦大史学》第三辑，厦门大学出版社，2010，第344～365页）。

③ 杨熙：《清代台湾：政策与社会变迁》，天工书局，1983，第55页。

15

称"本侯府祖遗勋地",根据日据时代的调查,认为这是因为施琅有功,封靖海侯,"官给广大埔地为其世业。施琅乃招徕漳泉之民,开垦凤山、嘉义地方之土地,收取大租"。从"施侯租田园"所在的地点来看,基本上都是原来郑氏的营盘田和文武官田,是郑氏撤走而遗弃的土地。……实际上"施侯租"是属于大租的一种,它是封建统治阶级剥削农民的一种方式,但并不是什么"掠夺农民田地"。①

在第一则材料中,季麒光之所以要抨击施琅等将弁经营官庄,另设管事,照旧收租,是因为在他看来,台湾"既入版图"后,台地皆属于"王土",台民皆属于"王人","正供(这里应是指田赋和丁赋)之外,无复有分外之征"。也就是说,在台湾只允许有占有少量田地自耕而食、向政府缴纳"正供"的自耕农。台湾的人民,只有清政府才能驱使,除了清政府所征收的田赋和丁赋外,不得有其他租税的征收。而施琅等武员则招徕台民从事垦种,使其成为佃户,向他们征收地租(大租),这属季麒光所指斥的"分外之征"。而这导致"佃民独受偏苦之累,哀冤呼怨",未能得到朝廷"一视之仁"的眷顾。

季麒光的这番说法似是而非。前已述及,其时台湾的土地并非只有自耕农才能经营,而是任何个人或家族不问贵贱,都可以申领垦照,经营田园,而收取地租的。实际上它并不影响台地成为"王土"。在中国历史上,从先秦时期起,"溥(普)天之下,莫非王土"② 的观念就已深入人心,并且在中国古代社会中存续、流传了

---

① 陈孔立:《清代台湾移民社会研究》增订本,九州出版社,2003,第106页。
② 《诗经·北山》。

数千年之久，然而它并不妨碍人们拥有和经营私有土地，以收取地租。因此，把"王土"和私有土地的拥有、经营对立起来，并不合适。至于视征收地租为不应有的"分外之征"，问题是其时不仅在台湾，而且在大陆各地都存在许多地主和佃农，有他们，就会有地租的征收。他们的存在，是符合当时社会生产力发展水平的正常现象的；反之，希望那时就没有地主和佃农，则是一种脱离历史实际的乌托邦。

陈孔立先生说：

> 台湾地主在不同时间、不同地点有不同的名称，如大租户、小租户、垦户、垦首、业主、业户等等。垦户向官府申请垦照，获得荒地的开垦权，然后招来佃户，或给予牛只种子，或由佃户自备农具工本，进行开垦。由垦户缴纳正供，佃户则向垦户交租。在一般情况下，佃户对所开垦的田地有长期耕作的权利，即永佃权。所有权分割为田面权和田底权，即一田二主。这种存在于福建的租佃制度，移植到台湾成为所谓大小租制。垦户也称大租户，收取大租。佃户从事实际开垦，所垦田地实际上归佃户承管，佃户将垦熟的田地出租给现耕佃人，收取小租。……这样，原来拥有田底权的佃户成了地主，即小租户，也称小租业主，可以典卖其业主权。所以，形成了业户——佃户——现耕佃人的三层关系。①

而台湾清代早期的大租"较低，多是'一九五抽的'，即在收

---

①　陈孔立：《清代台湾移民社会研究》增订本，九州出版社，2003，第167～168页。

成时业户分得 15%，佃户分得 85%。有些业户出资兴修水利，另外收取水租"①。

施琅经营官庄，系在台湾入清初期，其所征收的大租也当是"一九五抽的"，佃户只将收成的 15%作为大租缴纳，而其正供（田赋）则由施琅官庄代缴。这样看来，佃户的负担并不算重。并且，佃户还可以将垦熟的田地出租给现耕佃人，收取小租，自己不从事耕作。尹章义先生指出："小租户向佃耕农所收的'田租'远比大租还多，经营小租的利润更大于大租。"② 这样的佃户（小租户），经济地位也不算低。

我们还从相关史料中发现，垦户的"招佃"和佃户的"认佃"，是双方在自愿的基础上订立的一种对彼此都有约束力的契约关系，并不存在一方强迫另一方的问题。现存的"靖海侯施琅督垦文献"就反映了这个情况。台南县将军乡的林金悔先生主编的《靖海侯施琅督垦文献辑》，所收的是施琅后裔历代靖海侯世袭业主的督垦文献，最早的为乾隆十七年（1752 年），最迟的是光绪八年（1882年）。例如：

> 业主靖海侯施为给批事，照得本侯府祖遗勋地在嘉属萧垅保等处，查界内将军庄有勋业一所，土名沙岽后，东至岸，西至厝脚，南至吴尚，北至吴岽，四至明白。为界内抽出柒石叁毫付与庄佃吴兴元前去耕种，年带本侯府租谷柒升叁合。兹据吴兴元前来认佃，合行给批，为此批给该佃吴兴元照约犁耕，自本年起应纳之租，明约年年清款到馆交纳管事，给单为据。

① 陈孔立：《清代台湾移民社会研究》增订本，九州出版社，2003，第 34 页。
② 尹章义：《台湾开发史研究》，台北市联经，2003 年初版第四次印刷，第 6 页。

不得拖欠租谷，亦不得私卸他人，亦不许额外侵渔。如有顶耕，应赴本侯府报明，另换佃批。倘有侵渔及抗租不法滋事，听本侯府起耕呈官究追。各宜凛遵，给批为照。

业主靖海侯施　　　　　给批

督垦李

同治拾年捌月　日给。①

从这个契约可以看出，招佃和认佃都系出于自愿，所谓"吴兴元前来认佃，合行给批"，就反映出这一点。而且佃户只要事先向垦户报明，另换佃批，就可以让人"顶耕"，即转让认佃权。而垦户对佃户也有一定的要求——佃户除照约耕种纳租外，还须安分守法，而这个要求不算过分。

有时，佃户之间还会为取得或维持认佃权而发生争执，例如：

再批，此垦载明东至埔，查系至大潭埔为界，已经给付该佃开垦耕种多年，前年被海水涨满浸盐，是以失耕。兹据该佃陈春观、陈右观等前来争执掌管，该管事王世芳、吴立仁即就此垦界内插定界址，付与掌管，每年议加纳租粟一斗。合批明付照。

道光四年十二月②

陈春观、陈右观可能原是垦种这块海边田地的佃户，为掌管这

---

① 林金悔：《靖海侯施琅督垦文献辑》，台南县政府文化局、台南县将军乡公所，2002，第14～15页。

② 林金悔：《靖海侯施琅督垦文献辑》，台南县政府文化局、台南县将军乡公所，2002，第13页。

块曾经失耕的田地而发生争执，这说明他们并不以认佃靖海侯施家的田地为苦。相反，他们是担心丧失这块田地的佃耕权。

有时，佃契中还会载明，如果佃户违约或不安分守法，垦户将解除与其订立的契约关系，另行召佃，例如：

> 给批
>
> 本府之椰甲庄在灰碡港有山湾壹所，未及开垦，今给与佃丁陈贞郎开垦耕种。限至叁年终每年约纳粟壹石贰斗，付交管事收缴。不得短少，亦不许私卸他人，抑或侵界藉端生事等情，如有此情，另行别召。东至埔，西至温坪，南至倚坪，北至尖山，四至明白，给批付执为照。
>
> 乾隆拾柒年玖月　　日给
>
> 靖海侯施
>
> 督垦林。①

从上述几份佃契，丝毫也看不出认佃的数位当事人是因为受到胁迫而不得已成为靖海侯施家的佃户的，反而是他们被要求须遵守约定、循规蹈矩，有的还须通过争取才能成为靖海侯施家的佃户。而且如前所述，在清初作为佃户，所纳大租仅为收成的 15%，这样的地租负担并不重；有的佃户还可以将其承佃的田地出租给现耕佃人，而变成不事耕作的小租户（地主），收取比大租收益更大的小租。然而，季麒光却称施琅及其随征将弁官庄中的佃户"受偏苦之累，哀冤呼怨"，似乎他们像古罗马大庄园里的奴隶，被强迫从事劳

---

① 林金悔：《靖海侯施琅督垦文献辑》，台南县政府文化局、台南县将军乡公所，2002，第 12 页。

作，受尽苦累和酷虐。至于施琅等将弁究竟如何使其佃户受到苦累的折磨，他们究竟有什么冤屈和怨恨，季麒光却并未作出任何交代，这不能不使人感到困惑。

令人诧异的是，在第一则材料的最后一句话中，季麒光一改此前同情这些佃户的态度，转而指责他们不服事差役了。所谓"且田为有主之田，丁即为有主之丁，不具结，不受比，不办公务，名曰'荫田'，使贫苦无主之丁，独供差遣"，是说佃丁（佃户）所耕之田是垦户的田，佃丁即是垦户的丁，他们不到官府办理必要的登记等事项，不服从官府的差遣，不服事差役，这称为"荫田"，这导致那些"无主之丁"即没有主人（垦户）的自耕农等，必须"独供差遣"，从而加重了差役负担。对于这个问题，季麒光在上引第二则材料《荫丁漏粮文》里有进一步的说法。他说："乃何以按册有丁，按户则无丁，家甲之牌，视同故纸，不具结，不应役，甚至拖欠丁粮，揆厥所由，皆因新附之民自将军以下，就所有之田即为佃丁另立管事，督垦收租，不受制于县官，所辖佃丁不办公务，名曰'荫佃'。使荒瘠之田，贫苦之丁，无主可投者，独当差遣。"流露出他对于不受县官管辖、不事差役的施琅等将弁官庄中的佃丁的强烈不满。

清廷统一台湾初期，由于诸事初创，"差役烦多"，包括台湾土著居民在内的台民，经常要离家服役。例如，"番民，男则驱车送报，妇则砍竹割薪"。服役者"一月有十二日之差"。须到文武衙门"听候差遣"的，往往还因之"不获归耕"①。所以，是否须要服役，对于当时的台民来说，至关重要，因为这会造成他们的差役负担或

---

① 季麒光：《请禁车夫文》，季麒光撰，李祖基点校《蓉洲诗文稿选辑·东宁政事集》，香港人民出版社，2006，第 196～197 页。

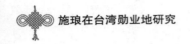

施琅在台湾勋业地研究

有或无，差别悬殊。

季麒光所言"使荒瘠之田，贫苦之丁，无主可投者，独当差遣"这句话很值得注意——可见那些服事差役者（或至少是服役者中的一部分人），不是他们不愿意成为官庄的佃户，而是由于其"无主可投"，而之所以会如此，则是因为他们只有"荒瘠之田"，身处"贫苦"的窘境。所谓"无主可投"，在这里是指没有官庄愿意接受他们的投献。"投献"，是说土地所有者将自己的田地投献于官庄的名下，使其自己成为官庄的佃户，他们向官庄缴纳大租，而官庄为其代缴正供（田赋）。这样，他们就可以获得包括免除徭役差遣在内的诸多好处。不少投献者本身就是垦户，他们之所以成为佃户，并非因其无田地可以作为衣食之源，而是为了追求利益最大化。巡台御史诺穆布指出："台属各县官庄田园，向系业户私垦不报，投寄文武衙门，荫免徭役。"① 即点出了投献的目的。

季麒光的说法透露了官庄在接受投献时，不是不问情由，大包大揽，而是要进行一番甄别，是有所选择的。倘是拟投献者土地荒瘠，经济穷乏，则不予接受，这些人就成为了"无主可投"者。而拒绝接纳的缘由，大概是因为康熙年间，清政府在台湾所征收的正供很重。据蒋毓英《台湾府志》卷七《赋税》记载："今官佃文武官田园酌议通匀一例科则：上则田每甲八石八斗，园每甲征粟五石；中则田每甲征粟七石四斗，园每甲征粟四石；下则田每甲征粟五石五斗，园每甲征粟二石四斗。"② 当时大租又不重，一般按收成的

① 《巡台御史诺穆布等为陈台湾官庄赋重宜照民则减收事奏折》，《历史档案》1987 年第 1 期。
② 蒋毓英撰，陈碧笙校注《台湾府志校注》，厦门大学出版社，1985，第 76 页。上引材料中，"上则田每甲八石八斗"之"每甲"后似漏脱"征粟"二字。

15%缴纳。荒瘠的田地当然产量偏低，所纳大租也就偏少，就是按照下则田园的标准也可能不敷缴纳正供。所谓"亏本的生意没人愿做"，所以，只有荒瘠田地的穷人被拒之于官庄门外，是不奇怪的。根据季麒光的记述，这些"无主可投"者本来就贫苦，而今还要服事大量的差役，有时还因之荒废农耕，因此"受偏苦之累，哀冤呼怨"倒应当是他们，而不该是享受着免役特权且有可能还比他们富裕的官庄的佃户们。

综上不难发现，前引的第一则材料，记述含混其词，使人费解，且所言也存在相互牴牾、不易自圆其说之处，因此，令人难以遽信。不过，因为季麒光是一位行文的高手，文字的运用极具技巧，倘无深入剖析，是很易将这则材料视为施琅、吴英等将弁在台仗势为非作歹、肆意掠夺土地、欺压台民的罪证的，伊能嘉矩援引这个材料以证明施琅在勋业地之外，也有"横夺私占"土地之举，可能就是出于这一原因。据此，对掠夺说就不免要打上一个问号了。

第二节　季麒光《密陈营盘累民文》辨析

也许有人会以前引第三则材料，即季麒光《密陈营盘累民文》为据，指责施琅抢夺台民的田地、欺虐百姓。根据该文的罗列，所谓施琅手下的管事、差官等共有"横虐"事三件：

1. "管事叶虞等将新化里民田冒指营盘，横征租粟，不论上中下则，每甲收一十八石，往来络绎，民佃不堪受其诛求，纷纷具控。"

2. "卑职地方如大竹排、下加冬、铁线桥、茅港尾、急水溪等处，皆系垦熟营盘，不下二三千甲，不报册、不输粮。詹高、陈贵等自称督垦、管事，倚伪时名号，登堂抗礼，田数多寡，不容查核。"

23

3. "差官陈钦、颜亲等十有口人奉将军令牌，勒限征租，擅拨车夫。县官亦无从诘其真伪，莫可如何。"

此外，季麒光还称："卑职自责惩叶虔之后，南北两路管租副使曾蚩、郑耀星及蓝瑶、林明等有田园、蔗车，侧目于卑职。"这虽算不上"横虐"，但毕竟对地方长官是不敬重的。

以上诸事在其他史籍中未见记载，而仅见于《密陈营盘累民文》。那么，该文所言是否真实可靠呢？如果属实，施琅应当承担什么责任呢？

为便于深入分析，先来谈第二件"横虐"事，即：自称是施琅官庄的督垦管事的詹高、陈贵隐瞒了诸罗县大竹排等地的垦熟田地二三千甲，不向官府报告升科，缴纳正供，而且不容官府查核田地的面积。但据乾隆九年（1744 年）奉旨到台湾清查自康熙年间以来武员所置庄产的福建布政使高山的报告，施琅在诸罗县只有"园九甲"——"诸罗县则有施宏户下园九甲零，系靖海侯施琅佃垦"①。是施琅或靖海侯世袭业主施世范②把在诸罗县的田地大量地卖出了吗？但据高山所一一列出的曾经出售田地的武员及其后人的名单，并不见施琅或施世范的名字。施琅的后人只有施世骠所买置的一些田园被卖出："淡房厅属则有施茂原户下田园三百八十八甲，系提督施世骠买置，今转卖与民人林天成等管业。"③ 施世骠担任福建水师

---

① 高山：《查办台湾武职庄产》，乾隆九年十二月十八日，中国第一历史档案馆等：《明清宫藏台湾档案汇编》第二十一册，九州出版社，2009，第 390 页。

② 施琅《靖海纪事》卷下《君恩深重疏》载，施琅临终前上疏康熙帝说："所有侯爵，臣拟以第八男施世范承袭，俾其代臣报效，仰答涓埃。"

③ 高山：《查办台湾武职庄产》，乾隆九年十二月十八日，中国第一历史档案馆等：《明清宫藏台湾档案汇编》第二十一册，九州出版社，2009，第 391～392 页。

提督已是康熙后期的事①，他的田地与上述"二三千甲"熟田无涉。

又据乾隆九年福建巡抚周学健的奏报，施琅在诸罗县还有一个田庄："又原任将军施琅佳里兴庄一所，现系伊子孙管业。"② 高山奏折没有提到"佳里兴庄"。笔者发现，高山的报告，在谈到台湾历任武员的庄产时，如果是未垦辟之地，又与"民番"无纠纷，未出现讼争的，概不提及。这个问题后将详论，此略。现在的问题是，高山所言施琅在诸罗县有"园九甲"，它是否属于佳里兴庄？还是在其他地方另外"佃垦"的？就目前所掌握的材料而言，虽然尚无法作出明确的判定，但还是可以作出分析的。须知，从清廷统一台湾到乾隆九年（1744 年），已有六十年的时间，施琅时已建置有佳里兴庄，总不至于放置六十年任它荒芜而不垦种吧？所以，颇疑那"九甲"的园就是从佳里兴庄内开垦出来的。至于佳里兴庄究竟有多少可耕地，除九甲外还有没有可耕地可供垦种，如果有有多少甲，这些问题就不得而知了。不过，可以断言，施琅在诸罗县只有既垦的"园九甲"。就面积来说，这和那垦熟的"二三千甲"的田地相去不啻有十万八千里。从史籍记载可知，原属于诸罗县的新化里东保于雍正十二年（1734 年）划归台湾县。而据高山的报告，施琅在台湾县有一百四十六甲的田园。笔者认为，这些田园有可能是从原属于诸罗县的新化里东保垦辟出来的（详后）。倘加上这些田园，施琅在诸罗县的垦熟田地总共也不过一百五十五甲，和"二三千甲"

---

① 《清史稿》卷二八四《施世骠传》记载：施世骠于康熙"五十一年，调福建水师提督"。

② 周学健：《请禁台湾武职官庄占垦之弊》，乾隆九年二月十六日，中国第一历史档案馆等：《明清宫藏台湾档案汇编》第二十册，九州出版社，2009，第193 页。

相比，还是相差太远。我们知道，高山是作为钦差赴台清查武员庄产的，其时乾隆帝还指示巡台御史六十七、熊学鹏一起协助高山工作①；因此，他们的有关奏疏理应是客观的，不易受到非正常因素的左右或干扰，故其史料价值是毋庸置疑的。所以，应认为施琅不曾占有那二三千甲的土地。

其实，即使施琅在诸罗县大竹排、下加冬、铁线桥、茅港尾、急水溪等处确系拥有二三千甲垦熟营盘，而詹高、陈贵等人又确是其督垦管事，对他们不报册、不输粮的行为，也还是须要作出具体分析的，而不宜不分青红皂白地拿来作为施琅或其手下督垦管事的罪证。因为在台湾入清初期数十年间，有不少官庄的田园是被允许不必升科的，这有高山的奏折可以为证。高山在清查台湾武员庄产的工作结束后，曾上疏：

> 福建布政使司布政使臣高山谨奏，为台属官庄租息，请照民间额征酌减，以纾佃力，以广皇仁事。
>
> 窃照台湾府属之台湾、凤山、诸罗、彰化四县，于康熙年间，文武各员出资招佃开垦田园，官收租息，名曰官庄。缘地有肥瘠不同，故租亦有多寡各异，而其间有已升科、未升科之未能画一，以致以前所定额数，与民间租税轻重悬殊。迨雍正三年，将官庄地亩尽报归公，岁收租息银三万七百余两，以为充饷之用。至雍正七年，因闽省耗羡，各官养廉不敷支应，即将此项官租拨补养廉项下。乾隆三年，巡台御史诺穆布等，以

---

① 六十七等：《查办台湾武员官庄完竣》，乾隆九年十二月初七日，中国第一历史档案馆等：《明清宫藏台湾档案汇编》第二十一册，九州出版社，2009，第372～377页。

官庄所收租息，比照民庄科则，每甲多征，奏请酌减。经部议行前抚臣王士任确勘地方情形，酌量公项盈缩详议具题。嗣经酌照民则改征，应减免银七千三十九两零。复奏部议：以数十年额征之款议请减除，而于岁需公项难缺之数复行请拨，行令确查，妥议具题在案。

兹现任抚臣周学健详查原委，以官庄租额内，有较民租加多之处，亦有较民租转轻之处。其较民租加多者，诚不免有苦累佃丁之事，自当酌请减免。若较民租转轻之庄，未便更为轻减，致国家经费绌于支应等由。奏请将此案应作何分别减免交臣。奉旨：过台清查武职庄产之便，一并清查分晰，或应照旧征收，或应酌量减免，定议到日题请。奉朱批：知道了。钦此钦遵。转行到臣。

兹臣遵奉谕旨一并确查，将现在官庄按甲所收租息，比照民间收租多寡，逐细较量，及额租之外，有无重征之项，彻底清查。据该府县分造确册，呈送前来。臣查台属官庄岁收租息，固与民租多寡不同，而民间收租之例，各县亦复轻重互异。如台湾县民间，中则田，每甲赋租共完粟一十石；中则园，每甲赋租共完粟六石；下则园，每甲赋租共完粟四石。而额征官庄租息，较之民租定额内有已升科之田园，原系按甲清丈，毋庸改升。其未升科田园，向系五折造报，以一甲改升二甲计算，则有仁和里等处官庄八所，现在征收赋租，比照民租，每甲多征银自六七钱至六七两不等。共多征银四百五十四两七钱九分零。至新化里官庄一所，又少征银九十五两四钱九分零。凤山县民间，上则田，每甲赋租共完粟十一石八斗；中则田，每甲赋租共完粟一十石；下则田，每甲赋租共完粟七石七斗。中则

27

园，每甲赋租共完粟六石；下则园，每甲赋租共完粟四石。而额征官庄租息，较之民租定额，内有已升科之田园，原系按甲清丈，毋庸改升。其未升科田园，向系五折造报，以一甲改升二甲计算，则有大竹桥等处官庄四十一所，现在征收赋租，比照民租，每甲多征银自四五钱起至四五两不等。共多征银二千二百二十两一钱七分零。至维新、蔡文等处十一所，又少征银六百七十九两四钱一分零。诸罗县民间，中则田，每甲赋租共完粟八石；下则田，每甲赋租共完粟六石五斗；匀征田，每甲赋租共完粟四石四斗。上则园，每甲赋租共完粟六石；中则园，每甲赋租共完粟五石；下则园，每甲赋租共完粟三石四斗。而额征官庄租息较之民租定额，内有已升科之田园，原系按甲清丈，毋庸改升。其未升科田园，佃民愿以一甲报升一甲五分计算，则有版、头厝等处官庄三十七所，现在征收赋租，比照民租，每甲多征银自三四钱至五七两不等。共多征银二千九百一十两八钱四分零。至火烧等处官庄二十五所，又少征银四千七百五十九两三钱五分零。至彰化一县民间，中则田，每甲赋租共完粟一十石；下则田，每甲赋租共完粟八石。中则园，每甲赋租共完粟六石；下则园，每甲赋租共完粟四石。而额征官庄田园，俱未升科。其租息较之民租，以一甲改升一甲五分计算，共少征银一百六十四两六钱二分零。以上台属官庄租息，每粟一石折征银四钱，较民间收租加多之处八十六所，共多征银五千五百八十五两八钱零。较民间收租转轻之处四十所，共少征银五千六百九十八两八钱零。臣查此数总因从前定额，原非按则征收，而题报归公，亦即依样催纳，官庄、佃民未免有苦乐不均之叹。但迁延数十年来，在多征之甲，欲求减而无从。而少征各庄，闻议加而滋惧，其中租额轻重盈缩，殊难通融抵补。

　　臣伏思我皇上轸念海外编氓，历年减丁、减则、免税、缓征，凡为边海加恩之处，至周至渥。矧兹官庄数千两之浮额，有不体恤民艰恩施减免乎。惟是佃丁之苦累当除，而国家之经费亦宜筹画。兹若照民间租额，将加多银五千五百八十五两八钱零之数。概请减除，则各官不敷养廉，将何支应。若竟因公项不足，一任佃丁苦累，概行照旧征收，亦殊非仰体皇仁勤求民隐之意。臣查官庄地亩内，有已、未升科之殊。其未升科田园，向系五折造报，亩数稍宽，原与民庄有间，则所收租息，亦自当较民租额数稍殊。盖地亩既折半而起租，其浮租亦可折半而酌减。相应仰请天恩，将台郡官庄租息，照民租加多银五千五百八十五两八钱零之内，减去一半银二千七百九十二两九钱零，以纾民力。其较民租转轻各庄，固不便更为议减，亦未便复行议增，似应令其照旧输将，永戴圣慈于无极。至于各庄减免所缺之数，查闽省佐杂各官加增养廉，因司库岁入存公不敷，现奉谕旨，在于盐道库内盐耗盈余项上动支，移司赏给，奉行在案。今官租岁充养廉，既经缺额，可否亦即在于盐耗项下暂行拨补银二千七百九十二两九钱零，抵充各官养廉之数，俟将来查有别项可抵，免动盐耗。倘蒙俞允，则台属之佃力可纾，而通省之官廉无绌，滨海官民咸荷天恩之浩荡于靡涯矣。除现在分晰查明清册，详请督抚臣核题外，事关奏明交办改定赋额，合将遵旨查办酌议情由，恭折具奏。①

---

① 《福建布政使高山为台属官庄租息请照民间额减征收事折》，乾隆九年十二月十八日，中国第一历史档案馆：《历史档案》1987年第1期。

由此可知，自康熙年间至乾隆初年，台湾各地的官庄一直存在"已升科、未升科"的区别，在台湾、凤山、诸罗三县都有不少未升科的官庄，动辄数十所；彰化县的官庄则都未升科。而户部在议复高山奏请减免台属官庄租额一折时，却说："台湾官庄未经升科田地，额征租银三万七百余两，虽名官庄，实与民地无异。"① 所谓"租银三万七百余两"，系台湾官庄归公以前所征收的地租总数，而官庄归公后，官府仍以原来的租额征收地租，所以租银仍为三万七百余两，只是这笔收入从官庄转到了清政府手中。户部既然说征收这个租银数量的官庄"未经升科"，即等于说官庄在归公之前都未升科。这和官庄有"已升科、未升科"之别的说法不符，似应以亲临台地的高山的报告为是。但无论如何，未升科的官庄颇多，这应是事实。季麒光说大竹排等处有二三千甲垦熟营盘"不报册，不输粮"，却未交代这些田地是属于已升科还是未升科。倘属于前者，这种行为就确是一种仗势横为的表现，应予谴责；但若属于后者，则就须另当别论了。因此，即使那二三千甲的田地确系施琅所有，这则材料也不宜贸然作为施琅官庄督垦管事詹高、陈贵等倚仗权势、拒纳正供的证据。

不过，仔细推敲，此事又似非季麒光凭空捏造出来的，因他不仅明确地指出当事人的姓名为詹高、陈贵，又明确地说出营盘田所在地区系大竹排、下加冬、铁线桥、茅港尾、急水溪等处，还道出该营盘田的面积不下二三千甲。但前已指出，据高山的疏奏，施琅并无拥有这些田地。那么，这应如何作出解释呢？

---

① 《闽浙总督喀尔吉善等为台属官庄租息请照旧办理事奏折》，乾隆十二年三月二十日，中国第一历史档案馆：《历史档案》1987 年第 1 期。

联系台湾当时的吏治状况、社会风气和隐田现象等，笔者认为此事有可能是施琅官庄的督垦管事背着施琅所为。他们打出施琅的旗号，狐假虎威，给那二三千甲的营盘田贴上施琅官庄的标签，而实际上是他们占有该田地，所征收的大租装入其腰包，并未成为官庄的收益。其时，台湾的吏治极坏，贪官污吏比比皆是。康熙五十年（1711年），台厦道陈滨指出，台湾各衙门能够做到奉公守法，"稍知自爱者仅有，而阳奉阴违者每不乏人"①。康熙帝也承认"台湾府文职官员，平日并不爱民，但知图利苛索"②。曾任职台湾的徐宗干一针见血地指出："各省吏治之坏，至闽而极；闽中吏治之坏，至台湾而极。"③

地方官贪婪，胥役、管事等基层办事人员随即跟进，以图分肥。康熙四十八年（1709年），福建巡抚张伯行发布《申饬台地应禁诸弊示》，列数胥役、管事等基层办事员佐的贪赃行径。他说，台湾的丁祭所需的一切费用，本都是"动用正项钱粮报销的"，可是胥役则"按丁派银，保长、吏役共同侵肥。至所办品物，尽属不堪。蔑法慢圣，莫此为甚"。"衙门差役一遇讼事差出，除了酒食、鹿车费用外，需索差礼一二十两，稍拂其意，即拘禁班房，肆行酷打。临审之时，道十三班，府六班，县四班各索分班使费，动以金钱数十万讲起。是小民之争讼，曲直尚未判，而家资已荡然矣"。"台属有司，率多不亲理民事，皆批乡约、保长、管事、书役查覆。彼等操权在手，乘机诈吓，以此之从违，定理之是非。甚至遇有修理衙门等项公事，即藉端派索，每丁派银六钱"。"不肖有司额外勒取花红，大者数百，小者五

---

① 陈滨：《为禁酷刑滥派事》，康熙五十年，台湾史料集成编辑委员会：《明清台湾档案汇编》第二辑第九册，中华文化复兴运动总会等，2006，第277页。
② 《清圣祖实录》卷二百九十四。
③ 徐宗干：《斯未信斋文集·答王素园同年书》。

六七十两不等。且派籴麻豆粟石，而书承、差役、通事、社商又从中朘剥，更逾额饷数倍"，等等①。康熙四十一年（1702年），任台湾知县的陈滨说："查得台邑岁额粟四万六千有奇，以十月后开征。未开征之前，即传各里管事会集公议修仓，或补葺破坏，或从新起盖，有公众修补之说，又有各里盖仓贮各里粟石之议。民有唯唯答应何说之辞，而不知民财之破费少则二三百两，多至七八百两，皆起于此。何也？一里一对差，官票在手，无肯空手徒走之理；一里一管事，派敛佃户，未必无指一科十之弊。而又承行之房科有费，估价之物料破费，似此数种耗去民财几许，其真正修理仓廒者为费能有几何？"②

应当指出，清政府在台湾统治力量的薄弱，为胥役、管事等的横行不法提供了客观条件。"一直到光绪十一年（1885年）以前，台湾始终只是福建省的一个府，起初只设三个县，后来增加为四县一厅。按照清朝的官制，在台湾只设道员、知府以下的文官和总兵、副将以下的武官。起初，整个台湾只有文官15名（连教职在内才19名），武官11名（连千总、把总在内才44名）。到了乾隆年间文官增加到36名，武官114名，士兵12670名。这些官兵多数集中在府城一带，各县的统治力量非常单薄。以诸罗县为例，起初该县管辖的范围，包括现在的嘉义、云林、南投、彰化、台中、苗栗、新竹、桃园、台北、宜兰十个县和台南县的一部分以及台中、台北、基隆三个市这样广阔的地区，而文职官员只有知县、典史、巡检、教谕各1人。直到乾隆年间，仍然只有诸罗、彰化两县的知县、县丞、

---

① 张伯行：《申饬台地应禁诸弊示》，台湾史料集成编辑委员会：《明清台湾档案汇编》第二辑第九册，中华文化复兴运动总会等，2006，第228~230页。

② 陈滨：《条陈台湾县事宜》，台湾史料集成编辑委员会：《明清台湾档案汇编》第二辑第九册，中华文化复兴运动总会等，2006，第190页。

典史各 1 人，以及巡检、教谕等共 16 名文官管理这个地区。"①

因此，官府的胥役自然是地方官员倚重的左臂右膀，而通事、管事等也成了地方官行使职权不可或缺的依靠对象。季麒光说："通事、管事、练总、保长虽系里役，而在此辽海荒天，本县尚亦优待。"② 就反映了这个情况。

从史籍记载看，施琅自康熙二十二年（1683 年）十一月离台返闽后，就再也没有去过台湾。他在台官庄的事务，悉委托管事、督垦等管理，而其时闽台之间人员的往来、信息的沟通非常不便。雍正初年，闽浙总督高其倬感慨地说，因为两岸间"隔两重大洋"，在大陆的上司如果发现台湾的下属办事出错，"即令更改，已在数月、半年之后"③。而施琅又是不在台湾的垦户，其田庄的管事、督垦等不免有天高皇帝远的想法。在那几乎是无官不贪、"举世皆浊"的社会环境中，要他们做到尽忠职守、洁身自好、不贪不占，而臻于"我独清"的境界，即使不能说是缘木求鱼，也可以断定是十分困难的。季麒光一则关于管事贪污租粟的记载值得重视。他说："审得曾才刁徒也，始为伪吏官家奴，继充开化里管事，从前盗收仓粟，已经里民告讦……"④ 所谓"盗收仓粟"，应是指偷偷地把本应纳入开化里粮仓的租粟收为己有，其实质就是对租粟的贪占。联系到历史

① 陈孔立：《清代台湾移民社会研究》增订本，九州出版社，2003，第 372 ~ 373 页。
② 季麒光：《谕孙巡检札》，季麒光撰，李祖基点校《蓉洲诗文稿选辑·东宁政事集》，香港人民出版社，2006，第 222 页。
③ 高其倬：《为奏报台湾地方政务事》，台湾史料集成编辑委员会：《明清台湾档案汇编》第二辑第十一册，中华文化复兴运动总会等，2006，第 329 页。
④ 季麒光：《倚营拐逃审语》，季麒光撰，李祖基点校《蓉洲诗文稿选辑·东宁政事集》，香港人民出版社，2006，第 232 页。

上的类似事例，可知这类贪污行为多是采取少报垦种的面积来实施的。《睡虎地秦墓竹简·法律答问》记载："部佐匿者（诸）民田，者（诸）民弗智（知），当论不当？部佐为匿田，且可（何）为？已租者（诸）民，弗言，为匿田；未租，不论为匿田。"① 这则简文记载有人问法吏："部佐隐匿百姓的田，百姓不知道，应否论罪？是应作为匿田罪论处，还是作为别的什么罪惩处？"法吏答道："已向百姓收取田赋而不上报，就以匿田罪惩治；未收田赋，不以匿田论处。"秦简所载的秦律系实行于战国晚期的秦国至秦始皇在位的秦王朝时期。这里所说的"部佐"，是在乡间负责了解、上报田地种植面积和征收田赋的基层小吏。笔者曾经指出："从秦简《田律》'雨为澍（澍）'条可知，秦政府向各县了解垦种的田亩数是在禾稼刚抽穗之时，部佐上报百姓垦种之田亩数当在此时。因而少报已垦种田亩数之举，必定发生在秋收后的征税工作之前。然仅有此举，倘未收取该部分田亩的租税，则不能视为匿田，这是因为仅此尚不能认定其犯罪。否则，就可能把因工作中的过失而造成的漏报少报也视为匿田。而若已征收租税，即证实了部佐有匿田的故意并已构成贪污的事实，这就完全可以把它和工作中的过失区别开来，尽管百姓不知道，并不影响对其匿田罪的认定。"② 部佐所吞占的是其事先少报的那部分田亩的租税，而对这种贪污行为，若仅查阅租簿是无法发觉的。

在台湾，田地的耕种多有定期休耕的，也有将土质变薄的田地

<hr>

① 睡虎地秦简整理小组编著《睡虎地秦墓竹简》，文物出版社，1978，第218页。

② 施伟青：《也论秦自商鞅变法后的土地制度》，《中国社会经济史研究》1986年第4期。

抛弃的，还有因为自然灾害而导致熟田变成荒地的，加上入清以后土地买卖的盛行（这些问题详后），荒地不断地被开垦成为熟田。这使许多人所拥有的田地面积处于经常性的变动中，或增加，或减少。而这就为负责征收田租的管事提供了上下其手、中饱私囊的机会和方便条件。他们可以多报休耕、抛荒或受灾的田地面积，或少报已垦熟种植的田园面积，而暗中把该部分田园所缴纳的租粟全部据为己有。他们也可以和佃户相互勾结，实施以上的手段，尔后再按一定的比例，分取该部分田园的租粟。管事曾才可能就是通过上述方法以"盗收仓粟"的。他的东窗事发，不是源于租簿的查核，而是由于里民的告发，从而透露了这个信息。

现在，在这个基础上我们来继续考析第二件"横虐"事。该文称"詹高、陈贵等自称督垦管事"，"倚伪时名号，登堂抗礼，田数多寡，不容查核"。所谓"伪时名号"，疑系指原郑氏各镇营盘田的名称，诸如前镇庄、后劲庄、右冲庄。那么，詹、陈等人何以会"倚伪时名号，登堂抗礼"呢？颇疑他们系为郑军旧部，所以习惯于使用郑军营盘原有的名称。令笔者意外的是，在施琅《飞报大捷疏》中载有"果毅后镇下司总陈贵"，他是在康熙二十二年（1683 年）六月二十二日郑军丧败于澎湖海面后，随同"在山伪将军果毅中镇杨德"等"倒戈投降"的"一百六十五员"郑军将弁之一①。那么，这位陈贵和那位自称督垦管事的陈贵是同一个人吗？连横《台湾通史》载："果毅后庄，今嘉义果毅后堡，为果毅后镇所垦。"②《诸罗县志》卷二《规制志·仓厫（社仓附）》记载，"下加冬庄仓二十

① 施琅：《靖海纪事》卷上，《飞报大捷疏》。
② 连横：《台湾通史》卷十五，《抚垦志》，商务印书馆，1983，第 322 页。

间"，"果毅后庄仓一间"，"开化里赤山庄仓五间"，"茅港尾保仓十二间"，"以上俱在县南"①。这说明果毅后庄属于诸罗县，且和下加冬庄、茅港尾保同在县南。又《台湾府舆图纂要·道里》记载："台湾府北出镇海门三里至柴头港，二里至漯仔底，二里至洲仔尾，三里至三嵌店，五里至看西，五里至木栅塘，三里至洪卯官，四里至拍土垄，三里至曾文溪（嘉义界），十五里至茅港尾，五里至查亩营，六里至急水溪，七里至铁线桥，七里至下茄苳……"②可见查亩营和茅港尾、急水溪、铁线桥、下茄苳（当即下加冬）相近。陈汉光教授在研究郑氏垦台史时指出："果毅后：即明郑屯垦营盘所在地，在今台南县柳营乡果毅后地方。按果毅后，当即果毅后镇，那时吴禄任斯职直到归清为止。"他还指出，今台南县柳营乡原也是郑氏"查亩营"等营盘的所在地③。洪敏麟教授认为："果毅后：现台南县柳营乡神农村。……柳营查亩营：现台南县柳营乡士林、光福、中埤、东升等村。"④《台湾省地名择编》记载："柳营乡，台南县，面积61.2929平方公里，含人和、八翁、士林、光福、东升、中埤、太康、重溪、笃农、大农、太康农场、神农、果毅、旭山等村。"⑤历史上果毅后营盘和查亩营盘同处于面积只有约六十一平方公里的地域内，可见二者相距较近，由此可知果毅后营盘和茅港尾、急水

---

① 周钟瑄主修，陈梦林编纂《诸罗县志》，台湾大通书局，1984，第65页。
② 《台湾府舆图纂要·台湾地舆全图》，台湾大通书局，1984，第65页。
③ 陈汉光：《郑氏复台与其开垦》，郑成功研究学术讨论会学术组：《台湾郑成功研究论文选》，福建人民出版社，1982。
④ 洪敏麟：《台湾地名沿革》，《台湾史迹研习会讲义汇编》，台北市文献委员会编印发行，2005。
⑤ 《台湾省地名择编》第三册，打印本，厦门大学图书馆藏书，1980年打印，第28页。

溪、铁线桥、下加冬等处也不会相去太远。连横《台湾通史》卷十五《抚垦志》列"郑氏各镇屯田表"载："查亩营庄，今嘉义铁线桥堡。……新营庄，今嘉义铁线桥堡，镇名未详。旧营庄，今嘉义铁线桥堡，镇名未详。中营庄，今嘉义茅港尾西堡，镇名未详。"① 蒋毓英《台湾府志》卷三《叙川》记载："急水溪，从大武笼山北，西过大排竹之南，又过下茄冬，经倒咯啯之北，西迤而与啯溪会，同入于海。"卷六《市廛》又载："诸罗县铁线桥，在茅港尾保。茅港尾桥，在急水溪尾。"②《诸罗县志》卷二《规制志·桥梁》载："铁线桥、茅港尾桥：俱属开化里。二桥各为一港，相去十里。"③ 安倍明义《台湾地名研究》说："急水溪，上游称为白水溪，发源于白河东方的山地，从店仔口（今日的白河）流到新营附近，再与来自东南的龟仔重溪汇流，经过新营南边西流，从北门的蚵寮入海。往昔该溪河床既深且大，而且流域分支，在今日的铁线桥以及茅港尾到麻豆之间形成所谓的'倒风港'，乾隆二十九年的《台湾府志》如此记述'倒风港分成三支，北方形成铁线桥港，南方形成茅港尾港，西南则为麻豆港。麻豆之南曰湾里溪（即曾文溪）'。尔后由于河水的淤浅以及土地的隆起，地形显著的起了变化，现在已完全失去了港形。"④《台湾府志》所载"大排竹"、"下茄冬"，当即是前述的大竹排、下加冬。综上，大竹排、

---

① 连横：《台湾通史》，商务印书馆，1983，第322页。

② 蒋毓英撰，陈碧笙校注《台湾府志校注》，厦门大学出版社，1985，第27、69页。

③ 周钟瑄主修，陈梦林编纂《诸罗县志》，台湾大通书局，1984，第33页。

④ 安倍明义：《台湾地名研究》，武陵出版有限公司，2000年第三版第四次印刷，第191~192页。

下加冬、铁线桥、茅港尾都在急水溪流域，而该流域分布着不少郑氏的屯垦营盘。

笔者认为，那位自称督垦管事的陈贵应即是担任过郑军果毅后镇下司总的陈贵。我们知道，郑氏归清后，有部分郑军官兵并未迁回大陆，而是继续留居台湾，陈贵应即是其中一员。他既然曾经在果毅后镇任职，对该镇的营盘自然是熟悉的，而对相去不远的急水溪流域的其他郑军营盘也应是有所了解的。季麒光担任诸罗知县之时，台湾刚刚收入清朝版图一两年，在政权鼎革之际，诸事草创，规章制度未备，统治力量非常薄弱。在这种形势下，通过弄虚作假，混水摸鱼，以中饱私囊者恐不能无。陈贵等人可能是企图把大竹排等处的营盘占为己有，而且希望能够不必缴纳正供。这应和康熙年间，台湾的正供很重有关，同时也和郑氏治台时期营盘田并不缴纳田赋不无关系。陈汉光教授指出：郑氏"似乎没有提到'官兵派拨汛地''开辟田地'要征租的事。这也就是以兵养兵，寓兵于农的政策，当然不会再在汛地的官兵，做为征收租税的对象。关于这一事，《诸罗杂识》有如下的记载：'其余镇营之兵，就所驻之地，自耕自给，名曰营盘。'这一制度，不但是在明郑时代施行，而且影响到归清以后也曾沿习而用的"[1]。尽管身份已经改变，但陈贵却未必愿意遵守现时的政策制度，甚至存有抵触情绪，亦未可知。如果以上分析属实，即可认为陈贵等人托身为施琅官庄的督垦管事，不过是实现其企图的手段而已。

伊能嘉矩指出："狡狯喻于利之汉民，往往夤缘武员，与之相

---

① 陈汉光：《郑氏复台与其开垦》，郑成功研究学术讨论会学术组：《台湾郑成功研究论文选》，福建人民出版社，1982。

结托，藉名为官庄之垦辟，以至其侵占番地之野心得逞。"故有《户部则例》规定："汉民赎垦番田，查出全数归番。"① 其实，这类汉民占取的土地，当不限于未垦的"番地"，应还包括曾经被开辟过的、对之进行垦拓不易发生民番纠纷的土地，诸如郑氏撤走后遗弃的营盘田、文武官田等。伊能嘉矩指出，正是这些人的占垦土地，导致了后来清廷下令禁止武员在台经营田庄。他说：官庄本来是"为使武员得有养赡之资所作，属于优遇之设施。概系在荒芜之番界经开垦者，其后渐次旺盛至极，及乾隆初年，其全数称为一百五十二所，自渐渐形成屯田之型态，但时适理番之政策上，划定民番之地界，因严禁私人占耕番地之故，狡狯嗜利之汉民，屡求夤缘于武员，有与之相勾结而藉名为'官庄'，以逞其仍占地之野心者。所以演变至官庄亦完全禁止，但对于使大小官员安心奉职于遐方绝域，而给予养赡之旨意，多少有所牴牾。惟其上谕所谓'武员置立庄田，垦种收利，纵无占夺民产之事，而……生事滋扰，断所难免'之情弊，欲遏止之于民番交错之地，为未雨绸缪，实出乎不得已也"②。有了督垦管事的头衔，打出经营官庄的旗号，如果要占夺田地，谋取私利，就方便多了。陈贵可以以其熟悉台湾当地情形为由，谋求成为施琅官庄的督垦管事，尔后再寻求机会，占有田地，攫取收益。

《密陈营盘累民文》提到"南北两路管租副使曾蜇、郑耀星及蓝瑶、林明等有田园、蔗车，侧目于""责惩叶虔之后"的季麒

---

① 伊能嘉矩：《台湾文化志》下卷，台湾文献委员会译编，1991，第 151 ~ 152 页。

② 伊能嘉矩：《台湾文化志》上卷，台湾文献委员会译编，1985，第 244 页。

光。这其中，曾蜚当和原郑氏武平侯刘国轩的亲信幕僚曾蜚是同一个人①。李光地记载，施琅在澎湖战后，下令打捞落水的郑氏官兵，对负伤者给予医治。他从中"访得刘国轩亲信之人，厚结之，令与刘说，我决不与为仇。他肯降，吾必保奏，而封之公侯。前此各为其主，忠臣也。彼固无罪，吾必与之结姻亲，以其为好汉也。亦折箭立誓"②。不久后，曾蜚的姓名就频繁出现在施琅的奏疏中，《赍书求抚疏》说，"此闰六月初八日，伪藩郑克塽、巨魁刘国轩差伪礼官郑平英、伪宾客司林惟荣、伪员曾蜚、朱绍熙等赍具降表一道，并与臣书二封，另致督臣书二封，驾赶缯双帆艍船二只，到澎湖臣军前，纳款请降待命"。施琅了解情况后，即"令曾蜚、朱绍熙回台湾传谕，若果真心投诚，必须刘国轩、冯锡范来臣军前面降，将人民土地悉入版图；其伪官兵遵制削发，移入内地，听遵朝廷安辑"③。《台湾就抚疏》记载："兹七月十五日，郑克塽复差伪兵官冯锡珪、伪工官陈梦炜，刘国轩遣胞弟伪副使刘国昌，冯锡范遣胞弟伪副使冯锡韩，同曾蜚、朱绍熙赍送降本稿前来澎湖军前回话，一一依臣前言。"施琅"随于十六日遣侍卫吴启爵、六品笔帖式常在，同冯锡珪、陈梦炜、曾蜚、朱绍熙，带安插告示五张，先往台湾晓谕，看验各伪官兵百姓人等削发，令其催赍伪藩郑克塽及刘国轩、冯锡范等敕印，并缮誊降表前来缴交"④。盖因曾蜚在劝说刘国轩归降和协助施琅招抚郑氏过程中发挥了一定的作用，从而获得施琅的

---

① 施琅曾通过曾蜚做刘国轩的工作，争取其归降，请参见拙作《施琅评传》（厦门大学出版社，1987），第 202～203 页。

② 李光地：《榕村语录续集》卷十一，《本朝时事》。

③ 施琅：《靖海纪事》卷下。

④ 施琅：《靖海纪事》卷下。

信任，他因之乘机寻求留居台湾，尔后又要求到施琅的官庄任职。笔者还发现，姓名列于其后的林明，和大捷疏中所载"果毅中镇下……二正领游击林明"①，系同姓同名。后者林明亦是在澎湖战后归降的郑军将弁之一，颇疑前后二者为同一个人。而姓名列于林明之前的蓝瑶，则为施琅的随征署右营游击蓝理之弟，曾随同蓝理进攻澎湖，参与海战②。可见在施琅官庄任职者，既有郑氏旧部，也有原进征澎台的福建水师的人员，据高山的奏折还有家丁（详后），其身份组成比较复杂。季文所言曾蜚、郑耀星、蓝瑶、林明等"有田园、蔗车"，似非谓其为施琅官庄管理田园、蔗车，而是指他们自己拥有田园、蔗车。

清政府在台湾统治力量的薄弱，官吏的腐败，给一些人的胡作非为提供了客观的有利条件；而胥役等办事人员的无耻、贪婪③，则进一步败坏了社会风气，人们耳闻目染，君子日削，小人日多。施

---

① 施琅：《靖海纪事》卷上，《飞报大捷疏》。

② 蓝鼎元：《鹿洲初集》卷七，《叔祖福建提督义山公家传》，蓝鼎元撰，蒋炳钊、王钿点校《鹿洲全集》上，厦门大学出版社，1995，第 139～144 页。

③ 雍正五年（1727 年），浙闽总督高其倬上奏处理"通事"的情形时说："至通事一节，臣现严禁严查，又行道、府稽查各县，不许接受馈送……又行令各县严行查处，通事不许刻削番人，胥役不许需索通事。"（见台湾文源书局影本《雍正硃批谕旨》第十四函第三册，雍正五年七月初八日《浙闽总督高其倬奏闻事折》）。所见档案材料皆称高其倬为闽浙总督，而此折则载其为"浙闽总督"，谨此说明。"通事"系主要从事沟通"民番"事务的汉人，也属于基层办事人员，对台湾土著居民也不乏敲诈勒索之举，余文仪《续修台湾府志》卷二十二《艺文三》之《杨观察北巡图记》说到台湾收入清朝版图后，"其尤黠者，夤缘为通事，科敛恣横，课及鸡豚，几不聊生"（《续修台湾府志》，台湾文献史料丛刊第一辑，台湾大通书局，1984，第 813 页）。通事勒索土著居民，胥役则勒索通事，可谓一层刻剥一层。高官不如现管，官庄的管事虽有垦户为其背景，恐怕也难完全免于胥役的敲诈。

琅又长驻大洋的对岸厦门，因为信息往来不便，他对于其官庄的事务是难以经常过问的，可谓鞭长难及。在这种情况下，其官庄中的督垦管事等人员，倘若见利忘义，就极易假公营私了。

需要说明的是，台地出现隐田问题，固然和吏治、社会风气等因素有关，但也有其不得已的原因。雍正四年（1726 年），闽浙总督高其倬奏称：

> 臣查台湾田土，向当台湾初定之始，止台湾一县之地，原有人户、钱粮，故田土尚为清楚；其诸罗、凤山二县皆系未垦之土，招人认垦，而领兵之官自原任提督施琅以下皆有认占，而地方文武亦占做官庄，再其下豪强之户，亦皆任意报占，又具招佃垦种取租。迨后佃户又招佃户，辗转顶授，层层欺隐。按其赋税，每田一甲，不过内地之十余亩，而纳八石有余之粟，似种一亩之田而纳十亩之粟，类若田少赋重。然佃户之下皆多欺隐，佃户下之佃户又有偷开，至业主不能知佃户之田数、人数，佃户又不能究其下小佃户之田数、人数，实则种百亩之地，不过报数亩之田，究竟粮少田多，是以家家有欺隐之产，人人皆偷开之户。①

翌年，巡台御史索琳、尹秦对台湾的隐田问题进行调查，尔后上奏说：

> 查得台湾全郡尽属沙壤，地气长升不降，所有平原总名草

---

① 高其倬：《为奏台地开垦事》，雍正四年十一月八日，台湾史料集成编辑委员会：《明清台湾档案汇编》第二辑第十一册，中华文化复兴运动总会等，2006，第157页。

地。有力之家视其势高而近溪涧淡水者，赴县呈明四至，请给垦单，招佃开垦。其所开田园总以甲计，每田一甲约抵内地之田十一亩有零，仍分上、中、下三则取租，上田每甲租谷八石八斗；中田每甲租谷七石四斗；下田每甲租谷五石五斗；上园每甲租谷五石；中园每甲租谷四石；下园每甲租谷二石四斗，此循郑氏当日征租旧额。开台之后，地方有司即照此额征粮，业户以租交粮而无余粒，势不得不将成熟田园以多报少，访闻有以十甲之田园而止报四五甲者，此业主欺隐之弊也。至于佃丁自食代耕且备牛种，若果照甲还租，便鲜余利，势又不得不从旁私垦以瞒业主，访闻有垦至二十甲，而止还十甲租谷者，此又佃丁欺隐之弊也。辗转相朦遂至百甲田园完粮者不过二三十甲，此通台相沿之大弊也。臣等始闻其说，未敢遽信，及经访察，乃知实有其事，遂骇为天下罕有之大弊。后又细访何以向来任其欺隐不行清查之故，则其说有五：现征科则计亩分算数倍于内地之粮额[①]，若非以多报少，不能完纳正供，此其说一也；台湾沙地，每岁夏、秋大雨，山水奔泻，田园冲为涧壑，而流沙壅积熟田亦变荒壤，若非以多报少，将何补苴亏缺，此其说二也；台地东南依山，西北临海，所有田园并无堤岸保障，海风稍大，咸水涌入，田园卤浸，必俟数年咸味撤去之后方可耕种，若非以多报少，何以抵纳官粮，此其说三也；台郡土脉炎热，不宜用肥，两三年后力薄寡

---

① 巡台御史六十七等人曾上疏指出："台地田园向系按甲征收，内地同安则例则按亩科算，计台湾一甲可作内地十一亩，以台湾田园旧额与内地同安科则相较，台赋重而同安轻，不及十分之三，多寡悬殊。"见其奏折《台湾垦地分别升科》，乾隆九年六月二十日，中国第一历史档案馆等：《明清宫藏台湾档案汇编》第二十册，九州出版社，2009，第440页。

收，便须荒弃两年，然后耕种，若非以多报少，焉能转换办公，此其说四也；佃丁悉系漳、泉、潮、惠客民，因贪地宽可以私垦，故冒险渡台，设使按亩清查，不留余地，则不惟水冲、沙压、卤浸等项田园无所弥补，而以租作粮之额，力不能支，业主、佃丁势必各回原籍，以致田园荒废，额赋虚悬，且无良之辈或因此而激生事端，亦未可料，此其说五也；臣等以前任台湾府臣孙鲁在台年久，熟悉情形，令其陈说，则与臣等访闻无异。①

由此可见，人们之所以要隐田，不按照垦熟田园的实际面积纳赋交租，还和正供过重、自然灾害的破坏（诸如水冲、沙压、卤浸等）、休耕以养地力的需要等因素有关。而隐田者，既有垦户（大租户），也有佃户（小租户）、小佃户（现耕佃人）等。也就是说，不论贵贱贫富，"家家有欺隐之产，人人皆偷开之户"，只是他们隐瞒的田园面积存在差别而已。连季麒光也承认台湾的田地和大陆不同，有其特殊性，人们垦种的田园较常变动，且台湾田赋极重，所以他反对丈勘田地，说：

> 内地鱼鳞图册，有田形，有四至，有土名，有业主姓氏，以故厘毫必辨，勺合必清，此沈令（台湾县首任知县沈朝聘——引者）有申请丈勘之议也。但台湾之田与内地不同，内地之田尺寸皆系膏腴，为民间世守之业。今台湾水田少而旱园多，南北两路，一望榛芜，地方浅薄，民间所种之业，或二年

---

① 索琳、尹秦：《为访陈台郡田粮利弊仰请圣裁事》，雍正五年八月十二日，台湾史料集成编辑委员会：《明清台湾档案汇编》第二辑第十一册，中华文化复兴运动总会等，2006，第370~371页。

或三年，所收一轻，即移耕别地。况内地税额，如苏、松等府极腴之田，极重之征，每亩征米一斗五六升至二斗至矣。今台湾田一甲计十亩，征粟至八石、七石，折米则每亩四斗、三斗五六升不等，必其田大收多，始能应此极重之赋。若遵依内地弓尺，按地计亩，不特民力不堪，且使从前赋额必复纷更，于初辟之地，似非安全之策。①

季麒光提出"照内地编造鱼鳞图册"逐户登记田数定赋的建议，未见被采纳。而隐田之举，似愈演愈烈。雍正八年（1730 年），台湾道刘藩长奏称：

> 窃臣查台湾孤悬海屿，昔年地系荒埔草莱，居民无几……自入我朝版图，内地民人渐次来台，向土番租地耕种，年贴社饷给番输官，其所垦田地未报升科。雍正五年钦奉上谕，凡各省未报升田园着令自行首报，统于雍正七年起科，悉免从前欺隐之罪，加惠元元，此诚亘古未有之特恩也。②

据此，自台湾收入清朝版图后，所谓隐田，不仅有以多报少者，也有概不报册者，盖因法不责众。雍正五年（1727 年），谕令"自行首报"尚未报请升科的田园，并对于此前的隐田之罪不予追究。但由于造成隐田现象的原因很多，这道诏令起不了太大的作用，故到清末台湾隐田的数量巨大。尹章义教授指出："台湾升科的田园很

---

① 季麒光：《申覆丈量文》，季麒光撰，李祖基点校《蓉洲诗文稿选辑·东宁政事集》，香港人民出版社，2006，第 208~209 页。

② 刘藩长：《查明台湾额赋有重》，雍正八年三月初八日，中国第一历史档案馆等：《明清宫藏台湾档案汇编》第十册，九州出版社，2009，第 429 页。

少，大多数都没有报请升科，这种情况称之为'隐田'。清末的升科田只有六万多甲，刘铭传局部清丈，竟然丈出四十万九千余甲。日本人更清丈出七十七万余甲，约是原来升科田数量的十三倍。'隐田'之多，由此可见。"①

当然，不管有多少理由，隐匿已垦的必须缴纳正供的田园，不报请升科，仍是一种偷漏国赋的违法行为，是本应遭到惩处的。但是，隐田现象的产生毕竟是事出有因，这也是应予承认的。

季麒光职任县令，征收田赋乃其职责，对于不报册纳赋者感到愤懑而加以指责，是可以理解的，但他把那二三千甲田地的不升科事，作为施琅官庄的罪状呈告于福建总督王国安，似就不妥当了。这是因为，前已述及，施琅从未占有那二三千甲的田地，且季氏未交代该营盘是否必须升科。虽然季氏在书信里所指斥的是施琅的管事，但是显而易见，不管是谁只要读了该信，都会认为施琅脱不了干系，甚至认定他是幕后策划者，而这个看法对于施琅来说是不公正的。此其一。我们前已指出，隐匿熟田以拒输赋粮，是台地当时非常普遍的现象，且它事出有因，在很长时期里，连清廷也对之睁一眼，闭一眼②。而季麒光却只指责所谓施琅官庄管事隐瞒田园、拒

---

① 尹章义：《台湾开发史研究》，台北市联经，2003 年初版第四次印刷，第 24 ~ 25 页。

② 巡台御史索琳、尹秦在报告了台湾严重的隐田情况后说："今宜作何变通，以除欺隐之弊，海疆重地与内地不同，臣等愚昧，不敢轻议，亦不敢隐瞒，谨据实奏请圣裁。"雍正帝竟在这句话后面朱批："此事非理台急务，何必奏及此。"（见索琳、尹秦《为访陈台郡田粮利弊仰请圣裁事》，雍正五年八月十二日，台湾史料集成编辑委员会：《明清台湾档案汇编》第二辑第十一册，中华文化复兴运动总会等，2006，第 371 页）。这至少反映出雍正帝并不急于处理隐田问题，也许他已经料到此事难以处置妥当，亦未可知。

纳正供的行为，似乎在拥有广阔土地的诸罗县，只有施琅官庄的管事才敢于有此举措。他如此报告，对于未必了解台地隐田情况的王国安来说有可能发生的客观作用是不言而喻的。此其二。

总之，除非有新的证据，足以推翻高山关于施琅在诸罗县所拥有的田园情况的报告，否则，季麒光所记施琅在"大竹排、下加冬、铁线桥、茅港尾、急水溪等处"有"不下二三千甲"的"垦熟营盘"，且"不报册，不输粮"的说法，就不能采信。

所谓第三件"横虐"事，系差官陈钦、颜亲等人"奉将军令牌，勒限征租，擅拨车夫"。本来佃户就须按佃契约定按时交租，陈钦等若是依照约定要求佃户不得迟延纳租，似是无可非议的，问题在于"擅拨车夫"，因为只有官府才有权力征发役夫。这个情况如果属实，陈钦等人所为即属于横行不法之举。

季麒光所列举施琅手下管事第一件"横虐"事，即管事叶虔等"将新化里民田冒指营盘，横征租粟，不论上中下则，每甲收一十八石"。而"民佃不堪受其诛求，纷纷具控"。由于未见其他史籍有相关的记载，故暂时难以作出深入的分析，不过仍存在一些疑问：

首先，蒋毓英《台湾府志》记载："诸罗县辖里四、社三十四。善化里（离府治二十五里）、新化里（离府治一十二里）、安定里（离府治三十里）、开化里（离府治五十里）。"① 四个里中新化里和台湾府治所的距离最近，仅为十二里。台湾入清初期，诸罗"设县治于诸罗山（地为郑氏故营址），因以命名，取诸山罗列之义也"，但因地方简陋，"县署、北路参将营皆在开化里佳里兴，离县治南八十里"。又其时"正供之粟，半线以上纳斗六门打猫仓，外九庄等处纳诸罗山

---

① 蒋毓英撰，陈碧笙校注《台湾府志校注》，厦门大学出版社，1985，第10页。

仓，开化、善化、新化、安定四里纳府仓、茅港尾、哆啰国、下加冬等仓。凡征粟四万有奇，府仓半焉。故县令一年间，居郡治者强半；由正供之粟多纳在郡，于催科较易也。令在郡治之日多，对县治之事，必有废而不兴者矣"。而直至康熙"四十三年奉文：文武职官俱移归诸罗山，县治始定"①。可见新化里正供多纳于府治的粮仓，而县令又大多时日住于府治，距诸罗县许多地方较远，所以县事必有所废弛，但新化里和府治相去颇近，可谓在它的鼻子底下，因此新化里应不是官府统治力量鞭长莫及之地，棍徒要在该里横行，似就不是很方便了。从起诉叶虔等人的原告人数众多来看，倘若这些人真都是被叶虔等人把民田冒称为营盘从而丧失了土地所有权的话，那么，即反映出叶虔等人以施琅官庄的名义所吞并的田地面积可能是很大的，他们的侵吞行为已达到肆无忌惮的程度。而这事就发生在县官常住的府治附近，这个说法究竟有多大的可信度，其实也是一个问题。

再说，如果季氏所言属实，则叶虔等人的冒指营盘，实际上是一种霸占田地的违法犯罪行为，官府当然不会承认其具有合法性。因此，即使新化里民的田地原先已被强行划归于官庄名下，而在受理新化里民的控告时，官府似就不应当视这些原告为佃户，而应仍认定他们是那些被占夺的田地的业主——地主或自耕农。可是，作为知县的季麒光却在给总督王国安的密信中称这些新化里民为"民佃"。这似不好理解。

要而言之，对于叶虔等人强夺民田一事，目前尚难以判定其有无，故只能存疑。

---

① 周钟瑄主修，陈梦林编纂《诸罗县志》卷一，《封域志·建置》；卷六，《赋役志·户口土田》，台湾大通书局，1984，第5、95页。

　　然而，季氏所列控告叶虔等人诸案的原告人数众多，且都有名有姓，又有载明具控的事由，似不可能完全凭空捏造出来。笔者虽然对叶虔等人掠夺田地的说法存有疑问，但认为其加重大租的征收应属事实。前已述及，台湾入清初期，官庄的佃丁可以免事繁重的差徭，所缴纳的大租也较轻，且从当时台湾的许多土地所有者热衷投献来看，这些新化里民不管其成为施琅官庄佃户的真实原因是什么，对于成为佃户的反应似乎都不会太过于强烈。问题是叶虔等人征收的大租明显过于沉重①，新化里民不堪承受，因而"纷纷具控"，也可谓势所必然了。所以，症结主要不在于所谓"冒指营盘"。

　　其次，关于叶虔等人被控告的案件，据《密陈营盘累民文》记载，有交代原告姓名和呈控事由的计有六件：（1）"陈四、徐虎等八十六人为冒献血业事"。（2）"寡妇王氏、郑氏等为噬寡吞孤事"。（3）"张旭、林盛等四十一人为釜鱼乞命事"。（4）"潘治、董寅等二十六人为吞占殃民事"。（5）"郑吉、林叔等一十五人为究还民业事"。（6）"郑再、黄秋等十人为混献占夺事"。季麒光在罗列了上述等案件和他审理案子的情况及处理结果后，紧接着告诉王国安他要"将各案情形并营盘田数绘图缮册，痛哭上书于将军"施琅。可

----

① 陈孔立先生指出："《诸罗县志》记载：'新垦土肥，一甲之田，上者出粟六七十石，最下者亦三四十石。'这说明台湾的单位面积产量是比较高的。""清代早期台湾还处在开发过程中，业户从政府方面得到开垦权，而实际从事开垦的则是佃户，所以当时的租率是比较低的，每甲纳粟8石，或按一九、一九五抽租，即租率为10%～15%，这就是所谓大租。"（见陈孔立《清代台湾移民社会研究》增订本，九州出版社，2003，第132～133、328页）。如果按一甲产粟"七十石"，租率15%计算，一甲纳粟为10.5石，这是上则田所纳最高的租额。如果叶虔等人对上中下则田每甲概收"一十八石"，那就大大地超过通行的租率了。

是，在他致施琅的信《上将军施侯书》（见前文所列第四则材料）中，却未见只字提及上述各案，而只是含混其词地说"嗟此小民，始为身家计，纷纷具控"，至于其"为身家计"具体所指何事，则不见交代。又说施琅的"员佐"在公堂上宣称奉施琅之命，对这些小民"执系箠击，声言提解"，似是指施琅的员佐企图使用恐吓和虐打的手段阻止小民提告，但是小民拟要起诉的究竟是何事，竟能使员佐们如此重视关注，甚至不择手段地进行对付，还是不见交代。读该信，根本就无从知悉施琅官庄有哪些管事、差官为了何事而遭到控告，更不用说去了解上述六起案件的具体情形了。而这和季麒光本人声称要把各案情形"上书"告知施琅的说法明显相背。个中缘由，不得而知。

复次，季麒光在《上将军施侯书》里谓告状的小民由于受到施琅员佐的缚打、威胁，"为性命计，皆依徊隐嘿"，"使县官无从定断"，"而员佐之声灵，更非职等之所能问矣"。这里包含了两个层次的意思：一是说由于受到施琅员佐的严重干扰，原告嚜声，作为知县的季麒光因而无法断案；二是说以施琅为靠山的员佐的"声灵"，足以使官职低微的季麒光不能审理这些案子。可是，季麒光在写给总督王国安的密信《密陈营盘累民文》中却有完全不同的说法。他在列举了上述六起控告叶虔等人的案件后写道："其余李文起、薛云、曾庄氏等陆续投诉者，案积如山。此辈冤民，环呼望救。卑职审讯得实，将叶虔等责惩，断给归民，复将各案情形并营盘田数绘图缮册，痛哭上书于将军。"此信既无提到施琅的员佐绑打、恐吓案件的原告，又未言及员佐对于案子的审理施加什么压力。此其一。据此信，季麒光不仅能够受理这些案子，而且可以严格依法断案，做到公正准确，既"将叶虔等责惩"，又把田地"断给归民"，案件及时妥善地审结。此其二。从此信的叙述顺序来看，季麒光是审结诸案在先，而上书于施琅在后。可是，他为何还要在该信中向施琅哭诉其无法断案，也不能办案呢？这颇蹊跷。此其三。

最后，在《上将军施侯书》里，对于所谓叶虔等人冒指营盘，横征租粟，詹高、陈贵等不报册，不输粮，陈钦、颜亲等勒限征租，擅拨车夫，诸"棍徒横虐"事，一概都未提及。这是和致王国安信的最大差别。而按照常理，如果以上诸事属实，则恰是最有必要告知施琅，并进而提出其意见或建议的，以期今后在诸罗县避免再度出现此类"横虐"事。但季麒光却没有这样做，不知何故。在给施琅信中，季氏认为施琅可以被指责之处，除上述员佐在公堂上的表现外，主要似反映在下面这段话中："今台湾之地，皆君侯所辟之地也；台湾之民，皆君侯所生之民也；台湾之文武员属，皆君侯药笼之参苓也。在君侯之身，正如泰山沧海，人谁与让？况君侯泉人也，以泉之人镇泉之地，台湾虽阻重洋，皆君侯梓里之余也。宽其所有，而抚恤其民人，正君侯今日之事也。乃何以职等视事以来，问出水，则曰'君侯之兵眷'也；问田亩，则曰'君侯所垦辟'也；问蔗车，则曰'君侯所竖立'也；问佃丁，则曰'君侯所荫免'也。"在季麒光看来，施琅没能"抚恤"其本该抚恤的台民，这主要表现在他经营了官庄，因为经营官庄，才会去垦辟田亩、竖立蔗车①、荫免佃丁。因此，他希望施琅以公仪为榜样，"不分民利"，即放弃田庄的经营。季氏致施琅信的最后一句话，表明了他写该信的最终目

---

① 《台湾府志》卷七《赋税·杂税》载诸罗县"蔗车二十二张，每张征银五两六钱，额征银一百二十三两二钱"。蒋毓英撰，陈碧笙校注《台湾府志校注》，厦门大学出版社，1985，第83~84页。

的："伏望君侯俯加垂察，使职得效冯谖之诚，为君侯广焚券之仁，则功在社稷，泽在生民，君侯之令名盛德，亦永远不替矣。"冯谖，《史记》作冯驩，其事迹载于《史记·孟尝君列传》：

> 孟尝君时相齐，封万户于薛。其食客三千人，邑入不足以奉客，使人出钱于薛。岁余不入，贷钱者多不能与其息，客奉将不给。孟尝君忧之，问左右："何人可使收债于薛者？"传舍长曰："代舍客冯公形容状貌甚辩，长者，无他伎能，宜可令收债。"孟尝君乃进冯驩而请之曰："宾客不知文不肖，幸临文者三千余人，邑入不足以奉宾客，故出息钱于薛。薛岁不入，民颇不与其息。今客食恐不给，愿先生责之。"冯驩曰："诺。"辞行，至薛，召取孟尝君钱者皆会，得息钱十万。乃多酿酒，买肥牛，召诸取钱者，能与息者皆来，不能与息者亦来，皆持取钱之券书合之。齐为会，日杀牛置酒。酒酣，乃持券如前合之，能与息者，与为期；贫不能与息者，取其券而烧之。曰："孟尝君所以贷钱者，为民之无者以为本业也；所以求息者，为无以奉客也。今富给者以要期，贫穷者燔券书以捐之。诸君强饮食。有君如此，岂可负哉！"坐者皆起，再拜。
>
> 孟尝君闻冯驩烧券书，怒而使使召驩。驩至，孟尝君曰："文食客三千人，故贷钱于薛。文奉邑少，而民尚多不以时与其息，客食恐不足，故请先生收责之。闻先生得钱，即以多具牛酒而烧券书，何？"冯驩曰："然。不多具牛酒即不能毕会，无以知其有余不足。有余者，为要期。不足者，虽守而责之十年，息愈多，急，即以逃亡自捐之。若急，终无以偿，上则为君好利不爱士民，下则有离上抵负之名，非所以厉士民彰君声也。

焚无用虚债之券，捐不可得之虚计，令薛民亲君而彰君之善声也，君有何疑焉！"孟尝君乃拊手而谢之。①

战国时期齐国贵族孟尝君（姓田名文）因食客众多，而入不敷出，所以在其封地薛放贷，希望用息钱补贴花费。他让门客冯骧去取息钱，冯骧却把因贫穷而无法支付息钱者的债券烧掉了。返回后，受到孟尝君的责问，他却谈了一番焚券的道理，于是孟尝君拍手致谢。季麒光援引这个故事，而以冯骧自况，分明是要施琅效法孟尝君不收息钱的做法，而放弃征收地租。无怪乎他在给施琅信中会说："窃思君侯业隆今古，位极人臣，视此所余之粟谷，不过九龙之一脔耳，岂肯以盖世之勋名与小民争此尺寸之获。"而这已是较之不与民争利的要求更进一步的了，是吁请施琅做慈善了。然而，这和他在给王国安的信中所罗列的强夺民田、横征租粟的违法犯罪行为，毕竟是分属于完全不同性质的两回事，季氏原声称要"痛哭上书"告知施琅以上诸事的，但他的信实际上却撇开这些具体内容，把重点放在进行道德说教，竭力劝说施琅行善。这固然无可非议，但季氏行事前后不一，难免使人对他的有关记述生疑。

那么，如果施琅的管事、差官所犯下的事属实，施琅应负什么责任呢？笔者认为，这关键要看施琅是否知情。倘若施琅是支持纵容者，他就难辞其咎；如果是管事、差官背着施琅擅自所为，则就不能斥责施琅是罪魁祸首了。目前由于缺乏相关的史料可作为凭据，尚无法断定施琅是否知情，就连季麒光本人在致王国安的密信中亦说"将军侯未必尽知"。当然，这是他的推测，但这表明季麒光对于

---

① 司马迁：《史记》，中华书局，1959，第 2359～2361 页。

施琅是否知情或对情况了解到什么程度这个问题，也是无法作出判定的。因此，现在我们还不能要求施琅为他的管事、差官承担罪责。而且，从《密陈营盘累民文》来看，还不能排除存在假冒施琅官庄的督垦、管事、差官的可能性。季麒光在报告了"自称督垦管事"的詹高、陈贵和差官陈钦、颜亲的所作所为后，紧接着承认说："县官亦无从诘其真伪，莫可如何。"这反映了季氏对这些人的真实身份是有所怀疑的，但无法进行确认。如果这些人系属假冒，那就更不能要求施琅对他们的行为负责了。关于管事，陈孔立先生指出："管事是由地主雇来管理田庄的，向农民收取大租，向官府缴纳钱粮。他们一般住在山庄或租馆，熟悉村庄情况，参与庄事。他们经常依仗地主的势力，欺侮农民，也常将田租、田产占为己有。"① 季麒光所说施琅官庄管事等人的欺压良善、敲诈勒索，如果情况属实，那也有可能就是他们借用官庄的声誉，以实现其谋取私利的表现而已。

行文至此，还有关于季麒光的两件事值得一提。

一则季麒光在台湾任诸罗知县一年多，即置有二十七甲的园地，系"招佃垦荒园"所得②。可见他也在经营土地，招佃开垦，从事其本人一再表示对之深恶痛绝的"分外之征"，在正供之外收取地租。让我们再读一遍季氏《再陈台湾事宜文》：台湾"既入版图，均议赋额，以各项田园归之于民，照则匀征，则尺地皆王土，一民皆王人，正供之外，无复有分外之征矣。乃将军以下，复取伪文武遗业，或托招佃之名，或借垦荒之号，另设管事，照旧收租。

---

① 陈孔立：《清代台湾移民社会研究》增订本，九州出版社，2003，第172页。
② 季麒光：《天妃宫僧田小引》，季麒光撰，李祖基点校《蓉洲诗文稿选辑·东宁政事集》，香港人民出版社，2006，第130～131页。

在朝廷既弘一视之仁，而佃民独受偏苦之累，哀冤呼怨，县官再四申请，终不能挽回补救。且田为有主之田，丁即为有主之丁，不具结，不受比，不办公务，名曰'荫田'，使贫苦无主之丁，独供差遣"。据此，不知他招佃开垦，是"托招佃之名"呢，还是"借垦荒之号"？其佃民恐也"独受偏苦之累，哀冤呼怨"吧。且其佃丁能否也荫免差徭？如果不能免役，原已受"偏苦之累"的佃丁，岂不是雪上加霜，更加痛苦不堪了吗？倘若能够免役，则他经营园地和施琅及其随征将弁的官庄一样，既征收大租，又荫免佃丁。若此，他指责施琅等武员经营官庄，不就成为了五十步笑百步了吗？如此言行不一，竟出现在一位一向享有美誉的"循吏"[①] 身上，着实令人惊异！

二则季麒光在诸罗县任上，曾撰有《将军侯生祠碑记》，对施琅平台前后情况有一番述评，最后一段称：

> 八月十三日，公驻节台湾，宣命受降。克塽赍其印绶，封其图籍，举族西辕，文武以下，归命恐后。四十余年之遗孽，一旦荡平。夫以非常之人，建不世之业，扫门庭之寇，撤藩篱之戍，开四千年未开之土宇，表兹东海。列郡邑，设官吏；瘴海荒山，雕题文项，入职方而通贡赋。鱼龙蜃虺之区，鹿豕狐狸之窟，指挥所至，咸奉冠带。此固圣朝之相容并包，使八方之外，怀生之族，莫不统会车书，浸润膏泽。不知公之经营规画，计豫谋深，固已心烦于虑，亲履险危，以树此不朽之盛也。公至台之日，招流亡，消反侧，不杀一民，不戮一卒。于

---

① 如连战《台湾通史》即列季麒光于循吏中。见该书卷三十四《列传六·循吏》，商务印书馆，1983，第 654~656 页。

是农安于亩，贾安于市。户无鸡犬之惊，野有桑麻之旧。七十二社、三十六番皆壶浆箪布，稽颡输诚。直与李西平之定淮西，曹武惠之下江南，先后同揆。而难易迟速之间，则于公又未可概论矣。及其旋师渡海，父老妇子、远近番民环呼依恋。迄于今，六十以上，公所养也，十六以上，公所长也。室庐无恙，井疆如故，皆公之所生全而覆载也。盖弘功之远竖如此，懋德之广施又如此，百姓虽愚，又悉能自已哉！昔狄梁公宣抚魏州，人民德之，为建生祠。今台湾之民，自公之戡定怀绥以来，家尸户祝，靡克吁训，矢同众愿，建此弘规，所以云报也。况公之业在社稷，动在天壤，考古论功崇祀之典，皆有合焉。则旂常钟鼎，麟阁云台，当绘图肖像，为诸勋首，岂止台民之善颂善祷已乎？麒光不文下吏，何敢仰参记颂之事。祠既成，台民以麒光西清旧史，俾记始末，因序实成文，使台民百世以之。①

从这则碑文来看，施琅不仅平台有功，而且抚绥有方，所谓"农安于亩，贾安于市。户无鸡犬之惊，野有桑麻之旧"即可为证。尤其值得注意的是这句话："迄于今，六十以上，公所养也，十六以上，公所长也。室庐无恙，井疆如故，皆公之所生全而覆载也。"该碑文未标明撰写的时间，"迄于今"是指直至何时呢？连横《台湾通史》卷十《典礼志·祀典》记载："施将军祠，在宁南坊檨子林，康熙二十五年郡人建，祀靖海将军施琅。"② 而季麒光自谓其被任命

---

① 季麒光：《将军侯生祠碑记》，季麒光撰，李祖基点校《蓉洲诗文稿选辑·东宁政事集》，香港人民出版社，2006，第107~108页。

② 连横：《台湾通史》，商务印书馆，1983，第174页。

为诸罗县令是于康熙二十三年（1684 年），"十一月初八日到任"①，而他"在任逾年"②。季氏又明言是"祠既成"后，他才撰写碑文的。可见此文书写于季麒光担任诸罗县令的后期，其时他已在台湾任职一年多，而施琅已离开台地两年多了③。而此时台岛"室庐无恙，井疆如故"，这不仅说明台湾民间未被战火所涂炭，还反映了它从清军入台时起就一直没有遭到破坏。须知，施琅统兵入台后，驻扎了百日④，竟能够做到兵不扰民，他本人无疑发挥了关键作用，所以说"皆公之所生全而覆载也"。而"家尸户祝，靡克吁训"，又颂又祷，班师之际，"父老妇子、远近番民环呼依恋"，则说明了广大台民的感恩戴德，实是对施琅及其随征官兵靖台和进台后表现的肯定。这则碑文告诉人们，施琅是造福于广大台湾人民的。

然而，当人们读了前引季麒光《再陈台湾事宜文》后，则大多会对施琅及其随征将弁产生另外一种看法，即认为他们入台后，仗势横行，掠夺土地，勒索租赋，欺虐良善，可谓室庐被祸，台民遭殃。季氏在其《预计糖额详文》中还说："自将军而下各自管耕督

---

① 季麒光：《详请署印文》，季麒光撰、李祖基点校《蓉洲诗文稿选辑·东宁政事集》，香港人民出版社，2006，第 214 页。

② 周钟瑄主修，陈梦林编纂《诸罗县志》卷三，《秩官志·列传》"季麒光"条。

③ 据施琅《靖海纪事》卷下《班师过澎湖祭阵亡官兵文》所载日期为"康熙二十二年十一月二十五日"，表明该日他已离开台湾本岛。又江日昇《台湾外记》卷十记载："十一月，琅见诸凡业已就绪，遂将台湾地方交吴英总统把守。二十二日，班师，至澎湖，巡视调理。二十五日，亲祭阵亡诸将士。二十六日，开船，是夜放洋。二十七日，午刻到厦门。"（福建人民出版社，1983，第 364 页）

④ 据施琅《靖海纪事》卷下《舟师抵台湾疏》记载，施琅系于康熙二十二年（1683 年）八月十三日进入台湾。而直至十一月二十二日才班师离台（见前注）。

垦，即为官田，其数已去台湾田园之半。"① 据此，则沦为施琅等武员官庄佃民的人数就很多了，他们"受偏苦之累"，"哀冤呼怨"，怎么可能为施琅建造生祠，对其颂祷有加呢？又怎么可能对即将离台的施琅等人依恋不舍呢？《再陈台湾事宜文》等告诉世人，施琅是贻害于广大台湾人民的。

前后两位施琅，良莠有如天渊之别，善恶泾渭分明。可是他们却同是出于季麒光的笔下。这就使人如坠五里雾中，——季氏要告诉人们的真实的施琅究竟是哪一位呢？

了解了以上二事，对于人们判断季麒光关于施琅及其随征将弁的记述所具有的史料价值，也许会有所帮助。

---

① 季麒光撰，李祖基点校《蓉洲诗文稿选辑·东宁政事集》，香港人民出版社，2006，第 189 页。

第二章　在台土地的来源

第一节　受赏、购置、招佃垦辟

施琅平台后，清廷有没有赏赐其台湾田土？他有没有采用其他方法取得台湾的田地？他在台湾究竟拥有多少土地？这些问题都须要作出深入探讨。

康熙二十四年（1685 年），户部江南清吏司主事、福建莆田人林麟焻赞扬施琅说：

> 膺连帅之职，节制东南，不足为公贵；爵至通侯，实封万户，不足为公富；将相而官故乡，人咸美公为昼锦之荣，而实不足为公羡；口碑传之，国史载之，不足罄公美。①

这段文字从未引起史学界的注意，笔者却认为应当给予足够的重视，现稍作分析。林麟焻系从四个方面颂扬施琅：一是膺连帅之职，节制东南。二是爵至通侯，实封万户。三是将相而官故乡。四是口碑传之，国史载之。施琅靖台后继续担任福建水师提督，属于从一品的高级武官，其时清廷又加授他靖海将军，命其镇守东南海

---

① 施琅：《靖海纪事》，林麟焻：《叙》。

疆，这是清廷对他的倚重。康熙帝曾于四十二年（1703 年）说：
"文官不许本籍为临民之官，武官须习知本地形势方有裨益。国家最
重者边疆，简用武臣，大有关系。兵可百年不用，不可一日不备。
今承平日久，老于行间之战将亦渐次雕零，昔之海上投诚者习于水
战，今亦不可多得矣。……海上行舟，与江湖不同，江湖之中虽能
习水战，若用海上必不相宜。故朕于水师，尤为加意。"① 数年后他
又指示兵部说："国家绥辑兵民，乂安海峤，必资威望素重之臣，以
畀干城之寄。有能久镇岩疆，实彰劳绩，则赐命酬庸，宜加显
秩。"② 施琅平台后已六十多岁，康熙帝以其为闽省水师提督坐镇东
南沿海，固然含有宠眷功臣之意，但主要的是因其看到施琅在海峡
两岸威望素著，又善于海战，让其镇守闽疆，有利于保卫东南地区
的安全和维护它的稳定。所以，"膺连帅之职，节制东南"，所言不
虚。施琅系闽人，在福建为官，可知所谓"将相而官故乡"是实指。
施琅平定台湾后，两岸都不乏称颂者，在台湾建有其生祠，蒋毓英
《台湾府志》卷六《庙宇》指出，台湾岛内的"靖海将军侯施生
祠"，系"万姓公建，甘棠遗意也"③。在澎湖妈宫东街也建有一座
施琅生祠④。台湾人民还为施琅竖立了"靖海将军侯施公功德碑"，
赞扬施琅优待郑俘，招抚郑氏，进入台岛，"兵不血刃"。疏请留台，
"力请于朝，籍为郡县。此有功于朝廷甚大，有德于斯民甚厚！"待
其准备班师时，题请总兵吴英"暂留弹压"。"又念弁目之新附未辑

---

① 《清圣祖实录》卷二百十三。
② 《清圣祖实录》卷二百二十九。
③ 蒋毓英撰，陈碧笙校注《台湾府志校注》，厦门大学出版社，1985，第 65 页。
④ 林豪：《湖湖厅志》卷二，《祠庙（丛祠附）》，台湾大通书局，1984，第
58 页。

也，兆庶之弃业亏课也，则又委参将陈君讳远致者加意钤束之，殚心招徕之。是侯之心，无一息可（不）舒台民之怀抱，而东海陬壤，无一人不颂覆帱于如天也。今荆棘遐甸，遍艺桑麻；诗书陶淑，争荣桃李；极之戴发负齿之伦，莫不共沾教化。系谁之功！台人之士，感于十年之后，久而弥深。群谋勒石，以效衷思，历疏所由以镌刻之"。① 大陆方面，从国史到地方史志，从官修史籍到私人著述，多载有施琅的传记和事迹。可见，所谓"口碑传之，国史载之"，也符合实际。②

至于"爵至通侯，实封万户"，因为比较费解，须结合有关史料进行分析。何谓"通侯"？据史籍记载，秦时设置有二十个等级的爵位，彻侯为最高一级，汉朝建立后沿置，后因避汉武帝刘彻讳，先后改名通侯、列侯。唐代学者颜师古为《汉书·高帝纪》"通侯诸将，毋敢隐朕"作注时，引先代学者的看法说："应劭曰：'旧曰彻侯，避武帝讳曰通侯。通，亦彻也。通者，言其功德通于王室也。'张晏曰：'后改为列侯。列者，见序列也。'"③ 汉代列侯享有封邑内的赋税，同时须按规定对中央有所贡纳，而征收赋税以其受封时所

① 《台湾南部碑文集成》上册，台湾大通书局，1987，第 3～4 页。

② 王瑛曾：《重修凤山县志》卷六《学校志·学宫（附入学额数）》载："名宦祠：在大成门左。乾隆十七年知县吴士元重建（内祀缺。按府志，名宦祀太子少保兵部尚书福建总督范承谟、太子少保兵部尚书福建总督姚启圣、太子少保靖海将军靖海侯福建水师提督施琅、江西观察使前台湾府知府蒋毓英、广东分巡高廉罗道前台湾府知府靳治扬、福建巡抚赠礼部尚书前分巡台厦道台湾县知县陈滨、台湾府海防同知洪一栋、福建水师提督施世骠、南澳镇总兵官蓝廷珍、分巡台厦道陈大辇等共十人。应依制创设虔祀）。"大通书局，1984，第 174 页。

③ 班固：《汉书》，中华书局，1962，第 57 页。

划定的户数为范围，多的达万户，这样的列侯也称"万户侯"。列侯只享受赋税，而其封地的治权则由中央派官员掌管。

清代有赏赐土地之举。例如，平南王尚可喜在"三藩"叛乱之际，不仅顶住压力，未举兵响应吴三桂，而且力主平叛，对清廷表现了耿耿忠心。他死后于康熙二十年（1681年）"归葬海州，其家属子弟及部属亦一并迁居于此。帝赐田万顷，供尚氏族人耕种"①。对一些降清的原敌对势力的头面人物，有的也赏给爵位田地。例如，台湾郑氏集团的郑克塽、刘国轩、冯锡范率众降清后，康熙帝"念其纳土归诚，授郑克塽公衔，刘国轩、冯锡范伯衔，俱隶上三旗，仍令该部拨给房屋田地"。②

汉代的列侯除无子或因罪被夺爵外，其爵赐是世代承袭的。而施琅被封"为靖海侯，世袭罔替"。③同是侯爵，同是世代承袭，这应是林麟焻以汉代列侯（通侯）来指称施琅的缘由。而他既然说施琅得受侯爵后"实封万户"，就似应有所指，他可能是以汉代的旧制来比附清廷对施琅的封赏。当然，所谓"万户"，不可能是一个实数。因为只要施琅拥有大片土地就须招徕众多的佃农进行垦种，而他享有这些佃农所缴纳的地租（扣除正供后才是实际收益），就像汉代的万户侯，享有万家编户齐民所缴纳的赋税（扣除贡纳后才是实际收益）一样。林麟焻似是以"实封万户"比喻施琅曾得到清廷封赏的大片土地。如果这个分析不谬，林麟焻所言就是迄今所见提到施琅曾经被赏以土地的最早的史料。若此，它就和前述的其他三个

① 章开沅主编《清通鉴》第一册，岳麓书社，2000，第803页。

② 《清圣祖实录》卷一百一十八。

③ 施琅：《靖海纪事》卷下，《封侯制诰》。

方面一样，都不是无根之论，值得重视。

而明确记载施琅因有功清廷赏予他台湾土地的，最早见于乾隆时期的档案材料。乾隆九年（1744年）二月十六日，福建巡抚周学健就台湾武员官庄的来龙去脉、存在的弊端和解决的办法等问题，上疏说：

> 窃查台湾一郡，孤悬海外，民番交错，最易滋事，惟在地方文武镇静抚绥，不加骚扰，番性纵极犷悍，自不致肇起衅端。臣到任后，办理案件，每见台郡民番因侵占垦地互相告讦者颇多，且皆有干涉前任武职大员之处。臣留心密察，乃知台郡从前地广人稀，土泉丰厚，物产颇饶，凡彼处镇将大员无不创立庄产，遣丁召佃开垦草地，遂为己业；或因客民承垦草地，与番界错杂，易启争端，势孤力弱，恐不能敌，投献武员，承租占种，如此等类，不一而足。
>
> 凤山县则有原任将军施琅之凤山庄，原任副将许云之金庄，皆已奏明赏给酬庸之产。彰化县则有原任提督蓝廷珍之蓝兴庄，已经报出充公。诸罗县则有原任提督吴贵垦庄九处，已经入官变卖。此皆前任台地武职大员占垦地亩，业经报出有案者也。此外，诸罗县境内，尚有原任提督蓝理半月庄一所，乾隆五年典给原任提督苏明良管业。又原任将军施琅佳里兴庄一所，现系伊子孙管业。彰化县境内，尚有原任副将魏大猷、潘诚嘉合名魏潘成在猫罗、大肚二社立庄二所，现在管业。又原任提督苏明良于雍正十三年买南社番草地一所，垦地四十余甲。现据该社番南蛤肉等在县控伊管事朱泮侵占社地，尚未结案。又现任水师提督王郡于雍正十一年在阿束社番界内创立一庄，垦地

数百顷。……于乾隆四年提督王郡转卖与富民施士安为业。现在番众不服，时出控诉。

臣查镇将大员不许在任所置立产业，例有明禁，在内地犹然，况海外番黎交错之地。本处武职大员立庄垦种，纵无占夺民产之事，而家丁佃户倚恃声势，凌虐番民，影占余地，实所难免。番性最为阴狠，善于钉仇记恨，苟有积怨，虽传之子孙，必图报复，生端肇衅之处，未必不由于此。防微杜渐，不可不塞其源而止其流。

第查台郡前后武职大员无不创立庄产，或因人投献而踞为己业，或买受前官已成之产，几相习为固然，非彻底清厘，严行禁绝，其风不能止息。以臣愚见，凡历任武职大员创立庄产，查明并无侵占番地及与民番并无争控之案者，无论系本人子孙管业及转售他人，均令照旧管业外，若有侵占民番地界之处，秉公清查，系民产归民，系番地归番。至此后凡系台郡武职大小各员创立庄产开垦草地之处，永行禁止。倘仍有托名开垦者，一经发觉，本官交部严加议处，地亩入官，该管官通同容隐，并行议处。庶使番境宁帖，官民不相参扰，似亦镇静海疆之要道。臣谨缮折密奏。如果臣言可采，伏乞皇上特颁谕旨，敕部遵照施行。谨奏。①

从这道奏折，结合其他史籍的记载，可以了解到以下四个方面的情况。

---

① 周学健：《请禁台湾武职官庄占垦之弊》，乾隆九年二月十六日，中国第一历史档案馆等：《明清宫藏台湾档案汇编》第二十册，九州出版社，2009，第192～196页。

　　第一，施琅在台湾确实拥有勋业地。凤山县的"凤山庄"属于"赏给酬庸之产"，即史学界常说的"勋业地"，也是前述林麟焻用"实封万户"所比喻的土地。清廷赏赐施琅勋业地，当是因为施琅为平定台湾建立了卓越的功勋，同时也可能和统一两岸后，须用施琅长期统领福建水师戍守东南海疆有关。施琅逝世后，康熙帝在《赠宫傅制诰》里赞扬他说：

　　　　尔原任太子少保、靖海将军、靖海侯、福建水师提督施琅，夙谙兵事，久历军行。壮岁从戎，即著干城之望；岩疆分镇，聿推保障之才。洎乎受律中朝，建麾全闽，兵民藉以绥辑，而斥堠无惊；将士乐其拊循，而简稽有法。念兹劳绩，奄尔沦徂，宜沛殊恩，俾加显秩。兹赠尔太子少傅、光禄大夫。於戏！抒诚报国，式膺三命之荣；班爵酬庸，用慰九原之志。①

　　"壮岁从戎，即著干城之望；岩疆分镇，聿推保障之才"，是说施琅在担任同安副将、总兵期间，就表现了杰出的军事才能，为保卫同安做出了重要的贡献。施琅大约是在顺治十四年（1657年）十月至翌年二月期间出任同安副将的。② 顺治十四年，施琅三十七岁，是为壮年。当时，厦门是郑军的主要抗清基地，和同安隔海相望，近在咫尺。郑军还占据同安的入海门户浯洲，使同安暴露在郑军的锋芒之下。施琅作为驻守同安的清军绿营的最高将领，责任重大，处境艰险。时人指出："浯洲为同安门户，寇筑垒其上，俯瞰县城，

---

① 施琅：《靖海纪事》卷下。
② 施伟青：《施琅年谱考略》，岳麓书社，1998，第155页。

公（施琅——引者注）昼夜防御，且守且战。"① "（同安）与厦门贼垒相对，公运方略捍御，前后擒其骁将十数辈，所招降万人。贼由是气夺，而濒海获稍安焉。"② 顺治十八年（1661年），兵部尚书苏纳海到同安，见施琅"战守机宜有古大将方法"，即疏荐其为同安总兵官③。康熙元年（1662年），施琅升任福建水师提督，次年移驻海澄④。施琅在同安前后驻守了五年多，作为前线作战指挥官，他始终牢牢地把同安掌握在自己的手中，从未让郑军占据该地，使同安避免了战火的破坏，俾百姓得到喘息之机。所以，康熙帝才会誉其"著干城之望"，是"保障之才"。

而"洎乎受律中朝，建麾全闽，兵民藉以绥辑，而斥堠无惊；将士乐其拊循，而简稽有法"，则是说施琅担任福建水师提督以后（迄至康熙七年被调入京城任内大臣之前，施琅一直担任这个职务）的表现。康熙二年（1663年），施琅率领福建水师攻夺郑军驻地厦门、金门等岛屿，郑军退守铜山（今东山），不久撤回台湾。此后，福建沿海出现了比较安定的局面。除了在康熙三四年间，施琅曾两度率师进征澎湖因遇风而未果外，其余时日，他致力于绥民拊兵，守边戍海，福建沿海地区战乱暂息，鸡犬稍宁。

可见《赠宫傅制诰》是一篇富有实际内容的诰文，而非空话连篇的官样文章。它高度地肯定了施琅在保卫海疆、抚辑兵民方面的突出才干和所取得的成就。由此可知，康熙帝对施琅早年的事迹曾

---

① 康熙五十四年《浔海施氏族谱》，王熙：《襄壮施公暨配累封一品夫人王氏诰封太恭人黄氏合葬墓志铭》。

② 施琅：《靖海纪事》，施德馨：《襄壮公传》。

③ 施琅：《靖海纪事》，施德馨：《襄壮公传》。

④ 施伟青：《施琅年谱考略》，岳麓书社，1998，第201～203页。

进行过深入的了解，否则他不可能颁布这道含有上述内容的制诰。在台湾郑氏集团降清、两岸归于统一之后，施琅因其顺利地靖台拓疆，威望得到进一步的提高。无怪乎尽管施琅曾上疏说"伏乞皇上恩赐召臣回京，俾得时觐天颜，臣所深愿也"①，而康熙帝还是要留其镇守闽疆。但其时施琅毕竟已六十多岁，体力渐衰。所以，此后他曾先后两度以年老为由请辞福建水师提督，而康熙帝则说："为将尚智不尚力，朕用尔以智耳，岂在手足之力，尔其勉之。"②"朕用汝心，非用汝力，勉为朕锁钥天南。"③竟然前后两次挽留他提督福建水师。就这样，施琅在进入古稀之年后仍驻守海疆，直至七十六岁时逝世于任上。

福建系施琅桑梓，施琅在闽省任职，诚然是一种荣耀，但到底责任重大，故其居安思危，丝毫不敢松懈大意。郑氏归清后，尚有一些郑军残余势力活动于海上，"南之柬埔寨尚有伪镇杨彦迪下余孽黄进聚艘百余号，北之浙江乌洋尚有房锡鹏残党，及抚而复叛之刘会集艘数十只游移海洋"。施琅深知，"天下东南之形势在海而不在陆。陆地之为患也有形，易于消弭；海外之藏奸也莫测，当思杜渐。更以台湾、澎湖新辟，远隔汪洋，设有藏机叵测，生心突犯，虽有镇营官兵汛守，间或阻截往来，声息难通，为患抑又不可言矣"④。因而他安不忘危，未雨绸缪，竭力维护东南海疆的安全和稳定。而康熙帝赐施琅以台湾田土，不仅是对他平台扩疆功勋的回报，也是对仍须肩负宁海靖边重任的老臣的一种慰劳。这无疑有利于勉励老

① 施琅：《靖海纪事》卷下，《台湾就抚疏》。
② 《康熙起居注》，"康熙二十七年七月十五日"条，中华书局，1984，第1786页。
③ 施士伟：《靖海汇纪·襄壮施公传》。
④ 施琅：《靖海纪事》卷下，《海疆底定疏》。

年施琅继续坐镇厦门，发挥其东南锁钥的积极作用。

那么，施琅系于何时获赐台地的凤山庄呢？这个问题未见史籍记载。而从前述林麟焻是于康熙二十四年（1685 年）即谓施琅"实封万户"来看，此事发生于清廷决定把台湾收入版图并置官管理、派兵戍守的康熙二十三年（1684 年）的可能性较大。① 大概在把台湾纳入版图后不久，康熙帝即把凤山庄赏给施琅了。

第二，凤山庄概况。蒋毓英《台湾府志》卷一《封隅·坊里》记载，台湾入清初年，凤山县辖下有二庄，"凤山庄（离府治八十里）"为其一②。王瑛曾《重修凤山县志》卷三《风土志·坊里》记载，到了康熙五十八年（1719 年），凤山县辖下已有七庄，凤山庄为其一，而凤山庄包括上庄、中庄、下庄③。而由卢德嘉汇纂、脱稿于光绪二十年（1894 年）的《凤山县采访册》则把原来的"庄"概称为"里"。其甲部《地舆一·疆域（包括田园、户口）》记载：凤山县"原辖七里（仁寿、维新、长治、嘉祥、依仁、新昌、永宁）、二保（喜树仔、土墼埕）、六庄（兴隆、半屏、赤山、

---

① 据《康熙起居注》二十三年正月二十七日条记载，是日清廷已决定把台湾收入版图。该条云："明珠奏曰：'前为台湾二事所降谕旨，已传与议政王大臣及九卿、詹事、科道等官公同详议。议政王等云，上谕极当。提臣施琅目击彼处情形，请守已得之地，则设兵守之为宜。……'上曰：'然。着议政王等议，可将此意票出。'"（中华书局，1984，第 1129 页）。又《清圣祖实录》二十三年四月十四条载："差往福建料理钱粮侍郎苏拜会同福建督、抚、提督疏言：'台湾地方千余里，应设一府三县，设巡道一员分辖。应设总兵官一员、副将二员、兵八千，分为水陆八营。澎湖应设副将一员、兵二千，分为二营。每营各设游、守、千、把等官。'从之。"（《清圣祖实录》卷一百十五）。

② 蒋毓英撰，陈碧笙校注《台湾府志校注》，厦门大学出版社，1985，第 10 页。

③ 王瑛曾编纂《重修凤山县志》，台湾大通书局，1984，第 50 页。该县志刊于乾隆二十九年（1764 年）。

大竹、小竹、凤山）、一镇（安平）。康熙五十八年（旧志），增港东、西二里、观音山一庄，凡九里、七庄，保镇仍旧。雍正九年，更定疆界，县北永宁、新昌、依仁三里并土墼埕、喜树仔二保、安平一镇，统拨归台湾县（即今安平县）管辖，新增文贤一里，今概称为十四里（大竹、兴隆、赤山、小竹、凤山、观音、半屏、仁寿、维新、嘉祥、文贤、长治、港东、港西），保镇无"①。

因为凤山庄是迄今所知史籍有明确记载的清廷赏给施琅在台的唯一一处勋业地，所以，对它的区域位置、土地面积、水利状况等各方面的基本情况应有所了解，惜台湾相关的府志、县志，或对以上问题缺乏交代，或语焉不详。唯《凤山县采访册》对于凤山里有详细的记述，而从上引该册的记载可知，凤山里系直接源于凤山庄。因此，我们可以通过它来了解凤山庄。《凤山县采访册》甲部《地舆一·疆域（包括田园、户口)》记载：

> 凤山里，在县治东南方，距城五里。……东以凤山与小竹里分界，西以规仔寿陂与大竹里分界，南以海汕与海分界，北以崎港沟与大竹里分界。里内东西相距十里，南北相距十五里，积方一百二十里（？）。其中田二千一百二十四甲五分八厘七毫零四忽六微，园三百九十九甲九分一厘三毫零八忽八微，平等沙田一百五十九甲四分二厘六毫，次等沙田二甲六分零五毫三丝，下等沙田七甲零二厘四毫，平等沙园二十六甲一分二厘七毫八丝，下等沙园二分三厘八毫八丝。埔无。②

---

① 卢德嘉编纂《凤山县采访册》，台湾大通书局，1984，第1页。
② 卢德嘉编纂《凤山县采访册》，台湾大通书局，1984，第4~5页。

关于"凤山"、"规仔寿陂"、"海汕"、"崎港沟",采访册说:"凤山,在小竹、凤山二里交界(东小竹,西凤山),县东南十八里,脉由大坪顶山出,高四里许,长十里许,为县治八境之一(八景中有凤岫春雨即此)。""规仔寿陂,在大竹、凤山二里交界(西北大竹,东南凤山),县南三里,周五里许,源受东门溪,南行兼纳林边圳、大嘉棠圳二流,分六支入五圳(二令、东竹仔、脚港仔、垯草衙及东圳)、一陂(六番仔头),本支再行里许,下注妈祖港陂(溉田在下)。""海汕,在凤山里,县南二十里,东连凤鼻山,西抵旂后山,延袤二三十里,为县治眠弓拱案。""崎港沟,在凤山里,县东三里,源受十三望沟,西行汇柳仔陂水尾,合流下注武洛塘,长二里许。"① 又据《重修凤山县志》记载:"规仔寿陂,在凤山庄。"② 可知它属于凤山庄所有。

由此可知,凤山里的东、西、北三面,分别是以凤山、规仔寿陂、崎港沟和小竹里、大竹里为界,而南面则直达海滨。显而易见,它的边界是依据地形地貌来划定的,如此划分,边界较清楚,不易混淆。《凤山县舆图册》之《山川》载:"凤山,……横列邑治东南,宛然如飞凤,为文庙朝案山。其南为东港,漠漠平沙,直达海岸。东北有无数小峰,累累布列如凤卵然,名曰凤弹。西南扼塞,此其最也。"③ 据此凤山具有军事上的防御功能,当年清廷赏予施琅

---

① 卢德嘉编纂《凤山县采访册》,台湾大通书局,1984,第 29、103、31~32、60 页。
② 王瑛曾编纂《重修凤山县志》卷二,《规制志·水利》,台湾大通书局,1984,第 36 页。
③ 《台湾府舆图纂要·台湾地舆全图》合订本,台湾大通书局,1984,第 137 页。

凤山庄，让他于此招佃垦辟，是否含有借助其声威，以镇靖凤山县海疆的意图，这个问题由于未见有关记载，不便揣测。

　　凤山里有田和园共二千五百多甲。如果加上沙田沙园，计约为二千七百余甲。既然"埔无"，即说明埔地已全部被垦辟为田园，也就是说二千七百余甲是凤山里的可耕地面积。而其中以田占绝大部分，园的面积不达田的四分之一①。

---

① 台湾巡抚刘铭传从光绪十二年（1886 年）至十八年（1892 年）对台湾田园开
展了清丈，各县厅编制有土地清丈的《简明总括图册》。《凤山县简明总括图
册》载："凤山下里，新编'昂'字号内：上则田，二甲七分三厘七毫二丝。
中则田，二百五十七甲七毫七丝五忽二微。下则田，四百九甲五分三厘六
丝六忽三微。下下则田，二百三十八甲三厘一丝八忽二微。上则园，无。中则
园，无。下则园，五十八甲一毫九丝。下下则园，五十一甲八分二厘九毫七
丝。——共田九百七甲三分三厘五毫七丝九忽七微，共园一百一十甲四分三厘
一毫六丝。另沿山沿海沿溪一带田园：平等沙田，一百三甲七分九厘九毫八丝。次
等沙田，四分九厘七毫九丝。下等沙田，七甲二厘四毫。平等沙园，九甲一分
八厘一毫六丝。次等沙园，无。下等沙园，二分三厘八毫八丝。——共沙田一
百一十一甲三分一厘二毫七丝，共沙园九甲四分二厘四丝。凤山上里，新编
'毕'字号内：上则田，四十八甲四分三毫三丝四忽。中则田，五百三十三甲
四分八厘二毫三丝五忽二微。下则田，五百二十甲三分六厘二毫九丝九忽四微。
下下则田，一百一十五甲二毫六丝六忽三微。上则园，无。中则园，二十七甲
六分五厘六毫七丝四忽八微。下则园，一百五十七甲八分二厘九毫九丝六忽。
下下则园，一百三甲九分九厘四毫七微八忽。——共田一千二百一十七甲二分
五厘一毫二丝四忽九微，共园二百八十九甲四分八厘一毫四丝八忽八微。另沿
山沿海沿溪一带田园：平等沙田，五十五甲六分三厘五毫二丝。次等沙田，二
甲一分七毫四丝。下等沙田，无。平等沙园，一十六甲九分四厘六毫二丝。次
等沙园，无。下等沙园，无。——共沙田五十七甲七分四厘二毫六丝，共沙园
一十六甲九分四厘六毫二丝。"（《淡新凤三县简明总括图册》，第 89～91 页。
见《云林采访册·淡新凤三县简明总括图册·嘉义管内采访册》合订本，台湾
大通书局，1984）。据之统计凤山上、下里的田园也是二千五百多甲，倘若加上
沙田沙园也是二千七百余甲，园的面积仍不到田的四分之一。

　　从施琅得赏凤山庄到光绪后期，已经历二百余年，其间，凤山庄的海滨有可能出现泥沙淤积，从而使它的陆地逐渐向海域扩展。虽然原有的田地也有"或地势窄下，倏而为埔，倏而为溪港者"①，但总的来说，其陆地面积应是在逐渐增加的。因此，康熙年间凤山庄的耕地面积理应比后来的凤山里要小。所以，似不宜以其后凤山里田园的数量来认定凤山庄可耕地的面积。这是需要说明的。

　　耕种水田，须依赖水利灌溉。从史籍记载来看，凤山庄从康熙年间起就陆续建有一些陂圳。《重修凤山县志》卷二《规制志·水利》载："将军陂，在凤山下庄，距县南三十余里。将军施琅所筑，亦名新陂。""凤山陂，在凤山庄，距县南四十里。周围五六十丈，冬天不涸，灌田甚多。乾隆年间新筑。""规仔寿陂，在凤山庄，距县南四十里。蓄水可灌田。""按旧志载有……赏舍陂在凤山庄。"②《凤山县采访册》丙部《地舆三·陂泽》载："大草陂（旧志作将军陂，一名新陂），在凤山里，县东三里，周三里许，源受尚书林山雨水，西南行数武，下注二十四甲圳。将军施琅所筑，溉田六十四甲。""规仔寿陂，在大竹、凤山二里交界（西北大竹，东南凤山），县南三里，周五里许，源受东门溪，南行兼纳林边圳，大嘉棠圳二流，分六支入五圳（二令、东竹仔、脚港仔、墩草衙及东圳）、一陂（六番仔头），本支再行里许，下注妈祖港陂。……妈祖港陂在大竹、凤

---

① 周钟瑄主修，陈梦林编纂《诸罗县志》卷六，《赋役志·户口土田》，台湾大通书局，1984，第87页。这则材料虽然是说诸罗县的情形，但凤山县也不免有相同的情况。

② 王瑛曾编纂《重修凤山县志》，台湾大通书局，1984，第35～37页。

山二里交界（西北大竹，东南凤山）……南行二里许，下授前镇港，溉田十三甲。""总舍陂（旧志作赏舍陂），在凤山里（即总舍陂山麓），县东二里，周三里许，四山环绕，源受雨水，西行，由过路窟瓣下注曹公旧圳，溉田五十六甲。"① 采访册未提到县志所载"灌田甚多"的凤山陂，不知何故。采访册还载有凤山里其他一些水陂，如沙滥陂，溉田五十甲；六番仔头陂，溉田五甲；考史陂，溉田十二甲；小草陂，溉田二甲八分；大湖陂，溉田三甲；外旷地陂，溉田六甲；大草屑陂，溉田十甲②。除沙滥陂外，其余水陂规模都颇小。

凤山里的水利建设在凤山县的曹公圳建成后，有了较大的进步。道光十九年（1839 年）台湾知府熊一本撰有《曹公圳记》，称："圳之源出淡水溪，由溪外之九曲塘决堤引水于塘之坳，垒石为门，以时蓄泄。当其启放之时，水由小竹里而观音里、凤山里，又由凤山里而旁溢于赤山里、大竹里。圳旁之田，各以小沟承之。上流无侵，下流无靳，咸听命于圳长，而恪守其官法。向之所谓旱田者，至是皆成上腴矣，岂非百世之利哉！"③ 曹公圳系道光十八年（1838 年）凤山县令曹怀朴所筑，史称"自是而后，踵行者众。凤山水利之兴，实肇于此"④。据《凤山县采访册》记载，从曹公圳受水源而流灌于凤山里田地的水圳就有二

---

① 卢德嘉编纂《凤山县采访册》，台湾大通书局，1984，第 103～104 页。

② 卢德嘉编纂《凤山县采访册》丙部，《地舆三·陂泽》，台湾大通书局，1984，第 103～104 页。

③ 卢德嘉编纂《凤山县采访册》丙部，《地舆三·圳道》"附录"，台湾大通书局，1984，第 84～85 页。

④ 卢德嘉编纂《凤山县采访册》丙部，《地舆三·圳道》"附录"，台湾大通书局，1984，第 84 页。

十一条，共溉田一千余甲①。由之反观清初凤山庄的土地垦辟，可知在水利灌溉方面是受到一定的限制的。

综上，我们对施琅的勋业地凤山庄多少可以有一点了解。

第三，施琅在台湾的土地还有诸罗县的"佳里兴庄"。周学健的报告既然没有把它归入"赏给酬庸之产"中，就反映出这个田庄是通过其他途径取得的，是招佃垦辟的，或是购置的，还是有其他的获取办法？因为对这个问题报告只字没有提及，故暂时无法作出判断。但有一点是可以肯定的，即施琅在台湾的土地有不同的来源，既有因清廷的赏赐而获得的勋业地，也有通过其他途径而取得的非勋业地。

关于"佳里兴庄"的隶属和所处的区域位置，史籍有一些零散的记载，《诸罗县志》卷一《封域志·建置》记载，康熙二十三年（1684 年），设置诸罗县治于诸罗山，后因"民少番多，距郡辽远，县署、北路参将营皆在开化里佳里兴，离县治南八十里。四十三年奉文：文武职官俱移归诸罗山，县治始定"。卷二《规制志·坊里》又载："佳里兴保""属开化里"②。蒋毓英《台湾府志》记载，开

---

① 二十一条水圳为：二十四甲圳，灌田四十三甲；青埔圳，灌田八十五甲；涂库圳，灌田二十甲；三台瓣圳，注入大嘉棠圳等；大嘉棠圳，灌田五十甲；大令圳，灌田四十七甲四分；二令圳，灌田四十甲；大人宫瓣圳，灌田四十甲七分五厘；鹿窟圳，灌田六十五甲；大人宫圳，灌田八十甲；大桥头瓣圳，灌田三十八甲八分；北圳，灌田四十九甲九分；西圳，灌田三十五甲二分；南圳，灌田六十二甲五分五厘；东圳，灌田六十五甲；外旷地圳，灌田十二甲四分；沙滥圳，灌田三十甲；中廊西圳，灌田三十甲二分五厘；二桥圳，灌田四十甲；石尖仔圳，灌田一百甲；石牛稠圳，灌田一百甲。（见卢德嘉《凤山县采访册》丙部《地舆三·圳道》，台湾大通书局，1984，第81～84页）。据之统计二十一条水圳共灌溉田地一千零三十五甲多。

② 周钟瑄主修，陈梦林编纂《诸罗县志》，台湾大通书局，1984，第5、30页。

化里是诸罗县所辖的四里之一①。佳里兴保是清初隶属于开化里的三保之一。曾作为诸罗县署和北路参将营所在地的"佳里兴",就是指佳里兴保。《诸罗县志》载其"南至郡三十五里,西出大线头,东北出麻豆、茅港尾"②。《嘉义县舆图册·坊里》记载"佳里兴庄"系佳里兴保辖下的十三庄之一,在城西南"七十里"③。清初的佳里兴以北,悉属土著居民部落,几无汉人足迹。可见其北部地区多未开发。至于佳里兴庄的情况如何呢?《重修福建台湾府志》记载:"番仔桥沟陂(在茅港尾,灌佳里兴、茅港尾二庄,庄民合筑)。"④这是说它建有水利设施。关于它的土地面积,由于未见史籍记载,只好暂付阙如了。

　　第四,如果把周学健的奏折和后来乾隆帝颁布的关于清查台湾历任武员庄产的谕命进行对照,就会发现后者源于前者,甚至不少文字内容就是直接抄录前者的。乾隆帝于九年(1744年)三月十日发布禁止台湾武员置产的谕命:

　　　　外省镇将等员,不许在任所置立产业,例有明禁,在内地且然,况海外番黎交错之地。武员置立庄田,垦种收利,纵无占夺民产之事,而家丁佃户倚势凌人,生事滋扰,断所不免。朕闻台湾地方,从前地广人稀,土泉丰足,彼处镇将大员,无不创立庄产,召佃开垦,以为己业;且有客民侵占番地,彼此

① 蒋毓英撰,陈碧笙校注《台湾府志校注》,厦门大学出版社,1985,第10页。
② 周钟瑄主修,陈梦林编纂《诸罗县志》,台湾大通书局,1984,第119~120页。
③ 《台湾府舆图纂要·台湾地舆全图》,台湾大通书局,1984,第186页。
④ 刘良璧主修《重修福建台湾府志》卷四,《疆域·水利》,台湾大通书局,1984,第87页。

争竞，遂投献武员，因而据为己有者；亦有接受前官已成之产，相习以为固然者。其中来历，总不分明。是以民番互控之案，络绎不休。若非彻底清查，严行禁绝，终非宁辑番民之道。著该督、抚派高山前往，会同巡台御史等，一一清厘。凡历任武职大员，创立庄产，查明并无侵占番地及与民番并无争控之案者，无论系本人子孙管业及转售他人，均令照旧管业外，若有侵占民番地界之处，秉公清查，民产归民，番地归番，不许仍前朦混，以启争端。此后台郡大小武员，创立庄产、开垦草地之处，永行禁止。倘有托名开垦者，将本官交部严加议处，地亩入官，该管官通同容隐，并行议处。①

周学健建议清查台湾武员庄产的理由是："镇将大员不许在任所置立产业，例有明禁，在内地犹然，况海外番黎交错之地。本处武职大员立庄垦种，纵无占夺民产之事，而家丁佃户倚恃声势，凌虐番民，影占余地，实所难免。""台郡民番因侵占垦地互相告讦者颇多"。乾隆帝所言开展清查的根据完全与之相同。周学健说台湾武员庄产有三种来源："台郡从前地广人稀，土泉丰厚……武职大员无不创立庄产；或因人投献而踞为己业；或买受前官已成之产，几相习为固然。"乾隆帝所说武员庄产的来历与之无任何差异。周学健提出清查后的具体处理办法及此后对于台湾武员置立庄产所应采取的政策，主张"凡历任武职大员创立庄产，查明并无侵占番地及与民番并无争控之案者，无论系本人子孙管业及转售他人，均令照旧管业外，若有侵占民番地界之处，秉公清查，系民产归民，系番地归番。

---

① 中国第一历史档案馆编《乾隆朝上谕档》，档案出版社，1991，第907页。

至此后凡系台郡武职大小各员创立庄产、开垦草地之处，永行禁止。倘仍有托名开垦者，一经发觉，本官交部严加议处，地亩入官，该管官通同容隐，并行议处"。乾隆帝颁布的相关的处置办法和政策，也未超出这个范围。这说明乾隆帝对周学健的看法完全认同，对他的建议全部采纳付诸实施。

诚然，周学健所诉言的台湾官庄的弊病，有的应是符合实际的，如说"家丁佃户，倚恃声势，凌虐番民，影占余地，实所难免"，就当有所依据。但从后来高山等人的清查结果来看，他显然是大大地夸大了官庄的弊端，因为从高山等人的奏报可知，武员和民番之间的田地纠纷总共不过四件，且其中有的还不能将其归入武员"侵占"民番田地案中（详后），这和周学健所说"每见台郡民番因侵占垦地互相告讦者颇多，且皆有干涉前任武职大员之处"，就有出入。因为倘其说法属实，则高山受理的这类案件肯定不会只有四件，并且在整个台湾这能算是"颇多"吗？按其说法，台湾所发生的侵占田地事，应全部都是武员或其家丁佃户等所为，不然就不能说是"皆有干涉前任武职大员之处"。若此，在台湾似不存在豪强恶霸、地方恶势力欺压良善、侵吞他人田地之举，因为此类事已有武员来承担全部责任了，而这个说法却是违背常识的。而且，周学健闭口不提武员作为"有力者"参与台湾土地开拓的积极作用，这也是不够客观公允的。他建议对于武员侵占民番田地问题"秉公清查，系民产归民，系番地归番"，这无可非议，但主张"此后凡系台郡武职大小各员创立庄产，开垦草地之处，永行禁止"，则是因噎废食了。连横《台湾通史》卷八《田赋志·官庄》记载，尽管乾隆九年就颁布了禁止台湾武员招佃垦地、置立庄产的规定，又"十七年，更立石番界，以禁侵垦。而垦者仍多，远至内山。五十五年，颁行清丈，凡侵垦番地者皆入官。而运会所至，防不胜防，其令遂废"①。其实，入垦番地者何止是武员，一纸禁令怎能阻挡纷至沓来的垦荒者！

据史籍记载，康熙五十三年（1714年），清廷君臣之间曾就台湾的土地开辟问题沟通过意见，所留下的奏折和朱批，耐人寻味。是年十一月，福建巡抚觉罗满保上疏称："竹罗县（即诸罗县——引者）地虽宽五十里、百里不等，然长近千里。其地虽有三十六社番人，及从内地去人设庄耕田甚多，但因地广，未开垦之地仍然很多，据言土地亦为肥沃，故奴才交令新调往竹罗县知县周仲轩（即周钟瑄——引者）尽力招工开垦。至于未开垦之地实有几何，仅以本地民力能否尽行开垦之处，俟查明后再作筹划。诚若该地俱行垦出，则于地方有益，对钱粮亦有益。"康熙帝阅后批示："知道了。在台湾地方广行开田，招募很多人，仍为眼前耳。日后福建地方无穷之患，将由此而生也。尔等宜应共同详商，不可轻忽。"②觉罗满保于次年二月读到批示，大概是因为康熙帝的看法完全出乎他的意料，所以两个月后他才上疏作了一番自我检讨，称奴才"至愚极陋，不能悟知，蒙恩训导，顿开茅塞。……今奴才等共同商议，台湾垦田之事即行停止，唯查明台湾当地人，严巡三县各关口，制止私渡"。这次康熙帝阅疏后仅批示三个字："知道了。"③当时，台湾纳入清

① 连横：《台湾通史》，商务印书馆，1983，第134页。
② 《福建巡抚满保奏报雨水粮价并请开垦台湾荒地折》，康熙五十三年十一月初十日，中国第一历史档案馆编《康熙朝满文朱批奏折全译》，中国社会科学出版社，1996，第984页。
③ 《福建巡抚满保奏报停止在台湾招人垦地折》，康熙五十四年四月初三日，中国第一历史档案馆编《康熙朝满文朱批奏折全译》，中国社会科学出版社，1996，第1000~1001页。

朝版图刚三十年，清政府在台地的统治力量薄弱，政权建设远未完善，所以康熙帝的顾虑不是毫无根据的。问题是他把台湾的稳定和台地的田土垦辟完全对立起来，认为推进后者就会为前者埋下祸患，则显然是不妥当的。因为台湾能否稳定主要是取决于吏治的好坏等因素，而不在于垦荒者的多寡和垦出的田园的广狭。康熙帝有此看法，还有深层次的原因，即清廷把台湾收入版图，主要是出于军事上、政治上的考虑，所以他自然要把巩固在台湾的统治作为第一要务，而不是首先考虑经济建设。觉罗满保称其原"不能悟知，蒙恩训导，顿开茅塞"，就是说他读了批示后终于悟出这一点，可谓恍然大悟，所以要查明户口、严巡关口、制止私渡。此事对于后来清廷君臣的影响，似不应低估。

周学健题呈上述疏奏之日，恰好和此事发生的时间相去三十年。显而易见，他是深悟清廷的治台方针的。所以，他的疏稿从头至尾始终把台湾武员的经营田庄和台地的稳定这二者紧密地联系在一起，认为前者妨害了后者。该疏开头第一句话便说"奏为密陈台地武员官庄占垦之弊，请旨清查敕禁，以靖海疆事"，不仅点明主题，而且一开始就把二者紧紧扣在一起了。中段说到武员的家丁佃户倚势占地，"生端肇衅，未必不由于此"。末段在提出清查后的处理意见和禁止武员垦辟土地的主张后又说："庶使番境宁帖，官民不相参扰，似亦镇静海疆之要道。"看来，周学健是一位善于揣摩皇帝心思的精明的封疆大吏。无怪乎同是福建巡抚，满保的招人垦地折未获康熙帝的首肯，而周氏的严禁武员垦地疏则引起乾隆帝的强烈共鸣，深博其赞许。

乾隆帝在其禁止台湾武员创立庄产的谕命中，指示福建总督巡抚派遣布政使"高山前往"台湾，"会同巡台御史等"清查武员庄产，并对清查的结果根据相应的要求，分别不同情况，作出处置。

我们知道，其时台湾府隶属于福建省，高山任闽省布政使，主管财政等事务，因此由他负责此事，可以视为其分内的职责。但是，乾隆帝毕竟还有多种选择：第一，向台湾派遣巡台御史是此前已设立的制度，可以要求巡台御史承担起这个任务，而不再烦劳他人。第二，可以指示福建督、抚，要他们负责选派干员前往，而不必指明人选。第三，可以亲自任命其他人为钦差渡台清查。然而，乾隆帝却没有这样做。必须指出的是，周学健在奏疏中并未推荐高山为人选。就目前所看到的史料而言，指派高山完全是出自乾隆帝本人的意见。而他此举对高山来说，既是一种荣耀，显示了皇帝对他的信任和倚重；又是一种压力，因为他要面对的多是一些具有一定地位的将领或其后裔，他唯有秉公办事，尽心尽力，做到清查不隐不漏，处置不严此宽彼，才有可能不负君命。

乾隆九年（1744年）十二月十八日，高山在完成任务后，题呈了《查办台湾武职庄产》一疏，对他履行职责的态度、清查所采取的具体措施、台湾官庄的来历和当时的总体情况都一一作了汇报。他说：

> 十月二十七日，臣渡海到台，会同巡台御史臣六十七、熊学鹏等遵奉谕旨，将台郡历任武职大员创立庄产，凡有侵占民番地界及恃势投献与民番争控之案，檄饬该地方官，将从前来历逐细查明分晰，开列造册呈报，以凭会勘清查。臣又恐各地方官或有狥情隐匿，及胥役通事人等通同作弊，移易界限，影射蒙混等情，复遍行出示，晓谕该官吏番民人等，咸使闻知，如有民间已

垦之产或番社应管之地，被从前职官占夺侵界，以及客民占争番地，投献势豪踞为己有者，许各开列土名、甲数、四至、户名，同争控原卷据实呈告，以便将民产番地一一清厘，各归各业，永杜争竞。嗣据各番民呈控前来，臣准情酌理，逐加批阅。内系捏词架控者，当即抹销；至事属可疑者，即饬地方官秉公确讯；有应行丈勘者，即饬委员勘明详报。复令将实非侵占、投献之产，即著现在管业之人呈明该地方官加具印结。其番民控争之案，今已审断允服者，亦即著两造出具允服遵依甘结，地方官加具印结，一并详送，毋隐毋漏。倘有仍前朦混，或经告发，或被访闻，将出结之地方官严行参处等，由檄行去后。此据该府县将官庄地亩来历逐一详查，分条开注造册，并取各遵依印结呈送前来。臣复将册开各案究明原委，彻底清查。查得台郡武职官庄，向系各员驻防守土，自给工资招佃开垦，原非尽得自民番之手。迨阡陌渐开，闽粤流民互相争辟，遂有倚势投献以求私庇，而武职大员收受微租，无异己业，所受田地名曰官庄。雍正元年二月间将此项题报归公，现在岁征银三万七百余两，以充内地各官养廉之项，即系从前历任武职庄产之租息也。至中来历，原有未明，但归公而后，民番相安，已无异议。所有武员续垦踵置之业，其间不无越界占侵民番争控之案，兹蒙我皇上轸念海外番民，特降谕旨，令臣会同巡台御史等一一清厘，此诚千载一时盛举也。臣敢不矢公矢慎，妥协办理，以仰副我皇上宁辑边方之至意。今将台属武职各员一切庄产逐案清查，内除文武各衙门接受前官私立之产今充公费者，共一百二十六庄，内田园九千八百八十六甲零。以及台澎各营新置营运生息之庄为赏赍公费者共一十五庄，内田园一千二百八十八甲零。又东势荒埔地一带，具系并无占争之案，毋庸置议。①

应当承认，高山态度积极，办事认真，尤其是他所采取的措施是得力的。首先，他要求台湾地方官对须清查的事项"将从前来历逐细查明分晰，开列造册呈报，以凭会勘清查"。而对于已经审结的争控案，"即著两造出具允服遵依甘结，地方官加具印结"。如果发现对此有弄虚作假者，则"将出结之地方官严行参处"。这实际上是实施了地方官责任制。是谁的职责，就由谁负责；什么人出了问题，就追究什么人的责任。其次，他允许台湾民众越过台湾地方官，直接向其呈告相关事项，"如有民间已垦之产或番社应管之地，被从前职官占夺侵界，以及客民占争番地，投献势豪踞为己有者，许各开列土名、甲数、四至、户名，同争控原卷据实呈告"。这对于防止地方官徇情隐匿，胥役通事勾结作弊，具有积极作用。最后，对于捏词控告的，当即抹销，不让其干扰正常的工作；对于事有可疑的，则令地方官秉公确讯，务必弄清实情；有需要对讼争田地进行勘量的，则委派人员勘明详报。做到不走过场。因此，高山的清查结果

① 高山：《查办台湾武职庄产》，乾隆九年十二月十八日，中国第一历史档案馆等：《明清宫藏台湾档案汇编》第二十一册，九州出版社，2009，第 385~389 页。关于官庄被题报归公事，据史籍记载来看，所谓归公者只是一部分而已。且归公的时间，也有各种说法，有康熙六十一年说（福建巡抚陈大受：《台湾官庄赋额同民庄均平划一》，乾隆十二年正月二十六日，《明清宫藏台湾档案汇编》第二十五册，第 121 页）；有雍正元年说，见上引高山奏折；有雍正元贰年间说（协办大学士刘于义：《台湾官庄租息照例蠲免》，乾隆十一年五月初二日，《明清宫藏台湾档案汇编》第二十四册，第 129 页）。有雍正三年说（巡台御史六十七等：《台湾官庄应否随民间佃户一体蠲免》，乾隆十一年闰三月初四日，《明清宫藏台湾档案汇编》第二十四册，第 10 页）。可谓众说纷纭，未知孰是。

应当是客观公正的。高山奏折提到施琅的庄产有：

> 台湾县则有施宏户下田园共一百四十六甲零，系靖海侯施
> 琅出资垦买。凤山县则有施宏户下田园共六百五甲零，系靖海
> 侯施琅招佃垦荒。……诸罗县则有施宏户下园九甲零，系靖海
> 侯施琅佃垦。……以上各庄产俱并无侵占投献情弊，亦无民番
> 争执等情。①

据此，施琅在台的田园共计有七百六十甲。其中，凤山县和诸罗县的田园"系靖海侯施琅招佃垦荒"、"系靖海侯施琅佃垦"的，而台湾县田园"系靖海侯施琅出资垦买"。可见后者和前者有所不同，既有来源于招佃垦荒，又有来源于购买。然而，实际上施琅的土地似不只有这些，前揭福建巡抚周学健上疏时提到施琅在凤山县有凤山庄、诸罗县有佳里兴庄。笔者发现，高山和六十七等人在清查台湾武员庄产的奏折中，所开列的武员庄产仅限于已经开辟出来的田园，而对于草地，凡是未涉及讼争的，一概未予提及。这应是因为高山等人是奉旨清查在台武员的庄产及其有否侵占土著居民和汉族移民的田地，并处理由之发生的纠纷的，乾隆帝并未要求其勘丈和报告历任武员所认占的草地的面积。高山的奏疏在罗列各武员所拥有的田园数量之前，特意先指出："东势荒埔地一带，具系并无占争之案，毋庸置议。"可能是该荒地已有武员认占，但既未开辟，又无讼争，所以不用置议，当然也就没有

---

① 高山：《查办台湾武职庄产》，乾隆九年十二月十八日，中国第一历史档案馆等：《明清宫藏台湾档案汇编》第二十一册，九州出版社，2009，第390～392页。

必要去谈它的面积大小了。他没有提及周学健奏疏中载明的所有田庄（施琅的凤山庄、佳里兴庄，许云的金庄，蓝理的半月庄，魏大猷和潘诚嘉在猫罗大肚二社的二处田庄），应是出于同样的道理，因为田庄一般都包含垦熟的田园和未辟的草地。但他所列出的一些武员的田园可能就是从其田庄中垦辟出来的。例如，施琅在凤山县的六百零五甲田园和诸罗县九甲园，就很可能是分别从凤山县的凤山庄和诸罗县的佳里兴庄垦辟而获得的。因为从台湾入清版图迄高山奉命赴台清查武员庄产，已历时六十年之久，似无把田庄土地长期抛荒之理。

当然，六百零五甲和九甲未必就是当时凤山庄与佳里兴庄的可耕地面积。笔者前已指出，关于佳里兴庄有多少可耕地的问题，由于缺乏史料，难以探讨。源于凤山庄的光绪年间的凤山里可耕地面积大约在二千七百余甲上下，而康熙年间凤山庄的可耕地面积当比此数要少一些。如果周学健的说法可靠，施琅就曾经拥有这些土地。然而，对于这个问题，高山的报告却和周学健的说法存在出入。因为高山在谈到投献问题时，提到投献于施琅的观音山庄等六庄中包含"凤山上庄"，高山也将其田园判归庄民（详后）。而据史籍记载，其时所谓凤山庄是包含了凤山上庄、凤山中庄和凤山下庄的。纂修于康熙末年的《凤山县志》记载，凤山庄"有上庄、中庄、下庄，在县治之西南"①。从该志卷首所刊凤山县"舆图"可以清楚地看到，凤山庄的上、中、下三庄成从西北向东南走向，排列于凤山

---

① 李丕煜主修，詹雅能点校《凤山县志》卷二，《规制志·坊里》，台湾史料集成编辑委员会：《凤山县志·台湾志略·澎湖志略》合订本，文建会，2005，第89页。

的西侧（见附图）。乾隆二十九年的《重修凤山县志》也载："凤山庄（上庄、中庄、下庄），在县治西南。"① 当然，有些台湾的地方志在记载凤山庄时，并未提到它有分为上、中、下三庄。如蒋毓英《台湾府志》即说"凤山庄（离府治八十里）"②，高拱乾《台湾府志》也说"凤山庄（离府治一百六十里）"③，都未交代它曾作进一步的划分。不过，结合高山的奏折来看，凤山庄有分三庄的说法是可信的，府志只是省略不载而已。所以，既然周学健是明言清廷赏给施琅的为"凤山庄"，而不是其中的一部分，那么，就应当认定它是包括了上、中、下三庄的。

可是，若此则对高山的凤山上庄的田园系为投献之产的说法无法解释，而他把该田园断给庄民的举措更是令人不可思议。那么，是周学健的说法不符事实吗？请看他提及这个问题的原话："凤山县则有原任将军施琅之凤山庄，原任副将许云之金庄，皆已奏明赏给酬庸之产。"④ 他说得毫不含糊，确是凤山庄，而且是此前就已奏明了的，他不过是强调一下旧事而已。且周学健是一位主张严禁台湾武员拓地置产的封疆大吏，他似不可能具有夸大施琅受赏田庄规模的故意之词，何况以上说法是出现在上呈乾隆帝的奏疏中，应不敢违背

---

① 王瑛曾编纂《重修凤山县志》卷三，《风土志·坊里》，台湾大通书局，1984，第 50 页。

② 蒋毓英撰，陈碧笙校注《台湾府志校注》卷一，《封隅·坊里》，厦门大学出版社，1985，第 10 页。

③ 高拱乾纂辑《台湾府志》卷二，《规制志·坊里》，《台湾府志·台湾府赋役册》合订本，台湾大通书局，1984，第 36 页。

④ 周学健：《请禁台湾武职官庄占垦之弊》，乾隆九年二月十六日，中国第一历史档案馆等：《明清宫藏台湾档案汇编》第二十册，九州出版社，2009，第 193 页。

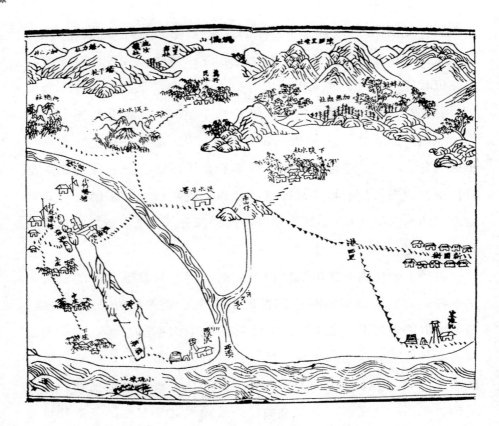

事实，信口胡说。但是，高山的有关报告也是言之凿凿："观音山、水师庄两处，系伪郑民田，赤山庄、大竹桥、小竹桥、凤山上庄四处，系伪郑屯田，均属许赐等各庄民祖父垦管之业，因台地初入版图，各佃民散而复聚，遂投献武职大员施琅名下荫免差徭，得为己有。"因此，他"相应将此投献踞有之产永归民管，俾得民产归民，以杜争竞"。高山所言，也似无可疑之处，而且他也是在上疏时谈到上述内容的，当不敢编造案情，欺罔皇上。面对相互矛盾的周、高二说，孰是孰非呢？笔者倾向于采信高说，理由有三：①高山是赴台清查武员庄产的钦差，亲临实地勘查，所言应更具准确性。②如果凤山上庄属于清廷赐施琅的酬庸之产，高山应不敢把它判归于民，且假使高山有此举措，施家一方肯定持反对意见，可是在台湾府县查讯该案时，施家管庄陈寿、督垦林恺、总管林世勇等却"确供出具愿归民管甘结，造册申送"官方，这透露出凤山上庄没有包括在施琅受赏的田庄的范围内，否则陈寿等人不会如此行事。③周学健的"凤山庄"说应是一种笼统的提法。在清代的史籍中，"凤山庄"经常被笼统地使用于各种场合，即使已载明凤山庄划分为上庄、中庄、下庄的《重修凤山县志》也不能例外。例如，其卷一《地舆志·山川》载："凤山港，在凤山庄。"卷二《规制志·水利》载："凤山陂，在凤山庄。……规仔寿陂，在凤山庄。……赏舍陂，在凤山庄。"凤山陂"周围五六十丈，冬天不涸，灌田甚多"①。上述港、陂规模似都不大，不太可能纵贯于凤山上、中、下三庄。比如灌田甚多的凤山陂，周围也不过五六十丈，就很可能位于三庄中某一个庄区域内。因此，谓它"在凤山庄"，即属于笼统的说法。其他"在凤山庄"说亦然。如此表述，在今天看来是不准确的，但当时的人似乎并未意识到这个问题，所以周学健会那样说，也就不奇怪了。

倘若以上分析不错的话，清廷赏给施琅的土地就不包括凤山上庄了。那么，赏给的是凤山中庄和凤山下庄二庄呢，还是只为其中的一庄？前已言及，《重修凤山县志》记载："将军陂，在凤山下庄，距县南三十余里。将军施琅所筑，亦名新陂。"可见凤山下庄有施琅所建水陂，因之认为它是施琅受赏的庄产，应不会有太大问题。而凤山中庄是否也属于施琅所有，由于未见相关记载，对此尚难以断定。而且，康熙年间的凤山庄的上、中、下三庄难以和前述的光

---

① 王瑛曾编纂《重修凤山县志》，台湾大通书局，1984，第22、35、36页。

绪年间的凤山里的上、下二里相互对应，加上二者前后相去二百余年，沧海桑田，凤山庄海滨因海岸的扩展而增加的陆地面积肯定不少，所以很难用光绪年间凤山里的田园面积，来估算康熙年间凤山庄可耕地的数量。

此外，施琅在台湾县的土地问题也还须进行探讨。高山奏报施琅在该县有田园一百四十六甲，系施琅出资垦买。但曾经疏称施琅在凤山县和诸罗县分别有凤山庄和佳里兴庄的周学健，却没有提到施琅在台湾县建有什么田庄。笔者据高山奏折所载台湾官庄"一百二十六庄，内田园九千八百八十六甲零"，计算出每个官庄平均有田园七十八甲之多。而一百四十六甲的面积，已具相当大规模，理应建有官庄，并委任管事、督垦进行管理。

谢英从先生经调查研究，发现道光六年（1826 年）以前，在台湾县新化里有大潭底庄等八庄属于施侯的庄产，而它是一个大的垦区庄，它的范围为耆老口传的"潭内八庄"，也就是山上乡西半部，东至大庄，西至北势洲，北至曾文溪，南迄灰磁沟之间的低地。这个区域即是清代台湾县新化东里的境域。《台湾府舆图纂要》载台湾县新化东里所辖村庄为南路头、砖仔井、南洲庄、山仔顶、大庄、苦瓜寮和新庄，和民间口传的"潭内八庄"相符。大潭底庄原为曾文溪或菜寮溪的沙洲地，郑氏治台时已有汉人在此开发，台湾入清后，该地区划归诸罗县新化里，雍正十二年（1734 年）新化里东保划归台湾县，而大潭底等八庄属于新化里东保[1]。

大潭底庄是一个早已在地方志上消逝的地名，仅在土地买卖契

---

① 谢英从：《施琅租业新发现——大潭底庄、椰树脚庄、史椰脚庄位置考》，国史馆台湾文献馆：《台湾文献》第 56 卷第 1 期。

书和收租执照里留下了它的踪迹。谢英从先生根据相关史料进行考证，弄清了它在历史上的区域位置和行政上的隶属关系。笔者认为他的研究结论是可信的。前已述及，施琅田庄的管事叶虔等人在台湾入清初年，就遭到诸罗县新化里民的控告。这很值得注意，因为它说明其时在新化里已有施琅田庄的管事在活动，似反映了该地方存在施琅的官庄，故可以从一个侧面印证谢英从先生的研究结论。

而当高山于乾隆九年（1744 年）赴台清查武员庄产时，大潭底等八庄已从诸罗县辖下改隶台湾县管辖十年了，所以他说的施琅在台湾县的一百四十六甲田园，就有可能是垦自大潭底等八庄的。不过，因高山指出这些田园系"施琅出资垦买"，所以其中有些田园是购置的。只可惜，我们不知道其时大潭底等八庄总共有多少可耕地。

综上所述，目前我们只能说施琅在台湾拥有七百六十甲的田园，其中有些田园可能是分别从台湾县的大潭底等八庄、凤山县的凤山下庄（或凤山下庄和凤山中庄）、诸罗县的佳里兴庄垦辟出来的。由于未知上述田庄具有多少可耕地，所以我们还无法判定施琅在台湾所拥有的土地的实际数量。如果把投献的一千二百七十甲田园（详后）也计算在内，则施琅在台共有田园为二千三十甲。通过以上阐述，可知施琅在台的土地有四个不同的来源：一是清廷作为酬庸之产赏赐的；二是通过申领垦照而认占的；三是购置的——前二者应是属于埔地或既经开垦而后被抛荒的土地，所以都须招佃垦辟，而后者当是指垦熟的田园；四是接受投献的。

由此可见，石万寿指责施琅在台的土地是"肆意掠夺的成果"，并不符合实际。

这里所说施琅在台拥有土地的情况，和前述日据初年的调查谓其占有五十五庄的说法出入很大。包括笔者在内，许多人原来都是信从这个调查资料的，但现在看来这个说法并不可靠。

据谢英从先生研究，前述大潭底等八庄就不包括在五十五庄之中；此外，他还发现椰树脚庄也是施侯租业产，也位于五十五庄之外。以上九庄于道光六年（1826 年）均由施琅后裔、靖海侯世袭业主转卖给他人①。简言之，如果日据时期的调查结果可信，则道光六年以前施琅后人在台湾就拥有六十四庄，这就不同于五十五庄说。笔者前已述及，根据高山奏疏算出平均每个官庄有田园七十八甲之多，倘说施琅拥有六十四庄，那么他所据有的田庄的田园就应有五千甲左右，但这和高山所言七百六十甲相比，规模大小差别过于悬殊。因此，颇疑日据初年的调查资料有误，实际上施琅并未拥有那么多的田庄。

当然，出现以上情况还可能出于另外一个原因，即靖海侯世袭业主曾经大量购入土地。

从史籍记载来看，台湾从收入清朝版图初期始，土地买卖即已盛行。高山的奏折就提到不少土地买卖的事例，如"许永隆户下田园共六十六甲零，系副将许云置买。张攀龙户下园一百八十五甲陆分零，系副将张国置买"。"陈国超户下田园六十甲五分零，系千总许翰冲置买。魏丁扬户下园六十五甲八分零，系副将魏大猷置买"。"张攀龙户下共园六十五甲零，系副将张国招垦，卖与廖中起管业。张开运等户下共园七十六甲零，系守备张骁拓垦，今俱卖与沈赞等为业"。"吴贵户下共园八百二十七甲零，系提督吴英招垦，今已卖与林附拍等为业"。"阿束等庄田园一百二十二甲

① 谢英从：《施琅租业新发现——大潭底庄、椰树脚庄、史椰脚庄位置考》，国史馆台湾文献馆：《台湾文献》第 56 卷第 1 期。

零，系现任提督王郡向番赎垦，今已卖与民人施海颐管业"。"施茂原户下田园三百八十八甲，系提督施世骠买置，今转卖与民人林天成等管业"①。

可以看出，有些交易相当大宗。如吴贵卖出由吴英招垦的八百二十七甲园，施茂原转卖施世骠买置的三百八十八甲田园，即属于此类。而且从这些田地于乾隆九年清查武员庄产之前就已卖出来看，可知数百甲田园的易手，就发生在数十年间，土地权的转移有时是比较频繁和迅速的。日据初年临时台湾土地调查局对施侯租田园开展调查时，高山清查台湾武员庄产事已过去一百五十余年。在这漫长的岁月里，施侯租的世袭业主已历经多代，难道他们只有出售过庄产（见前揭谢文），而从无购入土地？可惜迄今笔者未见到这方面的史料，所以目前仅能说，我们不能断言，在台湾靖海侯世袭业主从未购置土地，就像在发现其出售庄产的史料之前，不能断定其从未出售过庄产一样。

笔者从靖海侯世袭业主督垦文献中发现了一个奇怪的现象，即施家发出的佃契和纳租执照，在不同的历史时期，对于招佃耕种的土地和所征收的租粟，存在不同的称谓。就佃契来说，乾隆和道光年间，并未写明招佃的土地系"勋业地"。如乾隆十七年（1752年）的一件佃契开头便说"本府史椰甲庄灰碴港有山湾壹所，未及开垦"云云，并未提及灰碴港山湾的来历。再如道光四年（1824年）的佃契，一开头就写道："再批此垦载明东至埔，查系至大潭埔

---

① 高山：《查办台湾武职庄产》，乾隆九年十二月十八日，中国第一历史档案馆等：《明清宫藏台湾档案汇编》第二十一册，九州出版社，2009，第390~392页。

为界，已经给付该佃开垦"云云，简直是没头没脑，当然更没有谈到该地块的来历了。然而，到了清末，佃契的有关说法就大不一样了。如一件同治十年（1871 年）的佃契写道："业主靖海侯施为给批事，照得本侯府祖遗勋地在嘉属萧垄保等处，界内将军庄有勋业一所"云云①。契书写得十分明白，该地块系为祖遗勋地，也即施琅留给其后代的勋业地。而纳租执照的变化与此类似。从现存的纳租执照来看，凡属于嘉庆、道光年间的，对于佃户所纳租粟，只是在"租粟"二字之前标明其年份，如"交纳嘉庆贰拾肆年分租粟"、"交纳道光元年分租粟"②、"交纳道光贰拾肆年分租粟"等③。而从咸丰到光绪年间，则在"年份"之后、"租粟"之前加标"勋业"二字，如"完纳咸丰元年份勋业租谷"、"完纳同治元年份勋业租谷"、"完纳光绪贰年份勋业租谷"、"完纳光绪捌年份勋业租谷"④。从纳租执照可以明显看出，这个变化是从咸丰初年开始的，有三件载明是"完纳道光叁拾年份勋业租谷"的纳租执照，给发的年份分别是咸丰二年（1852 年）和八年（1858 年）⑤。道光三十年（1850 年）的次年即为咸丰元年（1651

---

① 上述三件佃契见林金悔主编《靖海侯施琅督垦文献辑》，台南县政府文化局、台南县将军乡公所，2002，第 12、13、14 页。

② 谢英从：《施琅租业新发现——大潭底庄、椰树脚庄、史椰脚庄位置考》，国史馆台湾文献馆：《台湾文献》第 56 卷第 1 期。

③ 林金悔主编《靖海侯施琅督垦文献辑》，台南县政府文化局、台南县将军乡公所，2002，第 23 页。

④ 林金悔主编《靖海侯施琅督垦文献辑》，台南县政府文化局、台南县将军乡公所，2002，第 27、34、44、50 页。

⑤ 林金悔主编《靖海侯施琅督垦文献辑》，台南县政府文化局、台南县将军乡公所，2002，第 24、25 页。

年），也就是说从咸丰初年起，施侯租的纳租执照上开始出现"勋业"二字。

　　为什么在道、咸之交，施侯租的纳租执照会发生这个变化呢？而这个变化有可能会起到什么样的影响呢？《清宣宗实录》记载，道光三十年七月二十六日，咸丰帝对军机大臣等谈到英国人要求开放台湾为贸易港口，并"欲求采购台湾鸡笼山煤炭"，他认为"洋人窥伺台湾，生心已久"，所以必须拒绝其要求。为防备英人挑衅，他指示闽浙总督刘韵珂，"密谕台湾镇道，督率文武，严密防备，于从前洋船撞遇礁石之处加意布置，勿存畏怯，亦毋得张皇"①。九月二十六日，咸丰帝再次和军机大臣言及此事，他指示："至洋人觊觎台湾，希冀采购煤炭，并欲求换港口，自当与该处绅民联为一气，正言拒绝。仍坚执成约，明白理论，断不可稍涉迁就，致贻后患。"② 这是要求台湾官方联合台地士绅民众以共同对付英人。次年，"修福建台湾厂战船"③。由此可知，当时台湾官方必有一些发动绅民的举措，而世世代代承袭靖海侯爵位、在台拥有勋业地等田园的施家，似不会把此事置之度外。在这种情况下，如果采取某种方式以纪念施琅，则就不仅可以显示施家子孙饮水思源，不忘祖德，而且是对施琅靖台宁疆、力主收台湾入版图等历史功绩的肯定；同时，在面临外来威胁的当时对于鼓舞士气，促进社会各方面团结起来一致对外，也不无积极的意义。光绪元年（1875年），施琅的亲房侄孙施葆修在《重刊〈靖海纪事〉序》中说：

---

①　《清宣宗实录》卷十四。

②　《清宣宗实录》卷十八。

③　《清文宗实录》卷三十二。

岁甲戌①，余以公车入都。……越数日得家书，知日本驾楼船到台湾，声言寻生番宿怨，实欲窥伺台地。询之同人，则云羽檄至都已数日矣。……于是沿海戒严，东南数省及闽之泉、漳二郡筹防尤甚。而中外咸追思靖海将军、靖海侯、施襄壮公矣。夫人当平居无事之时，凡前之人，手夷大难，身贻大利，往往安若固然，习而忘之。及事起仓卒，动魄惊心，始念及当日之海氛蹂躏，唇齿相依。非其人之深于谙练，孰与入波斯而奏奇绩也？非其地之悉隶版图，孰与保门户而固大局也？非其土产之供乎内地，舟楫之通乎上游，孰与广贸易而饶生聚也？则有慷慨歌思，歔欷感泣，相与长言之、咏叹之于靡既者矣。……是岁日本之役，余在都，蒙总理各国事务衙门诸公延问台湾情形，并及先侯事迹，余以《靖海纪事》对。始归而谋重镌付梓，公诸同好。……览是纪者，知今日台湾之重，即可见先侯当日之心。而凡我后嗣子孙，尤当知荷国恩，绍祖武，相与继继绳绳，克振家声。韩昌黎所谓有为之前而美彰、有为之后而盛传者，是又余之所深企也乎！②

在国势日衰，外来威胁日增的形势下，施葆修亟望施琅子孙"当知荷国恩，绍祖武"，竭诚图报，为卫国保民做出贡献。这不仅反映了施葆修的殷切期望，也透露了他的忧虑。在风云激荡的清末，有这种心态的浔海施氏族人恐非个别。施葆修撰是序时，与咸丰元年（1851年）相去仅二十四年。施家在道咸之交年间于施侯租纳租执照上添加"勋业"二字的缘由，似可以从其序言中寻找到蛛丝马迹。

---

① 甲戌，同治十三年，1874年。
② 施琅：《靖海纪事》，施葆修：《重刊〈靖海纪事〉序》。

到了清末，在台施家把其所征收的施侯租统称为"勋业租谷"，把其所经营的田园皆称为"勋地"（或"勋业"）。而这个做法对于人们探索施琅的勋业地问题所发生的影响，却一直被忽略了。

前已指出，施琅在台湾不存在争议的土地有三个不同的来源（受赏、购置、招佃垦辟），并非都属于勋业地。因此，他遗留给其后人的自然是这些来源各异的土地。清末，施家统称施侯租田园为勋地，是以偏概全，并不符合实际。因为施侯租田园，既可以指勋业地，也可以指通过认占招佃开垦和购置而取得的田地；而且它既可以指施琅遗留下来的田地，又可以指历代世袭靖海侯业主新置的田园，这些业主既然是靖海侯，其所经营的田园理所当然即是施侯租田园。但是，清末施家的做法，导致后来人们把施侯租田园和施琅勋业地完全等同起来。日据初年，对于施侯租田园的调查即是如此，因此才会把它全部都说成施琅的勋业地。当初施家如此行事，是出于好意，而出现这样的后果，是其始料不及的。

总而言之，关于施琅在台究竟拥有多少土地（指可耕地）的问题，由于史料缺乏，且其中还存在讹误者，目前尚无法弄清，要进行进一步探究，只能候待来日了。

第二节　关于"投献"

高山的报告提到台湾历任武员的庄产讼争案，其中和施琅有关的有二件，关于第一件，他说：

> 原任靖海侯施琅被台湾县民黄赞等控告投献田园永归民管一
> 案。缘大穆降庄林外等四百零八户，共田园四百六十五甲，原系

民业，旱地居多，且初入版图，不无杂派，于是各庄民陆续投献靖海侯施琅名下，荫免差徭，兼修埤岸，以资灌溉。每年施姓议收租粟每甲四石至一石六斗不等，通庄合计年得租粟乙千余石，名曰分头。……迨五十二年埤复崩陷，施姓不修，庄民只得鸠资自行修筑，而施遣家丁林叶发恃势勒租，众佃不服，争控不已。至雍正五年，经台湾县知县徐焜审系投献情真，埤岸又系佃筑，何得妄取租粟？详明立案，令各庄民自行立户输粮，而林叶发亦旋即归旗。庄民复续垦田园三十一甲零，报升无异。迨至乾隆三年，有施世范乘旗员外省置产准令变价之文，复将前项田园指开变价，以至庄民惶惑，叠控不休。续奉部行知以施姓原系闽籍，毋庸开变，民心稍定。兹各庄民诚恐施姓日后复有变抵占夺之举，纷纷以遵旨陈情，垦杜后累等事具控。

高山受理此案后，即令地方官进行调查，待地方府县把相关"户名、甲数、四至、土名，并应征银粟，造册"送达后，他本人又"亲行确勘，查得此项田园实系庄民自垦祖业，于康熙二十二年间开台之始陆续投献武职大员施琅，原非施姓出资佃垦及自行置买之产，从前断案可据。但从前各户之所以投献纳租者，原为荫免差徭及藉筑埤岸灌田起见，今现在已无杂差，而埤岸倾圮又系各庄民自行修筑，业经立户输粮，讵肯仍纳租粟？因而争控不休。兹各庄民既恐施姓子孙将来变生觊觎，或有开抵占夺等情，共滋疑虑，相应将前项新旧开垦田园共五千四百五十余亩永为民业。此后施姓子孙不得顾问，俾从前投献武员之民产仍复归民，永免后累。现在饬取施姓遵依及各庄民切结，该地方官加具印结各在案"。

关于第二件，高山说：

原任靖海侯施琅被凤山县民许赐等呈控永归民业以杜后累一案。缘凤山县境内有观音山等六庄，共田八百五甲零，原系伪郑时民人赴台开垦，内如观音山、水师庄两处系伪郑民田；赤山庄、大竹桥、小竹桥、凤山上庄四处，系伪郑屯田，均属许赐等各庄民祖父垦管之业。因台地初入版图，各佃户散而复聚，遂投献武职大员施琅名下荫免差徭，得为己有，而每年租额照旧甚轻，所收之粟仅足以完正供，各佃不肯加租，施姓一无所利。嗣于康熙四十年间陆续听民自行完课，已置此田于不问。但施姓虽不复收租，而管事之人犹于租簿内开列此陆庄名色，未将已经听佃输课缘由登注，以致施姓子孙施世范在京开为旗产，将行变卖，以致各庄物议沸腾。旋因施姓籍隶泉州，尚有子孙在籍，荷蒙恩免，民心安定。今据各庄民呈控此田原委，恳请永归民业，以免日后施姓复行开变等情。

高山随即指示地方官进行深入调查，而施姓"管事之人"管庄陈寿、督垦林恺、总管林世勇等人都表示愿意将这些田地"归民管"，并出具"甘结"，"造册"呈报。而高山"复加确核，查此陆庄共八千八百余亩之地，先为靖海侯施琅庄产，实系民业投献，旋即弃置，听民自收，今庄民既恐日后施姓子孙执从前开变部案复起争端，相应将此投献踞有之产永归民管，俾得民产归民，以杜争执，现皆允服取具各遵依确供在案"[1]。

当时，巡台御史六十七、熊学鹏也参与清查武员庄产，事后他

---

[1] 高山：《查办台湾武职庄产》，乾隆九年十二月十八日，中国第一历史档案馆等：《明清宫藏台湾档案汇编》第二十一册，九州出版社，2009，第385～403页。

们呈有《查办台湾武员官庄完竣》一疏，可以和高山的报告相互印证。关于上述二件讼争案，他们说：

> 台湾县民黄赞等控告原任靖海侯施琅一案。缘大穆庄有田园四百六十五甲，原系民业，投献施琅名下，冀免差徭，兼修埤岸，年纳租粟一千余石。迨后埤岸崩陷，施姓不修，庄民鸠资自筑，而施姓子孙仍遣家丁勒租，众佃争控不已。经前任台湾县知县徐琨详明，不许再收租粟，令各佃自行立户输粮。但查乾隆三年，有施世范在旗指称将此田作为伊产呈请变价，后虽中止，而佃民惶惑，诚恐日久施姓子孙复起侵占之端，佥名具呈。臣等会同确核，除大穆庄内佃民新垦田园三十一甲，原与施姓无涉，应归佃民管业外，其旧垦田园四百六十五甲零计地五千一百一十余亩，既系投献是实，埤岸又系佃民自修，相应一并立案，永为民业。不许施姓子孙再以过问，以免后累。又凤山县民许赐等控告原任靖海侯施琅一案。缘观音山等庄有田八百五甲零，原系伪郑时民人垦业，投献施琅名下，冀免差徭。乃年收之粟仅足以完正供，各佃不肯加租。后施姓子孙置此田于不问，而租簿尚未开除，且亦经施世范在旗指称作为伊产，呈请变价。虽经恩免，而葛藤未断，自应将此田永归民管，以杜争端。①

对于以上两个案件有必要作出综合分析。

在前面的阐述中，笔者已曾就投献者的动机作过一些分析，指

---

① 六十七、熊学鹏：《查办台湾武员官庄完竣》，乾隆九年十二月初七日，中国第一历史档案馆等：《明清宫藏台湾档案汇编》第二十一册，第 372～376 页。

出希冀规避清初繁重的差徭，甚至是为夤缘武员以谋占土著居民的土地，是他们投献武员的重要目的。这里再作进一步的补充论述。

首先，清廷统一台湾后，大陆劳动人手纷纷进入台岛参与土地开发，笔者曾经指出，清政府虽然禁止大陆人民自由去台，但是，四季如春、雨水充足、地土膏腴的台湾，对生活于山多田少的闽粤沿海地区的民众来说，无疑具有很大的吸引力。因此，他们往往不顾禁令的严苛，采用各种办法偷渡台湾。沿海人民蜂拥入台，台湾汉人人口迅速增加，台湾的开发取得长足的进步①。在这种情况下，大陆移民每每为取得土地而发生冲突，以众暴寡、以强欺弱的现象并不罕见。因此，已垦得土地者，就要想方设法防止他人来抢夺；未垦占到土地者，则须千方百计地去谋取土地，而投靠武员，自然是有利于实现以上的企图的。高山疏称"迨阡陌渐开，闽粤流民互相争辟，遂有依势投献，以求私庇"，即道出了这个事实。

其次，前已指出，台湾入清初期，清政府在台湾的统治力量薄弱，地方上的恶势力很易给百姓造成祸害，找一个强有力的靠山，对于一般居民来说具有重要作用。季麒光曾说到在诸罗县地方，有"寄籍奸人，或伤残牲畜，或侵损田园，或窃取蔬果"，逼得受害居民准备抛弃田园，移徙他处②。《诸罗县志》记载："今流民大半潮之饶平、大埔、程乡、镇平，惠之海丰，皆千百无赖而为，一庄有室有家者，百不得一。以倾侧之人，处险阻之地，至于千万之众，

---

① 施伟青：《施琅评传》，厦门大学出版社，1987，第267~269页。
② 季麒光：《安谕民番示》，季麒光撰，李祖基点校《蓉洲诗文稿选辑·东宁政事集》，香港人民出版社，2006，第227页。

而又无室家宗族之系累，有识者得不为寒心乎？今之盗牛肐筬，穿窬行凶而拒捕者，日见告矣。"① 雍正初年，闽浙总督高其倬指出："其诸罗、凤山、彰化三县皆新住之民，全无妻子，间有在台湾县娶妻者，亦不过千百中之什〔十〕一，大概皆无室家之人。此种之人，不但心无系恋，敢于为非，且聚二三十人，或三四十人，同搭屋寮共居一处，农田之时，尚有耕耘之事，及田收之后颇有所得，任意花费，又终日无事，惟有相聚赌饮，彼兄此弟或酒酣耳热之后较拳逞力，遂萌抢劫之言；或赌输计穷之时，索逋莫偿，即有偷窃之举。"②

官庄，不仅有官方的背景，而且大多田地较广，佃丁众多，有利于对付这类无赖棍徒的侵害骚扰；同时，它在防范"番害"（即土著居民的为害）方面，也能发挥一定的作用。乾隆八年（1743年），台湾镇总兵张天骏在谈到"番害"时说："查散处农户原系大庄分出，因图耕种之便，三家五舍，崎零分住，秋冬之时，每被生番戕害。附入大庄，仍归原处，既无迁徙之累，可免意外之虞。"他又说各大庄可以"各设瞭望"，遇警"即鸣锣击梆，互相救援"③。张天骏所说的"大庄"，无疑是包括官庄在内的。

复次，兴修水利是发展农业生产重要的一环，在缺少自然水源的地区尤为如此。而要修建水利，则需具备相应的资金、技术等

① 周钟瑄主修，陈梦林编纂《诸罗县志》卷七，《水陆防汛·兵防志》，台湾大通书局，1984，第121页。

② 高其倬：《为奏闻台湾人民搬眷情节事》，雍正五年七月八日，台湾史料集成编辑委员会：《明清台湾档案汇编》第二辑第十一册，中华文化复兴运动总会等，2006，第333页。

③ 张天骏：《办理台地情形》，乾隆八年十月二十九日，中国第一历史档案馆等：《明清宫藏台湾档案汇编》第十九册，九州出版社，2009，第327~328页。

条件，还需具有较强的组织能力。而这些是一般的农户不易企及的。研究台湾水利史的日本学者森田明教授指出，从大陆赴台的士绅，因其不缺乏资金、技术和组织能力，从而成为开发台湾的"有力者"。台湾入清后，许多水利工程都是由士绅兴建的①。高山指出，大穆降庄的四百六十五甲田园以"旱地居多"，庄民投献的目的之一，就是希望施琅"修埤岸，以资灌溉"，满足他们自己难以解决的实际需求。对于旱地来说，修埤以资灌溉是从事耕种的必备条件，由之不难想见大穆降庄民众当初急于投献的迫切心情。

最后，投献的庄民本来作为土地所有者是须向官府缴纳正供的，而他们投献施琅后，就只向他缴纳大租，而正供则由施琅代为缴纳。在正常情况下，庄民所缴纳的大租应当高于正供，这样施琅接受投献才能有所收益。另外，在台湾如果是由垦户提供水利灌溉的，佃户还须缴纳水租，如施琅族侄施世榜建成八堡圳后，所收的水租为每甲田地纳粟四斗②。大穆降庄等庄民有四百六十五甲的田园，一年只纳租粟一千余石，平均每甲纳粟二石余。就算这些田园全部都是园，当时台湾园的正供按上则每甲五石、中则每甲四石、下则每甲二石四斗征收③。由此可知，就算大穆降庄所有的田地都属于下则园，所缴大租也恐不敷缴纳正供，而且他们还没有缴纳水租。至于

---

① 森田明著《福建晋江施氏和台湾八堡圳》，施伟青译，施伟青：《施琅评传》"附录二"，厦门大学出版社，1987，第 330～361 页。

② 森田明著《福建晋江施氏与台湾八堡圳》，施伟青译，施伟青：《施琅评传》"附录二"，厦门大学出版社，1987，第 330～361 页。

③ 蒋毓英撰，陈碧笙校注《台湾府志》卷七，《赋税》，厦门大学出版社，1985，第 76 页。

观音山等六庄有田八百五甲，"所收之粟仅足以完正供，各佃不肯加租，施姓一无所利"，连高山都承认佃户"每年租额照旧甚轻"。观音山等六庄的庄民，只不过是把他们原来须由其自己直接缴纳的正供赋粟交给官庄，再由官庄转交给官府，而他们却因之可以得到荫免差徭等方面的诸多好处。大穆降庄等的情况与之类似，还多了一个获得水利灌溉的好处。

综上可知，在清初投献对于土地所有者来说可谓有百利而无一弊，他们何乐而不为呢？无怪乎乾隆年间巡台御史诺穆布等上疏称："台属各县有官庄田园，向系业户私垦不报，投寄文武衙门荫免徭役。"① 他把台湾各县官庄田园说成都是源于私垦业户的"投寄"，这虽有以偏概全之嫌，但反映了投献确是一个相当普遍的现象。

据高山的奏折，大穆降庄田园争讼案发生于康熙五十二年（1713 年），它属于施琅去世十七年以后的事②。而观音山庄等庄田园争讼案发生于施世范把它指称为其业产"呈请变价"出售之后。高山指出，乾隆三年（1738 年），清廷颁有"旗员外省置产准令变价之文"，尔后，施世范才有了此举。由此可知，观音山等庄争讼案发生的时间不会早于乾隆三年，至少距施琅谢世已有四十二年了。

施世范系施琅第八个儿子，为施琅靖海侯爵位的承袭者③，他迁

---

① 《巡台御史诺穆布等为陈台湾官庄赋重宜照民则减收事奏折》，中国第一历史档案馆：《历史档案》1987 年第 1 期。

② 据王熙《襄壮施公暨配累封一品夫人王氏诰封太恭人黄氏合葬墓志铭》记载：施琅"薨于今康熙三十五年三月二十一日辰时，春秋七十有六"。见康熙五十四年《浔海施氏族谱》元本《志铭》。

③ 施琅在临终前夕所题《君恩深重疏》中说："臣蒙恩封为靖海侯，世袭罔替。……臣拟以第八男施世范承袭，俾其代臣报效，仰答涓涘。"见施琅《靖海纪事》卷下。

居京城，隶属汉军镶黄旗。其时，台湾属于福建省辖下的一个府，生活于北京的施世范在台拥有田产，即属于"旗员外省置产"，符合呈请"变价"的规定。总之，这两件因投献而引起纠纷的施家一方当事人都是施世范，而不是施琅。

从相关的史料来看，在当时的台湾，投献的过程是在投献者和接受投献者双方当事人都出于自愿的情况下完成的，未见到一方胁迫另一方的记载。然而，实际上从实施投献之日起，双方之间的关系就已埋下隐患。这是因为双方的出发点存在差异，各有各的心思。投献者的动机，前已述及，此不赘述。而作为接受投献的一方，因不必投资或费力，就可以从该田地"收受微租"，可谓"无异己业"，所以乐于接受。乾隆十二年（1747 年），闽浙总督喀尔吉善在上疏谈到台湾官庄的地租问题时说："又有本系民人开垦，投献势豪荫庇者，故亦有较民租稍轻之处。"① 据此，官庄向投献的田园征收较民间大租为轻的租粟，似不罕见。但是，接受投献者视投献的田园无异己业，却和投献者的期望大相径庭。因为在后者心目中，他们是把投献看作仅仅借用官庄的名义而已，而那些被投献的田园仍然属于他们所有，不会归属于官庄。所以，只要客观情况发生变化，比如官府不再征发差徭了，来自外部的不安全因素减少了，或者是水利设施圮坏了，他们就有可能会要求脱离官庄，恢复独自立户输赋。因此，可以说，双方之间出现矛盾是迟早的事，只要这个矛盾无法通过协商妥善解决，诉之官府就是势所必然了。

---

① 《闽浙总督喀尔吉善等为请将多征官庄租息银两酌减事奏折》，中国第一历史档案馆：《历史档案》1987 年第 1 期。

台湾县大穆降庄庄民投献施琅的目的很明确，据高山所说，是为了"荫免差役，兼修埤岸"以资灌溉①。但后来，官府已无差徭，而埤岸崩塌后，又是庄民自行集资重建。时移事异，此时对庄民们来说，各自立户以输纳正供似较有利。而施家仍然要继续征收大租，庄民当然难以接受，争执也就不能避免。

观音山庄等六庄和施琅官庄的关系，在施琅逝世五年后就已发生变化，"于康熙四十年间陆续听民自行完课，已置此田于不问"。即施家不再向观音山庄等六庄收取大租并代纳正供，而是由各个庄民自己立户交粮，施家已不过问这些田园的事务。本来，这时施家庄园的管事就应当在租簿内如实注明缘由，作出交代，可是他们却没有这样做，而是继续"于租簿内开列此陆庄名色"，以至远在京城的施世范不明究竟，将它"开列为旗产，将行变卖"，故而也就难怪"各庄物议沸腾"了。对于接下来的情况，高山说"旋因施姓籍隶泉州，尚有子孙在籍，荷蒙恩免，民心安定"。意思是说施世范原籍为泉州，而今还有子孙住于泉州，而泉州和台湾同样隶属于福建省，因此，施世范在台湾拥有田产，也可以看作福建人在福建置产，不视为"旗员外省置产"，也就不必适用"准令变价之文"。田园可以不被出售了，所以民心安定。但因为此举只是一种变通，施家和观音山庄等六庄的关系并未厘清，清廷仅是允准施世范不必变卖那六

---

① 尹士俍纂修，洪燕梅点校《台湾志略》中卷《民风土俗》记载：台湾县"大穆降庄竹围甚大，多祖籍金陵、京口之人，云系郑氏所掠，今成土著"。（台湾史料集成编辑委员会：《凤山县志·台湾志略·澎湖志略》合订本，文建会，2005，第274页）。在台湾闽粤籍人口占据绝大多数，籍贯金陵、京口的大穆降庄居民绝对是弱势群体，在易代之际那种纷扰的社会背景下，他们投献于施琅官庄的目的恐怕不限于"荫免差役，兼修埤岸"，而应当还包含为维护其生命财产安全的考虑。

庄的田园，而并无对早已立户输粮的庄民对六庄田园所具有的所有权进行确认，"虽经恩免，而葛藤未断"，庄民难免有后顾之忧，唯恐"日后施姓复行开变"。所以，他们要向高山"呈控此田原委，恳请永归民业"，即要求官方认定这些田地的所有权属于庄民，以免后累。

以上两案最终都得到妥善解决，田园都断归庄民，而施家一方也无异议。这两起田地纠纷案之所以发生，除了上述的历史原因外，还由于当时的施家一方当事人施世范和田庄相关的管事、督垦等人员处置不当。

综观大穆降庄、观音山庄等庄投献的来龙去脉，作为官庄一方，把投献的田地据为己有，虽是事出有因，但毕竟于理无据，于法不合，因为这些田园既不是其招佃垦辟出来的，也不是其购置的，所以高山将其判归庄民，可谓秉公断案。不过，接受投献和掠夺土地还是存在区别的，后者应是指一方当事人违背另一方当事人的意愿，采用强力或欺骗等手段夺取其土地；而投献的情况却不是这样，从相关史料可知，在投献过程中是须办理一定的手续的，即须把投献的田园登入官庄的租簿里，投献的庄民则须由官庄载明其为佃户身份。唯有如此，这些庄民才能被荫免差徭，也才无须由他们自己去缴纳正供。显而易见，在当时办理这个手续，官庄和庄民双方都是乐意的，都是出于真实的意思表示，不存在一方胁迫或欺骗另一方的问题。因此，是不宜把接受投献和掠夺土地不加区别地混为一谈的。

高山除受理上述二起因投献而引起的讼争案外，还审理了二起侵占台湾土著居民草地的案件。据其奏疏所载：

一是彰化县番蛤肉以"二百两价"把两处草地出售给陈林李，

"因该番不谙汉字，契载四至含糊"，陈林李趁机"越界占垦"，后因"恐该番控告"，就"将所买所占之地转卖与提督苏明良，得价四百两"，"以苏明良为武职大员，势可压制"。"迨苏明良物故，番始出控。兹查提督苏明良止用银四百两，现管熟地四千九百余亩"。高山经丈量，查出越界占垦的"熟园三百余甲"，将它判归"蛤肉等管业，番地归番"。

二是原任总兵张国之子张嗣徽越界占垦彰化县爱著大肚社番蛤肉草地。"总兵张国等从前佃垦之时，原有毗界之密膀、辘牙二处给番自行耕种，今被张嗣徽等将二处地亩仍行占垦，以致众番控争"。"所有毗界之辘牙田园一百四十五甲、密膀田园三百零三甲，二处共丈出垦熟田园四百四十八甲计四千九百二十八亩，实系占垦番地，自应照议划界还番耕管，俾得番地归番，永免争执。现经逐一清厘，取具两造各允服遵依在案"①。

显而易见，这两起讼争案的一方当事人一开始就违背另一方当事人的意愿而占垦其草地。从第一起案件来看，一方当事人陈林李是认识到这一点的，正因为"恐该番控告"，其才会把田地转卖给提督苏明良。只因双方当事人势力大小差别悬殊，番蛤肉一直待至苏明良去世后才提出控告。第二起案件的一方当事人原任总兵张国之子张嗣徽公然越界占垦另一方当事人番蛤肉的草地达四百四十八甲，导致"众番控争"。这是利用邻界的便利所进行的侵占。高山把这些田地判归番蛤肉耕管。

---

① 高山：《查办台湾武职庄产》，乾隆九年十二月十八日，中国第一历史档案馆等：《明清宫藏台湾档案汇编》第二十一册，九州出版社，2009，第393~394、399~401页。

　　高山在总结其清查工作时说："以上各案俱系武职侵占及投献踞有之业"云云①。而参与清查工作的六十七的相关报告所言和高山完全一致②。可见，尽管投献的田地也被划入清查和归还之列，但它毕竟不完全等同于被用强力和欺骗所侵占的田地，否则，高山等人在做总结时尽可以径称"以上各案俱系武职侵占之业"，是无须再另外列出"投献踞有"一项的。

---

①　高山：《查办台湾武职庄产》，乾隆九年十二月十八日，中国第一历史档案馆等：《明清宫藏台湾档案汇编》第二十一册，九州出版社，2009，第402页。

②　六十七等：《查办台湾武员官庄完竣》，乾隆九年十二月初七日，中国第一历史档案馆等：《明清宫藏台湾档案汇编》第二十一册，九州出版社，2009，第375页。

第三章 力主留台的缘由

第一节 《恭陈台湾弃留疏》阐述的
留台理由不容置疑

现在我们来探讨施琅为什么要主张留台的问题。关于施琅力主留台的原因，本书在开头曾提到石万寿的看法。他认为，施琅和吴英等人"为维护其在台湾庞大田产，以及其他利益，当然力主留台湾置郡县"。

但是，石万寿却没能为他的说法提出一个史料依据。他仅是依靠逻辑方法立论，即所谓"台湾事定之后，朝廷在接近一年的时间并未派官治理，实际统治者为施琅及其征台将领，几成为靖海侯国封土"。于是"施琅、吴英及其部众"便趁机大肆掠夺台湾土地，"夺取郑氏旧额近三分之二的土地"。"为保护此一庞大的产业，厚颜乞朝廷派兵驻台，糜公帑以卫私业。"按照这个说法，是施琅、吴英及其部众广占台湾的土地在前，施琅疏请留台在后。在石万寿看来，既然二件事发生的时间有前后，就可以推定后者是为了前者了。

诚然，逻辑的方法是历史研究的方法之一，使用这个方法可以拓宽研究的角度、层次等，从而有利于研究的深入。但是，如果史料不够充分，则行文须使用诸如可能、大概、也许之类的疑似之词，而不能把意见说得斩钉截铁，不容置疑。遗憾的是，石万寿并没有这样做。其实，他用逻辑方法推出的上述看法，可以置疑之处较多，是难以成立的。

首先，笔者前已论及，关于施琅、吴英等人在台湾收入清朝版图之前就广占台湾土地的说法，恐不可靠。因此，石氏的推理似是缺乏必要的前提条件的。

其次，我们知道，施琅是在《恭陈台湾弃留疏》① 中全面阐述其留台主张的。倘如石万寿所说，施琅疏请留台，是为维护其在台的庞大田产等，那么该疏所阐述的留台理由，就变成为了施琅为谋取私利而编造出来的借口了。然而，事实是该疏提出的主张及其依据，不仅在历史上长期博得人们的肯定，而且在当代也获得海内外学界的广泛认同和好评，这岂是编造的借口所能达到的效果？笔者早在1987年出版的《施琅评传》中，就对该疏进行了述评，并进而分析了施琅之所以能够写出这样高水平奏疏的缘由。二十多年过去了，笔者仍坚持原来的看法，现在把有关阐述抄引于下：

[康熙二十二年] 十二月初一日，施琅赴福州与侍郎苏拜及督、抚会议台湾弃留问题，"众以留恐无益，弃虞有害，各议不一"。施琅决意主留，遂于二十二日上疏全面陈述其意见。他指出：台湾"北连吴会，南接粤峤，延袤数千里，山川峻峭，港道纡回，乃江、浙、闽、粤四省之左护"，具有重要的战略地位。而台湾与大陆之间为大洋隔断，从金门至澎湖，"水道亦有七更途遥"，大陆对其鞭长莫及。所以，郑芝龙为海寇时，即以

———————————

① 施琅：《靖海纪事》卷下。

其为"巢穴";后来荷兰人占有其地,"遂联络土番,招纳内地人民,成一海外之国",而"渐作边患";至郑成功收复其地后,即"纠集亡命,挟诱土番,荼毒海疆,窥伺南北,侵犯江浙",从成功至克塽,数十年间,与清廷隔海对峙,可谓"无时不仰瞩宸衷"。施琅首先从历史的经验教训来提醒清廷重视台湾的地位。

其次,他认为台湾土地肥沃,物产丰富,弃之未免可惜。他谓其"亲历其地,备见野沃土膏,物产利溥,耕桑并耦,鱼盐滋生,满山皆属茂树,遍处俱植修竹。硫磺、水藤、糖蔗、鹿皮,以及一切日用之需,无所不有。向之所少者布帛耳,兹则木棉盛出,经织不乏。且舟帆四达,丝缕踵至,饬禁虽严,终难断绝。实肥饶之区,险阻之域"。他指出,郑氏既然已"纳土归命",就不应把其放弃。

再次,他从巩固清政府在东南沿海的统治着眼,指出若放弃台湾,势必"种祸后来"。他说:"地方既入版图,土番、人民均属赤子,善后之计,尤宜周详。此地若弃为荒陬,复置度外,则今台湾人居稠密,户口繁息,农工商贾,各遂其生,一行徙弃,安土重迁,失业流离,殊费经营,实非长策。况以有限之船,渡无限之民,非阅数年难以报竣。使渡载不尽,苟且塞责,则该地之深山穷谷,窜伏潜匿者,实繁有徒,和同土番,从而啸聚,假以内地之逃军闪民,急则走险,纠党为祟,造舟制器,剽掠滨海。此所谓借寇兵而赍盗粮,固昭然较著者。甚至此地原为红毛住处,无时不在涎贪,亦必乘隙以图。一为红毛所有,则彼性狡黠,所到之处,善能鼓惑人心。重以夹板船只,精壮坚大,从来乃海外所不敌。未有土地可以托足,尚无伎俩，若以此既得数千里之膏腴复付依泊，必合党伙窃窥边场，迫近门庭。此乃种祸后来，沿海诸省，断难晏然无虞。至时复勤师远征，两涉大洋，波涛不测，恐未易再建成效。"

当时，有人主张留守澎湖，放弃台湾，施琅认为那样做不能达到靖海宁疆的目的，实际上行不通。他指出："如仅守澎湖，而弃台湾，则澎湖孤悬汪洋之中，土地单薄，界于台湾，远隔金、厦，岂不受制于彼而能一朝居哉？是守台湾则所以固澎湖，台湾、澎湖一守兼之。沿边水师汛防严密，各相犄角，声气关通，应援易及，可以宁息。况昔日郑逆所以得负抗逋诛者，以台湾为老巢，以澎湖为门户，四通八达，游移肆虐，任其所之。我之舟师，往来有阻。今地方既为我得，在在官兵，星罗棋布，风期顺利，片帆可至，虽有奸萌，不敢复发。""臣阅历周详，不敢遽议轻弃者也"。

复次，施琅从综观全局的高度，指出守卫台湾，并不会增加清政府的财政负担。他说："海氛既靖，内地溢设之官兵尽可陆续汰减，以之分防台湾、澎湖两处。台湾设总兵一员、水师副将一员、陆师参将二员、兵八千名；澎湖设水师副将一员、兵二千名。通共计兵一万名，足以固守，又无添兵增饷之费。……抑亦寓兵于农，亦能济用，可以减省，无庸尽资内地之转输也。"他还就兵饷的供给与守台官兵的换防问题提出具体意见，主张"防守总兵、副、参、游等官，定以三年或二年转升内地，无致久任，永为成例"。他认为清廷能这样"优爵重禄，推心置腹"，守台官兵就会"勉励竭忠"。至于兵饷来源，他认为台湾"初辟，该地正赋、杂饷，殊宜蠲豁。见在一万之兵食，权行全给。三年后开征，可以佐需"。施琅指出，清廷决不应当因为守台官兵须耗费粮饷，而主张弃台，他认为那样做就会因小失大，因为"台湾一地，虽属外岛，实关四省之要害"。因此"勿谓彼中耕种，尤能少资兵食，固当议留"，即使是"不毛荒壤，必藉内地挽运，亦断断乎其不可弃"。他认为"筹天下之形势"，当求"万全"，台湾之去留，"利害攸系"。他指出，以前"画迁五省边地以避寇患，致贼势逾炽而民生颠沛"，之所以会出现这种局面，是因为"当时封疆大臣，无经国远猷，矢志图贼，狃于目前苟安为计"，"往事不臧，祸延及今"，前车之鉴，应当吸取。显然，施琅这里所言是暗喻那些主张放弃台湾的人，是属不顾国家大局、苟且偷安之辈，提醒康熙帝不要采纳他们的意见。

最后，施琅说明其上疏力主留台，是为了海疆的宁靖，也是为了报答康熙帝的眷顾之恩，同时又是他的责任。他说："臣仰荷洪恩，天高地厚，行年六十有余，衰老浮生，频虑报称末由，熟审该地形势，而不敢不言。盖臣今日知而不言，至于后来，万或滋蔓难图，窃恐皇上责臣以缄默之罪，臣又焉所自逭？故当此地方削平，定计去留，莫敢担承，臣思弃之必酿成大祸，留之诚永固边围。会议之际，臣虽谆谆极道，难尽其词。在部臣、抚臣等耳目未经，又不能尽悉其概，是以臣于会议具疏之外，不避冒渎，以其利害自行详细披陈。"为了使康熙帝对台湾的地理形势有一个比较清楚的认识，他还绘一张台湾地图，"附马塘递进御览"……

当时，清廷内部对台湾弃留问题意见并不一致，如颇为康熙帝宠信的李光地即主张放弃台湾。他认为"台湾隔在大洋以外，声息皆不通"，地位并不重要，因而主张"空其地，任夷人居之，而纳款通贡，即为贺兰有亦听之"。而施琅则认为，只有守之，才能"永绝边海之祸患"。否则，该地之"窜伏潜匿者"，一旦"纠党为崇"，"剽掠滨海"，则东南又将不宁矣。何况，荷兰对台湾"无时不在涎贪"。事实也是如此。早在康熙二年，靖南王耿继茂、福建总督李率泰等在上疏中就谈到荷兰战舰前来助剿郑氏，"察其来意，一则欲取台湾，二则以图通商"。他们甚至说："台湾位于远海，原非中国所属。今该夷等或派兵合剿攻取，或行招抚收归，是否可将该地赐给该夷之处，臣等未曾奏明请旨，不敢擅议。"这说明施琅并非故作耸人听闻之谈。他认为台湾一旦为荷兰所有，"必合党伙窃窥边场，迫近门庭"，"沿海诸省断难晏然无虞"。施琅十分强调台湾的战略地位，这无疑是正确的，它表现了施琅的高瞻远瞩和效力清廷的耿耿忠心。

傅衣凌先生指出："台湾的地理位置，处于东南亚和日本之间。在台湾被西、荷殖民者窃占之前，西班牙已经占领了菲律宾，荷兰则以占据巴达维亚（今印尼雅加达）为据点，进而窃据台湾，控制海上贸易路线，暴露出西方殖民者继续东进的企图。"郑成功收复台湾，对荷兰殖民者的这一企图是一个沉重的打击。而清政府若是在平定郑氏后即放弃台湾，荷兰殖民者势必卷土重来，再度窃据台湾。因此，是否在台湾屯兵镇守、设府管理，就成了能不能阻遏西方殖民者继续东进的关键。施琅能够清醒地看到这一点，吁请清廷重视来自外部的威胁，力主留台，这在当时是多少难能可贵！

施琅之所以能够不仅从国内的角度，而且从国际的角度来认识台湾的重要地位，是因为他很注意了解西方国家的政治经济状况，悉心研究，因此能够看透它们东来的企图。据托玛斯·恩基尔和托玛斯·沃罗豪斯的信记载，施琅"颇知欧洲人之风俗习惯"。所以他对西方殖民者、商人保持着较高的警惕性。因为英国商馆在与台湾郑氏集团的相互贸易中，曾卖给郑氏枪枝、弹药，施琅详细调查此事，严责英国东印度公司"为满清皇帝之阴险敌人"，认为"英国人十一二年以来，与台湾之匪徒勾结，以火药、枪械及其他武器供给之，违反一切国家之惯例及平等之原则"，他以"上述之罪行"责令英商馆作出答辩，弄得英商馆工作人员"甚为惶恐，不知应如何应付"。……

我们认为，施琅能从国际的角度来认识台湾的战略地位，还有其具体的原因。这就是施琅对外氛所造成的灾难有比较深刻的认识和体会。明末的倭寇对沿海地区的侵扰，也给晋江浔海施氏造成很大的灾难，许多人因之离乡背井、抛弃产业，有人还被掠往日本。……施琅进入台湾以后，亲临其地，当他发现台湾重要的战略地位时，针对有人主张"宜迁其人，宜弃其地"的情况，上疏力主保卫台湾，治理台湾，并终于促成康熙帝作出正确的决断，把台湾归入清之版图，这一功绩是值得充分肯定和高度赞扬的。①

2002 年，笔者在研究施琅的军事才能时，再次谈到他的留台主张，指出其能从国内国际"二个角度阐述了留台卫台的必要性和重要性"，认为这是一个"言之有据、言之有理的看法"②。这个评价

---

① 施伟青：《施琅评传》，厦门大学出版社，1987，第 239～250 页。
② 施伟青：《施琅的军事才能和两岸的统一》，施伟青主编《施琅研究》，国际文化出版公司，2002。

应不至于被指责为溢美之词吧。

总而言之，施琅《恭陈台湾弃留疏》提出的留台理由符合历史实际，是不容置疑的。谓它是施琅为保护在台的"庞大的产业，厚颜乞朝廷派兵驻台"而编造出来的说词，无法令人信服。还须指出，在重大问题决策上，康熙帝并不容易被人欺蒙，不宜过低地估计其智慧水平。

那么，施琅丝毫也不考虑其个人和家族的利益吗？当然不是。笔者在《施琅评传》中就已指出，施琅任职闽疆后，"即在其家乡置有产业"，而且从史籍记载来看，其数量较多。而其产业分布在福建沿海，"历史上的倭患不也正是发生在沿海地区吗"？因此，总结历史的经验教训，强调西方殖民者对沿海地区的威胁，"不仅关系到国计民生，而且直接涉及施琅家族的利害得失"①。

从历史上看，施琅家族的命运和明末清初的内忧外患是紧密联系在一起的。森田明教授认为"明末嘉靖年间的倭寇入侵，给包括施氏在内的晋江地区的民众带来多大的危害是很清楚的"。他引用施至德《临濮堂施氏族谱》所载相关史料以证明其看法："不意嘉靖戊午，倭寇入闽，初犯蚶江，人不安生，辽望烟火，晨夕警惧。己未庚申岁，则侵吾地，然犹逃遁边城，性命多获保全。至辛酉岁，倭寇住寨海滨，蟠踞不散，九月念九，破深沪司，而掳杀过半。壬戌二月初八日，攻陷永宁卫，而举族少遗，呼号挺刀之下，宛转刀剑之间，生者赎命，死者赎尸，尸骸盈野，房屋煨烬。……斯时也，子孙数十，而一旦遽绝者；或至亲骨肉，身死他乡，而莫知死所者；

---

① 施伟青：《施琅评传》，厦门大学出版社，1987，第248～249页。

或年少弱冠，及三尺儿童，被掳胡地，而未知生死者。"他又引用《浔海施氏族谱》所载施琅第五子施世骝来所撰《祖叔集吾公行述》以进一步论证其观点："公年十三，遭倭乱，与母蔡氏逃难永宁，为倭所掳，母子离别，生死罔知，……公在倭三十九年，日夜思亲哭泣不置。后值泉航匿归，渡海未半遇风覆舟，公挟一小板漂流七日夜，乃抵岸即祖家赤涂下也。访之族中，鲜有识者，抑又危矣。盖年幼被掳，故老无存，同时弟昆莫辨状貌。惟其姐适许氏者，知公肋下疤痣，询之得实，乃相与抱哭庭中，爰指其父葬处，谓被掳时母亲已殁于永宁矣。"① 施集吾，即施长崑，集吾为其号，他属晋江浔海施氏第十三世。生嘉靖甲辰年（1544年），卒天启壬戌年（1622年）②。乾隆时修《晋江县志》卷十《人物志》中对施长崑也有类似的记载。施长崑逝世于施琅出生之后，施琅的父辈应颇了解他的悲惨经历，口耳相传，施世骝来才能够为其写下这篇行述。笔者曾到永宁做田野调查，有老人说，据祖上世代相传的说法，当年因倭寇在永宁杀人太多，阴沟里流的不是水，而是血。虽然事情已过去四百多年，但一旦亲临现场，听到这话仍不免惊心动魄！

清初为对付郑氏而实行迁界，顺治十八年（1661年），沿海人民被迁入内地。他们背井离乡，"尽失故业，展转沟壑"③，"无业可安，无生可求，颠沛流离，至此已极"④。因为福建属于前线，驻扎

① 森田明著《明末清初的福建晋江施氏》，施伟青译，施伟青：《施琅评传》"附录二"，厦门大学出版社，1987。

② 康熙五十四年《浔海施氏族谱》月本，卷三十一，《长崑小传》。

③ 《忧畏轩奏疏》，康熙二十二年八月十七日姚启圣题。

④ 范承谟：《条陈闽省利害疏》，贺长龄：《皇朝经世文编》卷八十四。

重兵，民房多被军队占住，居民"无枝可栖"①。百姓为供驱役而"疲于奔命"②。施琅家乡晋江南浔乡（今衙口村）也在迁徙之列，其族人多有流离失所者。当时，施琅担任同安总兵，对迁界的惨状目见耳闻，他尽其所能以帮助其族人。他逝世后，浔海施氏在祭文中赞扬他说："其有大功于族党者，尤令人没世不忘焉。当日海氛煽乱，沿海迁移，流离失所者，不知凡几矣。先将军虑子姓之颠连也，则于青阳建立祠宇，以联其族众，俾子姓兄弟播迁无恙，以蕃以衍以妥。"③ 施琅孙施士伟记载施琅还"购田庐，给耕种，以处迁界子姓"④。施琅族叔施德馨也赞扬施琅说："先是任同安，值濒海播迁，不惮多费橐金，构庐舍，给斧资，以安诸子姓之失所者。"⑤ 不过，一个人的力量总是有限的，所以平台后施琅说："自辛丑⑥迁移，诸巨族豪宗凡消沉于兵燹流离者，指难胜屈。今日者祖里栋椽虽烬，庐址依然，子姓之沦散而复聚。"⑦ 指出其家乡的房屋建筑已经成为灰烬，浔海施氏族人曾经沦散各地。可见施琅非常了解迁界的危害。

康熙十三年（1674年），驻福建的靖南王耿精忠举兵叛应吴三桂，郑经趁机从台湾率兵进入大陆，参与进攻清军，东南沿海狼烟迭起，百姓涂炭，施琅家乡南浔乡又不能幸免。施琅族叔施德馨说："值鼎革而海氛无宁日，辛丑秋，沿海迁界，颠沛流离，虽至亲不能

---

① 《忧畏轩奏疏》，康熙二十二年八月十七日姚启圣题。

② 全祖望：《鲒埼亭集》卷十五，《姚公神道第二碑铭》。

③ 康熙五十四年《浔海施氏族谱》天本，施应枢：《将军诞辰特祭小引》。

④ 施士伟：《靖海汇纪·襄壮施公传》。

⑤ 施琅：《靖海纪事》，施德馨：《襄壮公传》。

⑥ 辛丑，顺治十八年，1661。

⑦ 康熙五十四年《浔海施氏族谱》天本，施琅：《重修家谱序》。

相保。继以甲寅①之变，戎马蹂躏，惟救口不赡。"② 他感慨人祸不断，永无宁日。

当时，施琅在京城任内大臣，"每蒿目时艰，歔欷扼腕，声泪俱下"③。郑氏趁在福建作战之机，挟持了留在晋江管理产业的施琅长子施世泽，把他作为施行反间计的工具，授予他官衔，以使清廷对施琅生疑，不复用他为将。后施世泽和其族兄施明良因谋擒郑经献厦门事露而致两家七十余口遭到杀害④。老年丧子，此事对已年届花甲的施琅所造成的创伤是不难想见的⑤。

充满血与火的历史事实告诉施琅：只有海防巩固、国家稳定了，生活于沿海地区的人民才有可能过上安居乐业的日子。这促使施琅能够正确地去看待国家、民族和个人、家族之间的关系。施琅在处理国家的、民族的利益和个人的、家族的利益的关系时，也似会从中获得一些有益的启迪。从相关史料来看，最迟至康熙初年，施琅已能够正确地对待上述诸利益关系了。康熙二年（1663 年），为攻取被郑军占据的厦门、金门两岛，施琅上疏说：

> 臣任职同安要塞已达六载，一向无所报效，却屡蒙圣恩，授以署都督金事，出任福建水师提督之职。自知任重而不胜惶恐，虽肝脑涂地，亦难报恩。……臣于同安自筹工料建造快船六十只，今又续建快船一百只，共计一百六十只。……又臣新

---

① 甲寅，康熙十三年，1674。

② 康熙五十四年《浔海施氏族谱》辰本，卷十八，施德馨：《遵元公藏谱志》。

③ 施琅：《靖海纪事》，曾炳：《序》。

④ 施伟青：《施琅年谱考略》，岳麓书社，1998，第 342~360 页。

⑤ 施琅生于天启元年（1621 年）。施世泽等人被杀害于康熙十九年（1680 年），是年施琅恰为六十岁。

募兵丁三千名，勤于操练，皆已熟谙争战。所有器械、甲胄等项，皆系微臣自筹工本建造，即将陆续完竣。臣甘心为国捐躯，区区家资，又何足吝惜。拟于今秋前后，先用十二桨快船大举进兵，捣毁逆贼巢穴。彼时众贼定然逃窜，臣则率大船相继出洋阻截，南北夹击，贼必魂飞魄散，犹如瓮中之鳖，无处藏身。……如蒙应允，伏乞降敕该王、总督等佥同筹议，授以机宜，臣必身先士卒，誓将二岛顷刻扫清，以慰皇上南顾之心。此乃仰仗圣威，以遂臣之宿愿者矣。①

施琅主动捐出"家资"、"自筹工料"修造快船一百六十只，又"自筹工本"制造器械、甲胄等，他还积极地募兵操练，谋划攻夺厦门等岛屿，这是为了实现把郑军逐出大陆东南沿海的战略意图。为实现这个意图，施琅表示其不仅不惜家资，而且"必身先士卒"，冲锋陷阵，"甘心为国捐躯"。我们知道，施琅自顺治十三年（1656年）被起用为副将，历总兵，至康熙元年（1662年）升任福建水师提督，只有六年的时间②。他能够迅速地得到提拔重用，固然和其本人的才能、表现有关，但清廷的知人善任也是不能或缺的重要因素，对此，施琅应是心存感激的。所以，他谓其"自知任重而不胜惶恐，虽肝脑涂地，亦难报恩"，"誓将二岛顷刻扫清，以慰皇上南顾之心"，并非虚饰之词，而是肺腑之言。然而，同时施琅也不讳言"此乃仰仗圣威，以遂臣之宿愿者矣"。所谓"臣之宿愿"，当是指报父

---

① 《明安达礼等题复施琅密陈进攻厦门事本》，厦门大学台湾研究所、中国第一历史档案馆编辑部：《康熙统一台湾档案史料选辑》，福建人民出版社，1983，第12页。

② 施伟青：《施琅评传》，厦门大学出版社，1987，第48～64页。

弟之仇。顺治八年（1651年），时在郑军中的施琅和郑成功之间发生了矛盾冲突，其父施大宣、弟施显因受株连而被郑氏杀害，而施琅得到部分郑军将弁的帮助得以逃脱。中国从先秦时起，就认为"父之仇，弗与共戴天。兄弟之仇，不反兵"①。所以，施琅亟望报仇雪恨。应当认为，"以慰皇上南顾之心"和"以遂臣之宿愿"是隐藏在施琅积极备战背后的两个原因。不过，从施琅的奏陈可以看出，他是把前者置于首位，"以慰皇上南顾之心"，实际上即是尽忠国事；"遂臣之宿愿"，则属于家事，可见施琅是能摆正二者的位置的。

综观施琅此后的行事，在重大问题上，他基本上都能这样对待、处理公私之间的关系。康熙六年（1667年）十一月二十四日，施琅题呈《边患宜靖疏》，力主出兵平台，他称：

> 臣荷恩深重，与贼仇不共戴，视此逆贼跳梁，能无扼腕？虽躬履险阻，身历波涛，亦必灭此朝食。……臣矢志报国，敢遗余力？……奏捷迟速，虽难预定，然满腔血诚，贼一日未灭，臣一日未安，筹度时势，定当扫余氛而拯黎元，义不以贼遗君父。且数年以来，沿边江、浙、闽、粤多设水陆官兵，布置钱粮，动费倍增，皆为残孽未靖之故。如台湾一平，防兵亦可裁减，地方益广，岁赋可增，民生得宁，边疆永安，诚一时之劳、万世之逸也。②

翌年四月，施琅又题呈《尽陈所见疏》，进一步阐述其平台主张说：

> 伏思天下一统，胡为一郑经残孽盘踞绝岛，而拆五省边海地

---

① 《礼记·曲礼上》。这句话的意思是，对杀死父亲的人，不和他共存于天下。对杀死兄弟的人，随身携带武器准备报仇。

② 施琅：《靖海纪事》卷上。

方，画为界外，以避其患！自古帝王致治，得一土则守一土，安可以既得之封疆而复割弃？……若台湾一平，则边疆宁靖，防兵可减，百姓得享升平，国家获增饷税，沿边文武将吏得安心供职，可无意外罪累。臣前疏故曰"一时之劳、万世之逸"也。臣荷国厚恩，职任闽疆水师，平贼报称，分所宜然。且目击边民之困，心切父弟之仇，故靡刻不以灭贼为念，少尽臣子之职。然航海远征，调兵遣将，乃关国家大事，出在皇上睿裁。①

上述二疏，施琅虽然都提到了家仇，称其"与贼仇不共戴"，"心切父弟之仇"，但他强调的是其"荷国厚恩"和他担任福建水师提督的职责，更关心的是国计民生。所以，虽然为报私仇是他主张征台的动机之一，但他始终还是以国事为重。施琅是这样说，也是这样做的。康熙二十二年（1683 年）八月，当他率师进入台湾受降，面对杀害其父、弟和长子的仇人郑氏的子侄眷属时，他没有因私仇而开杀戒。笔者曾经分析施琅入台后不杀郑氏的四个原因，其中第一个原因即是谓其首先考虑的是国事。施琅曾表示："绝岛新附，一有杀戮，恐人情反侧。吾所以衔恤茹痛者，为国事重，不敢顾私也。"② 当国事和家事发生矛盾时，他能够理智地作出抉择，避免了因小失大③。

从施琅对待刘国轩的态度，也可以一清二楚地看出他在处理重大问题时是以国事为重，以家事服从国事的。前已言及，施琅的长子施世泽、族侄施明良在三藩叛乱期间，因谋擒郑经事露被杀。而

---

① 施琅：《靖海纪事》卷上。
② 《清史稿》卷二百六十，《施琅传》。
③ 施伟青：《施琅评传》，厦门大学出版社，1987，第 222～225 页。

据史籍记载，时任郑氏政权武平伯的刘国轩对此负有重要责任。据参与谋擒事的原郑军副将施琦事后报告称，世泽、明良等"欲图内外夹杀，擒献郑经于阙下，不意刘国轩侦知密启"，而"郑经尚未深信"。于是采用折中的处理办法，即令世泽、明良两家搬"往台湾"。而明良的书办、家人吕运等人"不愿跟随过海，将情出首"，随即搜出喇哈达、姚启圣等人给世泽、明良的书信。这才导致"施世泽、施明良等两家七十余口"尽被"砍杀下水"①。对于此事，其他史籍也多有记载。《长汀县志》载：

> 亢宿镇施明良受启圣贿，议献思明（厦门——引者）。[郑]经嬖之，常在左右。[刘国]轩入告曰："今军破国残，蹙地千里，殿下宜效先王之志，卧薪尝胆，亲君子，远小人，中兴之业乃可图也。"经纳其言，而明良图之益急。[国]轩杀之及施世泽。……[因世泽]与其谋，故杀之。②

《野史无文》载：

> 庚申，施亥伏诛。亥，泉州人。为[郑]经宾客司，多杂伎能，以诙谐取媚于经，日侍奕于左右，有宠。亥私与总督姚启圣互市，启圣度其狭邪，饵之以金曰："执经来，公爵可得也。"亥深信之，谓可图富贵。因密结经宿卫之士以图经。时经在厦门，居南山口。亥谋执经盗舶以叛。启圣并欲其执国轩。当是时，国轩屯重兵于海澄之石马（码），去厦门百余里。计未就。……国轩疑之，执讯降者，得亥谋叛状。国轩至厦门告变。

①　《忧畏轩奏疏》，康熙十九年十二月二十二日姚启圣题。
②　黄恺元：《长汀县志》卷二十三，《刘国轩传》。

经诛亥，并戮卫士与谋者数十人。①

《海上见闻录》载：

> 世藩所亲幸施福密通姚总督，欲为内应，使授降兵数百人，挈眷来归，乘机欲举事。国轩谍知，启世藩收杀之，并及施齐。施齐即施琅将军长子。福即亥。②

施世纶《总戎忠烈文御兄传》载：

> ［兄］遂羁岛中。……兄乃密陈岛上事情，密遣家人阴达总督姚公。刘国轩察其终无降意，乃谓经曰："施某既不归顺，即当除之，毋姑纵以生祸端。"兄侦知，毅然曰："生死，数也。何可使贼刃加吾颈耶！"遂赴海而死。③

《台湾外记》对此事的记载最为详细，谓施世泽、施明良"密款于启圣"，"欲擒经而献诸岛"，而"郑经堕其术中"，"独武平伯刘国轩时刻窥防之"。国轩为除掉世泽、明良，"遂置心腹于厦门各要口盘诘，又密令侦者入内地打听"。旋"国轩得内地侦报，施明良暗通总督，欲献全岛"，且"党羽甚多"，遂飞报郑经。郑经不信，但见国轩不能相容，为了两全，便令世泽、明良赴台。国轩"接报，知经不拿明良鞫问，反纵之过台，随坐快哨到厦面经"。明良同党"傅为霖陡然见国轩到，疑为底里尽知，恐累及己，随出首明良、世泽通姚启圣始末情由。轩曰：'不除此贼，终为国患！'"郑经遂遣兵

---

① 郑达：《野史无文》卷十二，《郑成功传》。
② 阮旻锡：《海上见闻录》卷二。
③ 康熙五十四年《浔海施氏族谱》荒本，卷二十四。

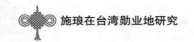

追至大担，斩杀明良、世泽等。①

以上史料，内容存在差异，其中有的还有错讹，但有一点却是一致的，即都认为施世泽、施明良被杀害的原因，是和刘国轩的所作所为密切相关的。所以，若说刘国轩是施琅的杀子仇人，并不为过。

康熙二十年（1681 年）正月，郑经逝世。继位的郑克塽不过是一位十二岁的少年，他"封国轩为武平侯，仍管中提督事，得专征伐"②。国轩"操权，动辄杀戮，以威制人"③。这一方面说明在郑氏政权出现危机之时④，素有"智勇不可挡"之称的刘国轩，也没有什么良策，只能以杀戮立威；另一方面则透露了在郑氏集团中刘国轩握有很大的实际权力，尤其是对郑军的控制、指挥权，更是他人所难以企及的。而施琅对此有十分清醒的认识，为顺利地实施"因剿寓抚"的战略方针，实现靖台宁疆的目的，施琅不但不和刘国轩计较昔日的杀子之仇，而且主动招抚刘国轩。康熙二十二年（1683 年）六月，刘国轩统率郑军二万余众防守澎湖。施琅于是月十八日夺取澎湖重要岛屿虎井、桶盘后，即遣使持书前去招抚刘国轩，但遭到其拒绝⑤。二十二日的决战，使守澎的郑军水师几全军覆没，刘国轩率少数幸存者逃回台湾。而据李光地记载，施琅从投诚的郑军中"访得刘国轩亲信之人，厚结之，令与刘说，我绝不与为仇，他肯降，吾必保奏，而封之公侯。前此各为其主，忠臣也。彼固无罪，吾必与之结姻亲，以其为好汉也。亦折箭

① 江日昇：《台湾外记》卷八，福建人民出版社，1983，第 297～299 页。

② 江日昇：《台湾外记》卷八，福建人民出版社，1983，第 312 页。

③ 施琅：《靖海纪事》卷上，《决计进剿疏》。

④ 请参见《施琅评传》，厦门大学出版社，1987，第 171～175 页。

⑤ 沈云：《台湾郑氏始末》卷六。

立誓"①。前曾提及，这位刘国轩亲信之人即为曾蜚。其他史籍有载，
《闽海纪要》谓："提督施琅使曾蜚至国轩招抚，国轩即首倡降议。"②
《台湾外记》记载尤详，谓国轩返台后，"忽琅遣国轩原副将坐营曾蜚
前来招抚，许保题轩现任总兵。轩意遂决"。而侍卫冯锡范一再阻挠，
刘国轩给予驳斥："当此之际，尚且狐疑，倘一朝变起萧墙，将奈何？
从来识时务者为俊杰，大势已去，速当顺天。"他一面"启克塽，命
礼官郑平英等诣澎湖军前纳款"；另一面"拨兵监守郑氏子侄亲疏，
恐其漏脱遗祸"。他遣曾蜚持信答复施琅，内称："澎湖之捷，已知天
意有在矣。……老亲台标名铜柱，其立威甚远，而持心甚厚，此又伏
波所不逮也！兹专员以听提命，其中款曲，有未合节，烦为指示，尤
所厚望，临楮无任依驰！"这时，刘国轩对招抚的态度已和澎湖决战
之前迥然不同，不仅没有拒绝，而且主动采取各项措施以争取促成郑
氏就抚③。后来刘国轩曾面奏康熙帝说："臣等自澎湖败衄，心胆俱
寒，天威所摄，不得不输诚归命。"④ 这是实话，它和致施琅信中所
言"澎湖之捷，已知天意有在矣"的说法是一致的。刘国轩道出其从
反对招抚到力主就抚这一转变的重要缘由。不过，还须指出，刘国轩
态度的转变还和施琅不计私仇、主动积极地对其进行招抚密切相关。
他赞誉施琅"立威甚远，而持心甚厚"，这句话是含有深意的。它既
是对施琅战胜于澎湖、厚待郑俘的赞扬，更是对施琅不计旧怨、宽厚
待他的肯定。此时的刘国轩对施琅有一种由衷的感激之情。

　　七月十五日，台湾郑氏政权遣使送降本到澎湖施琅军前，表示

---

① 李光地：《榕村语录续集》卷十一，《本朝时事》。

② 夏琳：《闽海纪要》卷下。

③ 江日昇：《台湾外记》卷十，福建人民出版社，1983，第349～350页。

④ 《康熙起居注》，"康熙二十四年二月二十八日"条，中华书局，1984，第1293页。

愿意就抚，削发登岸①，但未下令台湾兵民剃发。其时有无剃发，是判定是否降清的最重要的标志。为奠定招抚大局，十九日施琅遣侍卫吴启爵赴台，重点做刘国轩的工作，启爵告诉国轩说："君虽挫衄以归，而雄迈之气不衰，岛上英杰，惟君一人耳！……君但令兵民遵制剃发，则大事可定矣。"刘国轩采纳其建议，"随下令兵民剃发"。本来犹豫不决的冯锡范，"遂与世子（郑克塽——引者）遵缴册印，而举国约归焉"②。台岛终于不战而下，避免了战火的破坏，清郑双方也避免了因诉诸武力而势必出现的伤亡。施琅"因剿寓抚"的战略方针之所以能够在实践中获得巨大的成功，是由多方面的原因促成的，而他能够正确处理国事和家事二者之间的关系，冷静对待昔日的仇人，宽待刘国轩等人，即为其中一个重要的因素③。

---

① 施琅：《靖海纪事》卷下，《台湾就抚疏》。

② 阮旻锡：《海上见闻录》卷二。

③ 关于施琅招抚刘国轩及郑氏事，请参见拙作《论施琅的招抚策略及相关问题》（施伟青主编《施琅与台湾》，社会科学文献出版社，2004）。施琅对待刘国轩是表里一致的。郑氏就抚后，他遣吴启爵赴京汇报时即强调指出：郑克塽即位后，"国事尽委之冯锡范、刘国轩。锡范懦而无断，低回犹豫，其实无能为也；国轩倾心归命，挟以必从之势，故臣得毕事而归"（阮旻锡：《海上见闻录》卷二）。施琅还上疏称："惟臣舟师今抵台湾，细阅港道迂回，地势窄狭，波涛湍急，可谓至险至固。臣虽用兵颇能筹度，但至此观看周详，若非皇上威灵远震，似未易可以力斗取胜之地。顾输诚向化之举，在各伪文武官员各怀疑畏，独伪侯刘国轩决意倾心，以生死听命于朝廷，免贻害生灵，此其人毅然慷慨，见机力主归命，遂使我师不用战攻而得全国，其功亦不少。倘荷皇上宽恩，授以爵秩，当有可见效之才也。"（施琅：《靖海纪事》卷下，《舟师抵台湾疏》）。康熙二十三年（1684年）三月，刘国轩被任为天津总兵官，旋又获授伯爵。康熙帝接见刘国轩时说："尔素怀忠诚，因施琅督兵进剿，首先归命，是以特授为总兵官，以示优眷。"（《康熙起居注》，"康熙二十三年四月初二日"条，中华书局，1984，第1162页）。显而易见，康熙帝是采纳施琅的建议而对其优遇眷顾的。

　　笔者认为，对施琅疏请留台也应作如是观，即既不否认其包含对于个人的、家族的利益的考虑，又承认其是把国家利益置于首位的。唯因如此，他才能对其留台主张和依据作出这样全面、透彻的论述，不仅符合当时的历史实际，而且对后世具有深远的影响。所以，认为他是为维护私利而力主留台的看法，并不妥当。

第二节　大一统思想和留台主张

　　其实，施琅主张留台，还与他具有强烈的"大一统"思想存在密切的关系。前述题呈于康熙七年《尽陈所见疏》所言"伏思天下一统，胡为一郑经残孽盘踞绝岛，而拆五省边海地方，画为界外，以避其患！自古帝王致治，得一土则守一土，安可以既得之封疆而复割弃"，就反映了他这一思想。而在《恭陈台湾弃留疏》中，他以迁界喻弃台，说："如我朝兵力，比于前代，何等强盛，当时封疆大臣，无经国远猷，矢志图贼，狃于目前苟安为计，画迁五省边地以避寇患，致贼势逾炽而民生颠沛。往事不臧，祸延及今，重遗朝廷宵旰之忧。"但与这些封疆大臣不同，在台湾弃留问题上，他不愿以苟安为计而言弃之，"故当此地方削平，定计去留，莫敢担承"时，其能认识到"弃之必酿成大祸，留之诚永固边圉"。弃台就如迁界，势必酿祸。因此，既得之，就应守之。郑氏既已"纳土归命；此诚天以未辟之方舆，资皇上东南之保障，永绝边海之祸患"①，理所当然地应将它纳入版图，派兵戍守，设官治理。

　　笔者发现，施琅的大一统思想突出地表现在三个方面：一是主

---

　　① 施琅：《靖海纪事》卷下。

张得一土则守一土，坚决反对放弃既得之封疆。二是巩固海防，保卫边疆的安全，必须以维护国家版图的完整为前提。在沿海地区，他反对把防御线向内陆收缩，而强烈主张向海外延伸。他吁请清廷留台，认为台湾去留关系东南沿海数省的安危，实际上就是希冀把海防线延伸到台湾岛以东，以直面广袤的太平洋，以应对对古老中国虎视眈眈的东西方列强。康熙初年，施琅不愿意和荷军联合攻台，告诉荷将他可以独自取得台湾，就是希望清朝灭郑后能够得台并守台，而不让荷人复占台湾①。这符合他的大一统的思想。三是注意谋取和保护海洋权益。平台后，施琅奏请取消海禁，允许人民出海采捕，开展贸易，并疏请设立海关。连心豪教授指出：

> 开放与闭关相对而言，世上没有绝对的开放；开放与管理相辅相成，开海通洋必须相应加以适当的管理。前述康熙二十三年六月初五日奏准设专官征收海洋贸易税，于是有江浙闽粤海关的设立。"闽南濒海诸郡，田多斥卤，地瘠民贫，不敷所食，故将军施琅有开海之请"。厦门以其得天独厚的港口优势脱颖而出。"康熙二十二年，台湾平，施琅以为请。工部侍郎金世鉴奏请照山东等处之例，准福建海上贸易、捕鱼，设海关于厦门"。《厦门志》引乾隆《泉州府志》，"厦门海关始于康熙二十二年，台湾既入版图，靖海侯施琅请设海关，二十三年设立"。英国东印度公司档案亦载，1684年12月19日（康熙二十三年十一月十四日），英船"快乐号"（Delight）离开厦门后，"厦门就设置了海关"。厦门海关设于康熙二十三年，其缘起是康熙

---

① 汪荣祖：《施琅与台湾》，《"国立中央"图书馆馆刊》第18卷第2期。

二十二年施琅统一台湾，而且直是因施琅之请而设的。厦门海关的设立，是厦门对外贸易发达的标志，反过来又促进了厦门对外贸易的进一步繁荣兴旺。"自通洋弛禁，夷夏梯航，云屯雾集"，"服贾者以贩海为利薮，视汪洋巨浸如衽席，北至宁波、上海、天津、锦州；南至粤东；对渡台湾，一岁往来数次；外至吕宋、苏禄、实力、噶喇巴，冬去夏回，一年一次"。"厦门为通台贩洋、南北贸易商船正口"、"通贩南洋要区"，因此，"通省关税，又以厦口为最"，"闽海关钱粮，厦口居其过半"。作为福建水师提督，施琅设署建节于厦门，亲自坐镇闽海军事、外贸重镇厦门，平日派员与厦防同知稽查海口商渔各船出入及私渡奸民，成为闽省海关不可或缺的重要保障。……通过设立海关，施琅在清初开海通洋过程中较好地处理了开放与管理的关系，为巩固东南海防和恢复发展沿海地区经济作出了不可磨灭的贡献。①

施琅赞扬取消海禁说：

> 我皇上深念海宇既靖，生灵涂炭多年，故大开四省海禁，特设官差定税，听商民贸捕。群生感需泽之均沾，国家获泉流之至计，浩荡洪慈，实冠历代帝王之丕谟。②

商人出海贸易取得商业利润，渔民出海采捕获得生活资源，国家则得到了源源不断的财税收入。开海于民于国的巨大好处是显而

---

① 连心豪：《再论施琅与清初开海设关通洋》，施伟青主编《施琅研究》，国际文化出版公司，2002。

② 施琅：《靖海纪事》卷下，《海疆底定疏》。

易见的。而这一切都得益于"海宇既靖"。换言之，如果希望人民和国家永久享有这一海洋权益，就必须想方设法去维护既有的安定的海洋环境，使这个来之不易的海洋权益得到保护，不至于得而复失。为此，康熙二十四年（1685年）三月十三日，施琅题奏《海疆底定疏》，建议对出海贸易采捕制定一些必要的规则条例，以俾其能有序、稳定地开展下去。他说：

> 以臣愚见，此飘洋贸易一项，当行之督、抚、提，各将通省之内，凡可兴贩外国各港门，议定上大洋船只数，听官民之有根脚身家，不至生奸者，或一人自造一船，或数人合造一船，听四方客商货物附搭。庶人数少而资本多，饷税有征，稽查尤易。至于外国见我制度有方，行法慎密，自生畏服而遏机端。其欲赴南北各省贸易并采捕渔船，亦行督、抚、提作何设法，画定互察牵制良规，以杜泛逸海外滋奸。则民可以遂其生，国可以佐其用，祸患无自而萌，疆围永以宁谧，诚为图治长久之至计。故安不忘危，利当思害，苟视为已安已治，无事防范，窃恐前此海疆之患，复见不远。……至时必有以禁止贸捕之议复行，宁惟负我皇上子养亿兆之德意，将东南环海地方，不又仰厪宸衷顾虑哉？①

长期以来，有些人一直指责施琅这个题请起了阻碍海上贸易和采捕发展的消极作用，有人甚至据之斥责施琅是主张实行海禁。笔者曾经指出，这种看法未免过于简单化了。因为施琅只是要求当事人必须遵守一定的规章制度，事先按照规定的程序申办有关

---

① 施琅：《靖海纪事》卷下。

的手续，而只要当事人履行了以上义务，就可以享有海上贸易和采捕的经营权。不过，既然制定了规章制度，那么对那些希冀出海贸易和采捕而又不具备相应条件的人，自然是一种限制。如果从这个意义上说施琅的题请妨碍了海上贸易和采捕规模的扩大，当然是不无道理的。但是，施琅之所以强调要"设法立规"，革除弊端，是因为他认识到只有这样做才能使"祸患无自而萌，疆圉永以宁谧"，从而保证正常的海上贸易和采捕活动长期顺利的开展。而假如放任自流，一旦海患又起，海禁政策必定"复行"。到那时，沿海人民又要丧失出海贸易和采捕这一重要的谋生手段，国家又要减少赋税收入。所以，不能为谋求一时之利益，而忘却"图治长久之至计"。正是出于这个考虑，施琅才提出"审弊立规，以垂永久"的建议。从历史的经验教训可知，施琅的看法确非无根之论，而是颇有见地的①。作为了解国内外形势的福建水师提督，施琅比一般人站得高，看得远，他敏锐地认识到"天下东南之形势在海而不在陆，陆地之为患也有形，易于消弭；海外之藏奸也莫测，当思杜渐"②。施琅考虑的是要处理好三个方面的关系，即：开海与管理的关系，谋取海洋权益与巩固海防的关系，短期利益与长远利益的关系。这三个关系处理好了，海疆即会保持宁静，海禁就不会卷土重来，人民和国家即可长久享有海洋权益。因此，从总体上看，施琅这个主张是值得称道的③。

　　刘凤云教授指出：

---

① 施伟青：《施琅年谱考略》，岳麓书社，1998，第701页。

② 施琅：《靖海纪事》卷下，《海疆底定疏》。

③ 施伟青：《论施琅的海防思想及其实践》，王日根、张侃、毛蕾主编《厦大史学》第三辑，厦门大学出版社，2010。

是开海通洋还是禁海自守，这是清王朝在对外政策上的一次重大选择，在封闭与开放之间，清朝政府做出了正确的选择。……而清朝做出展界开海的正确决策，不但要归功于施琅的收复台湾，还要看到施琅的开海主张及其海防思想所产生的影响。换言之，施琅在为古老而封闭的中国打开通往世界的窗口，顺应历史潮流发展的决策上做出了卓越的贡献。①

施琅平台后继续提督福建水师，驻扎厦门达十三年之久，直至逝世。在那期间施琅致力于"通商训农"，极大地推动厦门地区社会经济、文化的进步，其中尤以海上贸易发展最为迅猛。《鹭江志》对此记载说：

> 施靖海继莅斯邦，十年生聚，十年教诲，市井乡都诗书振响，少习长成，甲科辈出；而武职戎功，又指不胜屈焉。盖气运流转，品汇咸亨，如花之着地，逢春得雨，甲折勾萌，无不各畅其生机矣。若夫天不爱道，地不爱宝，曰园日辟也，市肆日闹也，货贿财物日增而益也，宾客商旅日集而日繁也，四夷八蛮，道里所通，舟车所济，则又日往而日来也。②

可见其时厦门海上交通发达，四面八方的海内外客商云集鹭岛，市场热闹，贸易繁盛，商贸活动一派生机，蒸蒸日上。而《鹭江志》把它归功于施琅的贡献，认为是因其靖台后继续坐镇厦门，"十年生聚，十年教诲"，鹭岛才会日臻繁荣。这并非溢美之

---

① 刘凤云：《施琅统一台湾与清初的开海贸易》，施伟青主编《施琅与台湾》，社会科学文献出版社，2004。
② 薛起凤主编《鹭江志·嘉禾里序》。

词。时人大学士王熙记载，施琅晚年驻扎厦门，"在镇十余年，以闽人罹海患久，闾阎元气未复，一意休养生息。其大指在宽以莅众，严以束兵"①。他的说法和《鹭江志》所载契合，二者是可以相互印证的。

而我们从中不难窥见施琅对于厦门地方利用其区域优势以获取海洋权益的高度重视。显然，在规章条例允许的范围内，施琅是大力支持厦门的商民迈向海洋去开拓新的生财之道的；同时，他也热忱欢迎各地客商航赴鹭岛从事商品贸易，互通有无。否则，厦门商业就难于出现上述的繁荣昌盛的景象。

施琅深知，要保护海洋权益不受损害，必须依靠强大的国力，尤其有赖于一支强大的海上武装力量。对此，施琅充满自信。前已述及，在弃留疏中，他强调"我朝兵力，比于前代，何等强盛"；"伏思皇上建极以来，仁风遐扬，威声远播，四海宾贡，万国咸宁；日月所照，霜露所坠，凡有血气，莫不臣服"。这是为了打消清廷在收台湾入版图问题上所存在的顾虑（详后），但也是出自肺腑之言，施琅认为，那时清朝是完全有能力来捍卫其海洋权益的。就如守卫台澎，"台湾、澎湖，一守兼之。沿边水师，汛防严密，各相犄角，声气关通，应援易及，可以宁息。……今地方既为我得，在在官兵，星罗棋布，风期顺利，片帆可至，虽有奸萌，不敢复发"②。同时，施琅并没有盲目乐观，麻痹大意，他很重视建立一支精锐的海上劲旅。早在康熙初年，在谈到征台水师官兵

---

① 康熙五十四年《浔海施氏族谱》，王熙：《襄壮施公暨配累封一品夫人王氏诰封太恭人黄氏合葬墓志铭》。

② 施琅：《靖海纪事》卷下，《恭陈台湾弃留疏》。

133

人员的来源时，他就提出：

> 就水师中选拔精锐者可得六七千，海澄公臣黄梧标下惯海
> 并壮练者可择选二千有奇，尚有投诚乘未拨散、内多有惯海舵
> 梢及精锐者，可择选数千。此数若未敷足用，就与陆师中酌选
> 凑共二万，便可合为劲旅。兵在精，不在多也。①

> 惯海者拨为舵梢，惯战者练为战兵，择其精锐有根脚者，
> 方可用充征旅。②

康熙二十年（1681 年），施琅复出后，为提高水师的海上作战
技能，他亲率舟师时常在海上操演，"使官兵屡涉汪洋之中，冲风颠
浪，愈练惯熟"③。使之成为"精练勇往之师"④。

康熙二十二年（1683 年）六月二十二日，清、郑双方投入澎湖
决战的官兵都是"二万余众"，战船都是"二百余号"，从数量上
看，可谓旗鼓相当⑤，但决战的结果，清军大获全胜，郑军一败涂
地。其中的缘由较多，而征台舟师是一支精锐的劲旅，是重要的原
因之一⑥。

要而言之，施琅认为清朝已有条件有能力把统辖区域向海洋拓
展，面对波涛翻滚、风汛难测的汪洋大海是不应畏缩不前的。对于

---

① 施琅：《靖海纪事》卷上，《边患宜靖疏》。
② 施琅：《靖海纪事》卷上，《尽陈所见疏》。
③ 施琅：《靖海纪事》卷上，《海逆形势疏》。
④ 施琅：《靖海纪事》卷上，《决计进剿疏》。
⑤ 施伟青：《施琅进军澎湖几个问题的考订》，《历史研究》1997 年第 6 期。
⑥ 施伟青：《施琅评传》第五章第二节《澎湖海战获胜的原因》，厦门大学出版
社，1987。

施琅这一思想认识，还可以通过一些相关的记载作出进一步的分析。平台后施琅建水师提督衙署于厦门城内，署后建有来同别墅，今已无存。据史籍记载，它系一座园林建筑，有园、堂、亭等。时人郑缵祖撰《来同别墅记》，对施琅对于别墅以及园、堂等的命名的缘由进行推测：

> 大将军施公受命专征，既平海国，秉钺坐镇于吾郡之厦门。城小而壮，为东南舟楫辐辏地。左挹山光，右收海色，万顷汇澜，诸峰竞秀，有负山襟海之势。军旅之暇，公于府治后因地高下为园、为堂、为斋、为亭、为轩窗台榭，各极幽旷。地故多巨石，又从而松之、竹之、梅之、桐之。大不盈数亩，高出城上，俯瞰内外，如列眉睫间。予客其中四阅月，悠哉忘返。客有问予曰："美哉！园亭所以命名，其义可得闻乎？"予应之曰："可。夫园曰'涵园'，言海也，涵万象也。堂曰'足观'，观于海而足也……"客曰："美哉！园亭其义，我知之矣。然则园之外有曰'来同别墅'，其说何居？子其更为我言之。"予曰："难言也。虽然尝闻之矣。其在《诗》曰：'徐方既来，徐方既同，天子之功。'公其以台湾新入职方，犹徐方之来同欤？《论》曰：'有朋自远方来。'《易》曰：'同人于野。'公其乐与宾从游欤，抑外国之梯航来此者，于以见车书之会同欤？或曰：'公起家于同，厦，同地也，公其复来建牙欤？别墅，赌棋也。以其志澎海之奇捷欤？是皆未可知也。'然予见公凿海筑堤，引流入池，藏巨舰焉。其易也，如覆杯水于坳堂，以芥为之舟。公固有移山倒海之规模，园亭结构其小焉者。尝赠予初度诗曰：'腊月青霜梅吐妍，乾坤转运却知年。'公之胸怀高旷又何如，知其命意远矣！然则

未可知者，未之知也；其可知者，又岂能尽知之哉！"客喜而笑，相与踞石引满，陶然而醉，不知月出于东山之上。①

多年前，笔者即已认为郑缵祖对施琅命名"来同别墅"的缘由所作的分析，可资参考：

他因曾经闻施琅谈到"其在《诗》曰：'徐方既来，徐方既同，天子之功'"，所以猜测施琅"其以台湾新入职方，犹徐方之来同欤"。这是不无道理的。徐方，亦称徐戎、徐夷，属古代东夷之一。夏周时分布在今淮河中下游（今江苏西北部和安徽东北部）。周初，曾联合淮夷与周对抗，周宣王时被征服。《诗经·常武》记载了宣王派遣程伯休父征服徐方的事迹。"徐方既来，徐方既同，天子之功"这个诗句即见于该篇，意思是说徐方已经归降，徐方已经同化，这是周天子的功劳。施琅引述这个诗句，很可能是以徐方况郑氏，以周天子喻康熙帝。它既反映了施琅统一台湾后的喜悦心情，也说明了他是把统一台湾的首功归于康熙帝的。而以"来同"作为别墅的名称，即应是取其归诚同化之义，说到底也就是归于一统的意思。至于"有朋自远方来"，系见于《论语·学而篇》"有朋自远方来，不亦乐乎"句；"同人于野"，则见于《周易·同人卦》"同人于野，亨"句。这里的"来"，是指前来、来到；"同"，是谓聚集、会合。所以"来同"，即是前来聚集，同样是取其统一之义。施琅能与他人谈论《诗经》、《论语》和《周易》，并能恰当地以古喻今，从中抒发其情感，表达其见解。②

① 周凯总纂《厦门志》卷九，《艺文略》。
② 施伟青：《施琅年谱考略》，岳麓书社，1998，第 753～754 页。

周朝征服徐方，属于陆上的统一；清朝平定台湾，则为海上的统一。对此，施琅心里是清楚的。他把园命名为"涵园"，指海，以涵万象；堂取名"足观"，谓观于海而足。郑缵祖亲眼目睹施琅"凿海筑堤，引流入池，藏巨舰焉"。施琅似是借园亭的命名，以自喻其胸怀有如汪洋恣肆一望无际气象万千的大海。尽管台湾已经平定，郑氏已经归清，但他所看、所思、所做都还是离不开海洋。他所撰《师泉井记》说：

> 在《易》，地中有水曰"师"。师之行于天下，犹水之行于地中；既著容民蓄众之义，必协行险而顺之德。是知师以众正，乃克副大君讨贰抚顺、怀柔万邦之命。而扬旌海外，发轫涯涘，神异初彰，阖惠覃布，诞惟圣天子赫濯之威，以致百灵效顺，川海征祥，亶其然乎！①

这里所言"容民蓄众"、"讨贰抚顺、怀柔万邦"颇可以作为"涵万象"的注脚。"而扬旌海外，发轫涯涘，神异初彰"云云，则无疑大大增强了施琅靖海宁疆、维护和拓展海洋权益的信心和决心，对坚定其大一统思想具有积极的作用。

《诗·北山》："溥（普）天之下，莫非王土；率土之滨，莫非

---

① 施琅：《靖海纪事》卷上。据《师泉井记》载，康熙二十一年（1682年）十一月，施琅率舟师驻平海澳，时军队缺水。天妃宫之前海边有一水井，"泽愆水涸"。施琅"乃殚抒诚愫，祈吁神聪。拜祷之余，不崇朝而泉流斯溢，味转甘和"，用之不竭。于是施琅"镌石纪异，名曰'师泉'，昭神贶也"。而据《历朝褒封致祭诏诰·靖海将军侯福建提督施为神灵显助破逆请乞皇恩崇加敕封事》（见《天妃显圣录》）记载，施琅在拜祷的同时，对该井亦"遣人淘浚"。

王臣。"所反映的是重陆轻海的大一统观。而施琅已突破其束缚，他的目光多投向海岛大洋。他的大一统思想和先秦以来的大一统观明显有别，他所追求的是海、陆的大一统。施琅，从传统中走来，但他不囿于传统，他的大一统观既受到前人的影响，又已经超越前人。这可以说是施琅主张留台的重要的思想根源之一①。

---

① 关于施琅的海权意识和大一统思想，黄顺力教授曾经论及，其所阐述的看法，可备一说。请参见其大作《浅议施琅的海权意识与"大一统"思想》，施伟青主编《施琅研究》，国际文化出版公司，2002。

第四章　班师和疏请留台

第一节　留台想法的萌发

以施琅入台后才明确提出留台主张，作为推定此举是为维护其在台"庞大的产业"的依据，还必须具备这样一个前提条件，即：不存在导致施琅至该时才能够有此举的其他任何因素。否则，上述推论也就未必可靠。遗憾的是推论者并未注意到这个问题。

其实，在康熙三、四年间，施琅就已初步产生要把台湾作为大陆屏障的想法。而他直至平台后的康熙二十二年十二月才疏请留台，则是由多种因素促成的。下面，先来谈第一个问题。

大家知道，荷兰人被驱逐出台湾后，为图复占台岛，多次主动遣使和清朝方面谈判，谋求联合攻台。康熙二年（1663 年），荷兰巴达维亚总督马俄德士伊基克尔派遣提督巴尔特（亦作波尔特）率领一支有两千多名海陆官兵、装备有数百门铁炮和铜炮以及足够使用一年的军火和粮食的舰队，前来福建，以争取实现其目的。而在此前不久，驻扎福建的靖南王耿继茂和福建总督李率泰，曾趁郑成功去世之机，派使和郑经谈判，希望他能接受招抚，但郑经坚持照朝鲜事例，和谈遂告失败。因而此次巴尔特的到来，很受耿、李的欢迎，双方随之签订了协议，内容如下：

（1）清荷两国民间，应有不得破坏之同盟关系存在。

（2）为对抗共同敌人——郑军，两国应紧密合作，至敌人投降为止。

（3）双方应通知各方旗帜，以便得与敌人鉴别。

（4）攻敌远征队，由双方出兵组织之。

（5）清方帆船及小船应由荷军指挥，荷军分三船队前进。抵厦门、金门时，荷舰吃水太深，无法靠近海岸，需用帆船进港，因此须雇用中国籍领港人。

（6）双方应同时登陆攻击敌人。

（7）荷兰东印度在中国与一切中国人得享有贸易之自由，不受任何人干涉。但联军未克服金、厦两地以前，对于荷人所带来之货物，暂延讨论。

（8）克服金、厦两岛后，荷人必要时，得在两者之间择取其一或其他地点以驻舰队，俾防海贼攻击。

（9）克服金、厦两岛后，联军应驰往台湾。攻取此岛后，清军应将该岛以及一切城堡物件交与荷人，以供荷人居住。

（10）清方总督应提供一优秀船只，以便荷人遣使至巴达维亚报告。

（11）此约应得清廷之批准，并将其批准书送交荷人。

对这份协定，耿继茂、李率泰仅保留第七、第八两条款，对第九条并不反对，唯言明出兵大事须由朝廷决定。是年十月十七日，协约经耿、李签字后转交给荷方，清荷联盟随之成立①。

---

① 林子候：《清荷联军谋取台湾之始末》，《台湾风物》第 26 卷第 4 期；赖永祥：《清荷征郑始末》，《台湾风物》第 4 卷第 2 期。

耿继茂、李率泰和荷方签此协约，并未事先征得清廷的同意，签约一个多月后他们才联名上疏报告荷兰战舰来闽的情况说："台湾位于远海，原非中国所属。今该夷等或派兵合剿攻取，或行招抚收归，是否可将该地赐给该夷之处，臣等未曾奏明请旨，不敢擅议。……夷人善于船战，理合变通奖赏，以利扫清余氛。可否照行，圣上自有明断，实非臣等愚见所能擅度。"① 其时施琅担任福建水师提督，从职务上说，他必须受耿、李的节制，但他并不赞同清荷之间建立什么"同盟关系"、"由双方出兵组织"征台舰队，更不同意在攻取台湾后，将它拱手送给荷兰人。所以，只要条件许可，他对荷兰舰队就采取不合作的态度。康熙二年十一月，施琅提醒耿继茂、李率泰"红毛夷人，言不可信，更不宜草率进兵"，反对联合荷舰进攻郑军占据的铜山②。赖永祥先生指出："清荷联攻金、厦后，荷人旋则要求清方协力进攻，然清方对近海之铜山（今东山），亦不主进攻，只允派若干蓬船助战。荷军自然对此大抱不满。"③ 清方有此态度，应是施琅的意见起了重要作用。

施琅指出荷兰人"不可信"，是有见地的。事实上在攻打厦、金之后，荷人也曾和在铜山（今东山）的郑氏谈判，在荷郑交涉过程中，郑经曾致荷方一信，以表明其态度，该信全文如下：

---

① 《耿继茂等题报荷兰船助攻出力并窥伺台湾事本》，厦门大学台湾研究所、中国第一历史档案馆编辑部：《康熙统一台湾档案史料选辑》，福建人民出版社，1983，第 21 页。

② 《耿继茂等题报筹防沿海各地并进兵铜山事宜事本》，厦门大学台湾研究所、中国第一历史档案馆编辑部：《康熙统一台湾档案史料选辑》，福建人民出版社，1983，第 23 页。

③ 赖永祥：《清荷征郑始末》，《台湾风物》第 4 卷第 2 期。

嗣封世子札致荷兰出海王：萧元回具述王雅意通好。又览王及巴礼与荷兰人书，备见诚实，心甚嘉之。去岁王舟到彭湖时，有书与彭湖地方官，地方官不敢自裁，即弛（驰）启来闻。不佞随谕地方官，转达通商永为和好，无失我先王德意。比及谕至彭湖，而王舟已往福州，缘不及致。及王至金门，不佞又令忠明伯弛（驰）书与王。王与房有约，不便爽信，遂致两国之众，干戈相寻。思明百姓失亡虽多，而王之兵力损伤不少，俱非两国之初意。不佞为民物主，凡属有生之伦、虮豹之微，莫不爱惜，而况两国之民皆吾赤子者哉！然此皆以往之事，不足以伤大德。今特遣户部主事叶亨、练勇营苏玑，分为二舟，各持一书，前来通好。惟王念和好之德，通商之利，合力御房，务使彼此有信可凭。盟约已定，即授王以南澳之地，悉还荷兰之人。信使来往，货物流通，岂不美哉。和好之后，两无爽约，天日在上，决不食言。惟王裁之。此札，十二月初八日。冲。①

---

① 此函发现者附言："这封抬头为'嗣封世子札致荷兰出海王'的信，保存于荷兰莱顿大学图书馆。原件上还有一方荷兰皇家科学院的收藏章和编号，应是上世纪初莱顿大学图书馆从该院接受过来的。由于某种原因，莱顿大学图书馆东方抄本部的中文与日文抄本均未正式编目。1996 年夏，应东方抄本部主任 J. J. witkam 先生之邀，笔者开始为这一部分收藏编撰目录。因此发现了此函及其它一些十七八世纪的重要文件。此函原件为宣纸，尺寸为 112 × 27.5 厘米。全函共 26 行，320 字。函十折，首折为暗红色石印双龙拱日云纹图案，中间钤有一方'招讨大将军印'篆书朱印。印上方有一'札'字。首折右侧有两处火漆。第九、十折为空白纸。这是郑经在失去金、厦诸岛后……在十二月初八日即 1664 年 1 月 6 日从铜山给波尔特回了上述之信。……为了瓦解清荷联盟，减轻压力，郑经不仅答应与荷人通商，甚至不惜以重镇南澳相许……"

施鸿儒先生提供了这则史料，谨此志谢。

已有学者指出，"金厦沦陷后，荷督遣使至台，要求郑方交还台湾。郑方亦有与荷人罢兵言和之意。荷人所要求者，包括交还台湾岛及其所有城寨武器，恢复东印度公司一切产权，欠债悉应偿还，荷人俘虏应立即释放等事项"。后因双方未能就谈判各条款达成一致，"结果协议未成"①。可见荷人系利用清郑之间的矛盾斗争，而周旋于二者之间，企图重新窃占台湾。施琅谓其"不可信"，是符合实情的。

清荷协定有双方组成联军攻台的条款，但施琅不愿意和荷军一起出兵，于是他采用拖延的办法，最终使荷方的希望落空。《清圣祖实录》记载，康熙三年（1664年）七月十八日，清廷"敕福建提督水师总兵官施琅等曰：'海寇虽已荡平，逆贼郑锦尚窜台湾。率以尔施琅素谙海务、矢志立功，特命尔为靖海将军，以承恩伯周全斌、太子少师左都督杨富为副，以左都督林顺、何义等为佐，统领水师，前往征剿'"②。荷军遂"约九月二十日至围头取齐，于十月初旬往澎湖攻贼巢，候风便进取台湾"③。然而，清荷双方并未如期组成联合舰队出兵。翌年五月初六日，施琅上疏说："窃臣于去年八月间，奉命会同承恩伯周全斌、太子少师左都督杨富、左都督林顺、何义等，约定征剿日期，于去年十一月间，统领众伯、总兵官等各官兵船只，进发台湾。"④可见施琅和随征将领系于康熙三年八月就已商定出师的时间了，他并不因为荷军希望在十月初旬进兵而改变原计

---

① 赖永祥：《清荷征郑始末》，《台湾风物》第4卷第2期。

② 《清圣祖实录》卷十二。

③ 《清圣祖实录》卷十三。

④ 《施琅题为舟师进攻台湾途次被风飘散拟克期复征事本》，厦门大学台湾研究所、中国第一历史档案馆编辑部：《康熙统一台湾档案史料选辑》，福建人民出版社，1983，第50页。

划。由此不难看出施琅对和荷军联合攻台所持的态度。尽管后来不得已和荷人组成联军而出征，但施琅总是以风大浪高为由而中途返回，弄得荷人十分恼火，最终放弃了联清攻台计划。对这个问题，笔者曾经作过阐述，请参看①。

对这个问题，汪荣祖先生根据荷兰的文献记载指出：

> 与荷人合作的清方将领就是靖海将军施琅。从文献记载中可知，联军于一六六四年十二月十七日自厦门出发。未久，施琅即以浪大回师，至月底再出发，但十二月二十四日施琅又以风恶浪大回师。荷将对施琅一再拖延，一再中途而废，很是不满，认为清方'疯颠胡闹'（bacchanals and theatricale），毫无诚意。满清当然有诚意攻台灭郑，从中作梗的显然是施琅。他不能抗命不与荷兰人合作，只能故意拖延，故意中途折回。因为施琅雅不欲联军一战而胜之后，让荷兰夺取台湾。他于十二月二十七日回师后曾告诉荷将，他可独自取得台湾，取得之后当然不会送给荷兰。这段荷兰人的记载，更可见施琅的用心良苦。他对台策略已隐约与清廷有异：他不仅要平寇以绝边患，还要土地以屏障东南。所以，当清荷联军事破裂后，施琅仍然密奏皇帝，积极主张征剿，认为他所统率的闽省水师已有基本力量完成此一任务。……在十七世纪六十年代进攻台澎虽然尚未成熟，但施琅亟力不愿荷兰人染指，确是有识见的。这种识见在当时尤其难得。②

---

① 施伟青：《论施琅的海防思想及其实践》，王日根、张侃、毛蕾主编《厦大史学》第三辑，厦门大学出版社，2010。

② 汪荣祖：《施琅与台湾》，《"国立中央"图书馆馆刊》第 18 卷第 2 期。亦见施伟青主编、叶昌澄副主编《施琅研究》，厦门大学出版社，2000。

赖永祥先生也认为，施琅不愿助荷人复占台湾，"恐亦有不作拒虎进狼策之意，战事平定后，施琅坚主必留台湾，奏有著名之《恭陈台湾弃留疏》，其中充分暴露其对荷兰之警戒"[①]。

由此可见，在康熙初年，施琅不仅反对荷人复占台湾，而且已经初步产生了留置台湾作为大陆屏障的想法了。而其时距他于康熙二十二年（1683 年）平台后在台地建立田庄还有二十年之久。因此，必须指出，施琅是萌发留台主张于前，在台建立田庄于后，那种认为施琅是因贪图台湾田地才力主把它收入版图的说法，是难以成立的。

笔者《施琅评传》已经指出：

施琅在［康熙二十二年］十二月以前未对台湾弃留问题提出意见，并不能说明他对这一问题没有自己的看法。从他入台前后所颁布的安民告示及有关祭文来看，他早就主张留台了，只是他未把这一意见上奏清廷而已。他在闰六月初四日发布的《晓谕澎湖安民示》里称："照得澎湖各岛，地属荒区，民实穷苦，兼之逆贼蹂躏多年。今幸大师荡平，此日王土王民，悉隶版图，宜加轸恤，以培生机。……本提督悯念疲瘵之余，当为蠲三年徭税差役，遂其培养也。"闰六月初八日，他在接见郑氏求降差使郑平英时，提出将台湾"人民土地悉入版图"作为接受投降的一个条件。七月十六日，他在发往台湾张贴的《安抚输诚示》里又说："兹伪延平王及武平侯等，识天意之有在，……见遣协理兵工二官副使二员，赍具表章敕印前来归命，土地人民

① 赖永祥：《清荷征郑始末》，《台湾风物》第 4 卷第 2 期。

悉入版图。"在八月二十日的《谕台湾安民生示》里又称:"念
土地既入版图,则人民皆属赤子,保义抚绥,倍常加意。"在九
月初三日的《祭台湾山川后土文》里又称:"幅帧既入舆图今,
版籍已登庙堂。"由此可见,在施琅心目中,早就把台、澎视为
清王朝的土地,把台、澎人民当作清王朝的"赤子"。……那么,
他为何一直延至十二月才上疏提出自己的主张呢?这是因为:一
则他认为台湾弃留,关系重大,"善后之计,尤宜周详"。这样,
就须经过深思熟虑之后,才好上奏清廷;二则须对台湾作一番考
察调查,才能对弃留问题提出一种比较切合实际、言之有据的处
理意见。而这些都需要时间。因此,不能认为他力主留台的意见
是在十二月才突然产生的。实际上它有一个酝酿过程。正因为如
此,他在陈述留台的理由时显得充实,颇具说服力。①

而今笔者仍坚持这个看法,并拟就此问题作进一步的探讨。应
当指出,施琅迟迟没有向清廷提出留台主张,原因是多方面的。

第二节　必须亲临台岛实地勘察

众所周知,施琅主要是从台湾具有重要的战略地位的角度来阐
述其留台主张的,而施琅是一位颇具军事才能的海军将领,当然知
道一个地区的战略地位如何,是取决于该地方的区域位置及其地形、

---

① 施伟青:《施琅评传》,厦门大学出版社,1987,第 244~245 页。冯尔康先生
认为,施琅于康熙二十二年七月十五日疏请清廷裁夺台湾的弃留时,"很可能
已有守台的主见,只是以一个地方提督身份,不便直言,不便骤然发表意
见"。见冯尔康《施琅外海边防观念的提出和实践》,施伟青主编《施琅与台
湾》,社会科学文献出版社,2004。

地貌、气候、交通等各种条件，而要详尽、准确地了解这些状况，则非深入实地调查考察不可。其实，这是一个常识。因此，尽管施琅在康熙初年已初步产生了留台的想法，但在他亲临台地完成调研之前，他是不可能上疏提出留台主张的。此外，施琅之所以高度重视实地考察，是因为还有其他两个因素在发挥着作用。

一则施琅本人对于实践的积极作用，有相当深刻的感悟。综观其一生行事，如果遇到重大问题，只要条件许可，他往往都会亲临亲为，而不假手于人。我们知道，康熙二十二年（1683 年）施琅已经六十三岁了，当他统率舟师抵达澎湖后，亟须侦察郑军的防御部署，本来这项任务完全可以交给其部下去完成，可是施琅并不是这样安排，而是由他自己带头承担起这个颇具危险性的重任。事后，他上疏报告说：康熙二十二年六月“十九日，臣坐小赶缯船往澎湖内外堑、蒔内，细观形势”①。《海上见闻录》卷二、《靖海志》卷四都载有此事，只是时间记为“十八日”。而郑亦邹《郑成功传》则谓六月己丑的“明日”即庚寅（十九日），施琅“独驾小舟，潜侦诸砦”。《台湾外记》卷十对此事记载较详细：

> 康熙二十二年癸亥六月十八日，琅与吴英、朱天贵等坐快哨，从虎井过桶盘屿、内外堑，遥观贼城各处炮台并贼船湾泊安所，未时回䑸。……十九日，……琅又举罗士钤、张胜、何应元、刘沛、曾成等各坐赶缯船，从澎湖外汛由内堑细察形势。邱辉、江胜见琅船在外飏驰，亦即浮碇起头帆。琅望见贼船摇动，立即转舵放炮，收诸船回䑸。②

① 施琅：《靖海纪事》卷上，《飞报大捷疏》。

② 江日昇：《台湾外记》，福建人民出版社，1983，第 340 页。

施琅此举显然是为数日后对驻澎郑军发动总攻做准备的。施琅自从被复用为福建水师提督受命征台以来，就深感责任重大，疏称："臣所统官兵二万有奇，大小战船二百余号，责任匪轻。大艅舟师渡海宜慎，不得不筹出万全，岂敢轻举妄动？"① "臣大艅舟师航海，责任綦重，自当相机度势，期出万全，以仰慰皇上宵旰之怀。"② 对这场将决定征澎成败的海战，他丝毫不敢掉以轻心。所以，他虽是舟师统帅，却要亲自深入前沿海面去侦察敌情。正因为他对郑军的防御部署了解甚悉，做到了心中有数，才能对发动总攻布置允当，这是舟师在六月二十二日的决战中能够大获全胜的原因之一。

施琅对重要工作事必躬亲，可谓由来已久。远的暂且不提，仅就他复出的作为而言，即是如此。例如，他于康熙二十年（1681年）"十月初六日抵厦门视事"后，就"日以继夜，废忘寝食，一面整船，一面练兵，兼工制造器械，躬亲挑选整搠"③。其时，施琅身边聚集了一批优秀的水师将领，施琅在上疏中提到的"有同安总兵官臣吴英，智勇兼优，竭忠自许，可以为臣之副，尤望恩嘉奖励。又有兴化总兵官臣林承、金门总兵官臣陈龙、平阳总兵官臣朱天贵、海坛总兵官臣林贤、留闽候补总兵官臣陈昌、江东副将臣詹六奇、随征左都督臣李日煜等，俱堪冲风破浪，勇敢克敌，共勷捣巢"④。施琅本来可以委派他们操练水师，但由于水师的操练，关系到它的战斗力，他还是要亲自主持。他"整搠官兵，时

---

① 施琅：《靖海纪事》卷上，《海逆形势疏》。

② 施琅：《靖海纪事》卷上，《海逆日蹙疏》。

③ 施琅：《靖海纪事》卷上，《决计进剿疏》。

④ 施琅：《靖海纪事》卷上，《密陈专征疏》。

常在海操演"①。

由此不难看出，重视亲临亲为，是施琅处理大事的作风。而台湾的弃留，"事关重大"②，此事在施琅心目中的分量之重绝对不亚于澎湖决战。对这样的大事他势必要经过一番实地考察后才会明确地提出其意见。因此，他在入台后才疏请留台，是很自然的事。如果在亲临台岛之前，就上疏对台湾的弃留问题大谈其看法，那倒成了奇怪的现象了，因为这不仅违背要认定一个地方的战略地位如何，理应深入实地调查的常识，也不符合他的行事作风。

同时，从史籍记载来看，确有不少人即因其曾经亲履台地而提高了对台湾战略地位等方面的认识。施琅自己也承认这一点，他说：

> 夫地方既入版图，土番、人民均属赤子。善后之计，尤宜周详。……今地方既为我得，在在官兵，星罗棋布，风期顺利，片帆可至，虽有奸萌，不敢复发。臣业与部臣苏拜、抚臣金铉等会议之中。部臣、抚臣未履其地，去留未敢进决；臣阅历周详，不敢遽议轻弃者也。③

> 今部臣苏拜等所议钱粮数目，较伪藩郑克塽所报之额，相去不远。在郑逆当日僭称一国，自为一国之用度，因其人地取其饷赋，未免重科。……彼夫退陬初化之人，非孝子顺孙，万或以繁重为苦，输将不前，保无酿成地方之祸阶乎？至时动辄，为费更甚，何惜减此一二万之钱粮哉？且臣前之所以议守此土者，非以因其地而可以加赋也。盖熟察该地属在东南险远海外

---

① 施琅：《靖海纪事》卷上，《决计进剿疏》。

② 施琅：《靖海纪事》卷下，《台湾就抚疏》。

③ 施琅：《靖海纪事》卷下，《恭陈台湾弃留疏》。

之区，关系数省地方安危。……然在部臣及督抚二臣未至其地，不知该地情形，虽留心区画，难以曲尽。以臣躬亲履历，其于民风、土俗、安危、利害无不详悉。天下事言之于已然之后，不若言之于未然之前。臣荷恩深重，知无不言，言无不尽。①

施琅虽然在入台前已有留置台湾作为大陆东南屏障的初步想法，但其时对于台湾的看法毕竟只能来源于书本或他人的介绍，这是不能和他自己经实地考察后的认识相提并论的。所以，施琅的奏疏一再强调其亲履台地，洞悉台湾各方面的情形，指出这是他和"未履其地"、"不知该地情形"的部臣苏拜、福建督抚大不相同的地方。

实践对于认识具有不可替代的重要性。在清代历史上，坚持主张留台或对留台持肯定评价者，即有不少是到过台湾的人。如台湾首任总兵杨文魁在台任职两年多，离任前夕，深有感触地说：

> [台湾]归我版图，改制台郡，分隶三县。……遇警统师扑剿，无事分汛扼隘，为控制海边之锁匙，壮各省之屏藩也。从兹，不特各省沿边获享安宁，而化外来依赤子，快睹帡幪；土著螳番，渐濡声教。诚盛化无远不届，廓千古未有之弘模，启千古未避之遐陬也。②

杨文魁高度评价把台湾收入版图、驻兵戍守的积极作用，他能够有此认识，应和其有在台任职的经历是密切相关的。

---

① 施琅：《靖海纪事》卷下，《壤地初辟疏》。
② 杨文魁：《台湾纪略碑文》，高拱乾主修《台湾府志》卷十《艺文志》，台湾大通书局，1984，第267页。

于康熙三十六年（1697 年）入台的郁永河①，后来撰文指出，台湾不仅民富土沃，弃之可惜，而且具有重要的战略地位，弃之是自坏藩篱。他说：

> 兹地自郑氏割据至今，民间积贮有年矣。王师克台，倒戈归诚，不烦攻围，不经焚掠。……又植蔗为糖，岁产五六十万，商舶购之，以贸日本、吕宋诸国。又米、谷、麻、豆、鹿皮、鹿脯，运之四方者十余万。是台湾一区，岁入赋七八十万，自康熙癸亥（二十二年，1683）削平以来，十五六年间，总计一千二三百万。入多而出少，较之内地州县钱粮，悉输大部，有出无入者，安得不彼日瘠而此日腴乎？又台土宜稼，收获倍蓰，治田千亩，给数万人，日食有余。为贾贩通外洋诸国，则财用不匮。民富土沃，又当四达之海；即今内地民人，襁至而辐辏，皆愿出其市……

> 有如曩昔郑氏者，乘间觊觎，实足为患，而内地沿海，且无宁宇矣！议者谓："海外凡泥，不足为中国加广；裸体文身之番，不足与共守；日费天府金钱于无益，不若徙其人而空其地。"不知我弃之，人必取之；我能徙之，彼不难移民以实之。噫！计亦疏矣！我朝自郑氏窃踞以来，海氛飘忽，在在入寇，江、浙、闽、粤沿海郡县，蹂躏几遍，兵戈垂四十年不息，至沿海万里迁界为清野计，屡烦大兵迄不能灭者，以有台湾为之基也。今既有其地，而谓当弃之，则琉球、日本、红毛、安南、

---

① 郁永河，字沧浪，浙江仁和县人，生卒年不详。康熙三十年（1691 年）入闽游历，后为同知王仲千的幕僚。康熙三十六年（1697 年）渡台到淡水采硫磺，事后将在台经历和所见所闻写成《裨海纪游》一书。

东京诸国必踞之矣！……日本最大，独称强国。红毛狡黠，尤精战艘火器，……使有台湾置足，则朝去暮来，扰害可胜言哉？郑鉴不远，何异自坏藩篱，以资寇巢？是智者所不为也！犄角三城，搤隘各港，坚守鹿耳，外此无良图矣！①

素有"筹台宗匠"之称的蓝鼎元于康熙六十年（1721 年）渡台，其时台湾朱一贵起事，蓝鼎元族兄、南澳总兵蓝廷珍奉命同福建水师提督施世骠平台。他充当幕僚，在台一年多，"千里驰驱，睢瞻要害"，"事定归来，满船明月，惟有全台形胜治乱事迹了了胸中，所见所闻视他人较为切实"②。有了这样的经历，他对台湾和大陆东南沿海之间的安危关系认识深刻。他指出：

台湾海外天险，治乱安危，关系国家东南甚巨。其地高山百重，平原万顷，舟楫往来，四通八达。外则日本、琉球、吕宋、噶啰吧、暹罗、安南、西洋、荷兰诸番，一苇可杭；内则福建、广东、浙江、江南、山东、辽阳，不啻同室而居，比邻而处，门户相通，曾无藩篱之限，非若寻常岛屿郡邑介在可有可无间。……其地既广且饶，宜田宜宅，可以容民畜众。而置之空虚，无人镇压，则是弃为贼巢，使奸宄便于出没。……莫如添兵设防，广听开垦。地利尽，人力齐，鸡鸣狗吠，相闻而彻乎山中。③

---

① 郁永河撰，许俊雄校释《裨海纪游校释》，"国立"编译馆出版，2009，第175～177 页。
② 蓝鼎元：《鹿洲初集》卷五，《平台纪略自序》。蓝鼎元撰，蒋炳钊、王钿点校《鹿洲全集》上，厦门大学出版社，1995，第103 页。
③ 蓝鼎元：《东征集》卷三，《复制军台疆经理书》。蓝鼎元撰，蒋炳钊、王钿点校《鹿洲全集》下，厦门大学出版社，1995，第551～552 页。

　　［台湾］岛夷盗贼，先后窃踞，至为边患。比设郡县，遂成乐郊。由此观之，可见有地不可无人，经营疆理，则为户口贡赋之区；废置空虚，则为盗贼祸乱之所。台湾山高土肥，最利垦辟，利之所在，人所必趋。不归之民，则归之番，归之贼。即使内贼不生，野番不作，又恐寇自外来，将有日本、荷兰之患，不可不早为绸缪者也。闲居无事，燕雀处堂；一旦事来，噬脐何及！前辙未远，可不为寒心哉！①

　　不难发现，不管是郁永河，还是蓝鼎元，所阐述的留台卫台的理由，都和施琅《恭陈台湾弃留疏》所提出的看法非常相似。郭志超教授指出："蓝鼎元关于守台的议论是借鉴于施琅对台湾弃留的辨析。……保卫台湾、开发台湾，是施琅——蓝鼎元筹台思想的一脉传承。如果说蓝鼎元是筹台宗匠，那么施琅便是筹台宗师，这样评价是一点也不为过的。"② 这是很有见地的。同时，我们知道，郁永河、蓝鼎元都是在亲历台湾之后，才和施琅发生了强烈的共鸣，这都显示了亲身实践的至关重要性。雍正六年（1728 年），巡台御史赫硕色等到台湾调查访问后的感受，也属于同样的事例。他们上疏说："到任之后，悉心体察，逐一采访，查得台湾负山面海，地方辽远，形势险要，实属闽、广、江、浙诸省之屏障。"③ 陈梦林曾经指

---

① 蓝鼎元：《鹿洲初集》卷十一，《平台纪略总论》。蓝鼎元撰，蒋炳钊、王钿点校《鹿洲全集》上，厦门大学出版社，1995，第 235 页。

② 郭志超：《施琅——蓝鼎元筹台思想的传承》，施伟青主编、叶昌澄副主编《施琅研究》，厦门大学出版社，2000。

③ 赫硕色等：《为敬陈台地事宜仰祈睿鉴事》，雍正六年五月六日，台湾史料集成编辑委员会：《明清台湾档案汇编》第二辑第十一册，中华文化复兴运动总会等，2006，第 484 页。

出："夫天下事，非身历其地、目睹其形而心维其故，不能洞悉其所以然。"① 曾应聘赴台纂修《诸罗县志》的陈梦林，在谈到台湾兵防时提出这个看法，显然是有感而发。而他的这一见解，可谓一针见血、入木三分。这和施琅疏称"然在部臣及督抚二臣未至其地，不知该地情形，虽留心区画，难以曲尽。以臣躬亲履历，其于民风、土俗、安危、利害无不详悉"，有异曲同工之妙。以上事例说明，施琅在台湾弃留问题上，重视实地调查，是完全正确的；而在疏请留台之前，先开展这项工作，也是十分必要的。

二则康熙帝看重"亲见亲历"，这是施琅必须顾及的。施琅力主留台，当然是希望清廷能够采纳其主张。对此，朝中大臣们的意见是能够起到一定作用的，但关键要看康熙帝的态度。施琅对这个情况自然是了解的。值得注意的是，康熙帝曾就"亲见亲历"的重要性发表过如下的看法：

> 凡事只空谈，若不眼见，终属无用。《诗》云："伯氏吹埙，仲氏吹篪。"然而实见埙篪有几人？一岁除日，乾清宫正陈设乐器，朕召南书房汉大臣、翰林等，降旨云："尔等凡作诗赋，多以埙篪比兄弟。问尔埙篪之形如何，皆云不知。"因命内监将乐器中埙篪取与伊等观看。伊等看毕，欣然称奇，以为"臣等惟于书中见之，即随口空谈，谁人实见埙篪？今日方得明

---

① 周钟瑄主修，陈梦林编纂《诸罗县志》卷七《兵防志·总论》。台湾大通书局，1984，第113页。陈梦林，字少林，福建云霄人。康熙五十年（1711年），应诸罗知县周钟瑄之聘编纂《诸罗县志》，"志成，称善本焉"。梦林十分重视经理海防，曾撰文阐述其看法。朱一贵之役，在蓝廷珍幕下参戎幄，其所襄助不亚于蓝鼎元。后卒于家。参见连横《台湾通史》卷三十四《列传六·流寓》，商务印书馆，1983，第668~669页。

白也"。凡事皆如此，必亲见亲历，始得确实；若闻之他人，或书中偶见，即据以为言，必贻笑于有识之人矣。①

　　这属于康熙帝对其子孙的谈话内容。施琅复出前后，康熙帝还年轻，这个谈话应是后来的事。不过，康熙帝这个态度，在其早年的施政过程中已经时有表现。如康熙七、八年间，为除掉鳌拜集团，少年康熙帝对不少事已是亲见亲历。"鳌拜尝托病要帝亲往探视，帝临其府第，至寝榻前，御前侍卫见其色变，乃急趋榻前，揭开卧席，见藏有利刃。帝笑曰：'刀不离身乃满洲故俗，不足异也。'因即回宫。鳌拜久经战阵，孔武有力，精于骑射。为捉拿鳌拜，帝挑选身强力壮之小内监，日习布库为戏。布库，即摔跤，鳌拜或入奏事，见此以为少年皇帝戏嬉好动，并未在意。其实，此乃精心组建之善扑营，作为御前亲信卫队"。"行动之前，为削其势，遂将鳌拜党羽接连派往外地"。"是日，帝召集善扑营，问曰：'汝等皆朕股肱耆旧，然则畏朕欤，抑畏拜也？'众对曰：'独畏皇上！'乃宣布鳌拜罪过，召其入宫，十数善扑营武士一拥而上，将其摔倒在地。不可一世之权臣鳌拜，终被少年皇帝用布库擒拿"②。少年康熙帝在政治上颇为早熟，为不引起鳌拜的怀疑，也为了观察实情，他亲临鳌拜府第，这有如深入虎穴。而当他看到鳌拜藏于卧席下的利刃时，能够从容笑对，确有胆魄。这样的亲见亲历，恐怕是刻骨铭心、终生难忘的！如果派遣他人代为探望，尔后再听取其报告，则就不可能有这样的感受了。至于组建善扑营，布置擒拿鳌拜，也都是康熙帝亲历亲为。

　　再如，康熙八年（1669 年）二月二十二日，康熙帝"巡行近

---

① 　《清圣祖庭训格言》。

② 　章开沅主编《清通鉴》第一册，岳麓书社，2000，第 616～617 页。

畿，见通州知州欧阳世逢、同知李正杰庸劣无才，副将李文耀不娴武事，俱予革职。颁谕告诫朝廷官员：'文官有抚循百姓、绥理地方之责；武官有训练士卒、防守地方之责。必得其人，乃克胜任'"①。这是深入实地，亲自考察地方文武官员才能的事例。

又如，康熙帝于二十年（1681 年）四月初七日至二十二日，出巡"喜峰口外，会合喀喇沁旗三千蒙古骑兵，赴内蒙古高原东南角之塞罕坝，亲自踏勘坝上、坝下地形，在原属喀喇沁旗和翁牛特旗之牧地内，划出周长一千余里、总面积约一千五百万亩土地，设置木兰围场，作为清军通过行围打猎，借以'习武、绥远'之禁苑、猎场和练兵场"②。远赴塞罕坝，花费半个月的时间，亲自踏勘地形，划定周长一千余里的木兰围场，这是很辛苦的事，而康熙帝却不辞劳苦地亲自去做。

以上事例反映出，在青少年时期，康熙帝即对于亲见亲历亲为高度重视。当然，国家如此之大，事务繁多，皇帝不可能凡事都亲临亲为。因此，康熙帝要求地方官员要深入基层，了解实情，以治理好其管辖的地区。例如，"先是，左都御史郝惟讷以督抚出巡属邑，携带众多随从，滋扰地方，奏请停止巡历之例"。康熙七年（1668 年）七月十八日，"直隶巡抚甘文焜以督抚不亲至地方，不能深察吏治民隐，乃上疏反驳郝惟讷之意见，指出：官吏派累民间之根源，在于巡抚贤与不贤，而不在巡抚出巡。如果不贤，只知图润私家，即便坐守省城，其扰民之事依然颇多；若巡抚贤德，能自爱名节，定会减省从役，不去扰民，且可使'年岁丰歉，民间利病，

---

① 章开沅主编《清通鉴》第一册，岳麓书社，2000，第 613 页。
② 章开沅主编《清通鉴》第一册，岳麓书社，2000，第 796 页。

有司贪廉，悉无遁情'。因此，请求恢复巡历旧规，同时申严苛扰禁例。是日，下诏准其所请，并晓谕当今各省水旱灾荒频仍，'督抚若不能巡历，属员反借灾荒颠倒重轻，私行科派，俱未可定'。甘文焜乃单骑减从，遍巡所属各府州，禁暴恤贫，缉奸除盗。又赴涿州、霸州、安州、祁州以及大兴、武清、高阳、文安、束鹿、清苑等县勘查灾情，疏请将受灾州县岁赋全部蠲免，得到朝廷允可。其巡访中，查得昌平、顺义、怀柔、密云、交河等州县官迟报水灾，劾奏至部依律治罪。为救济灾民，其率先捐助廉俸银三千两，地方官绅遂输粟纳银以应之，灾民终得存活"①。当清廷内部对于是否允准地方督抚出巡问题产生分歧意见时，康熙帝毫不犹豫地拍板，准许督抚出巡，这显示了其看重亲见亲历的态度。而直隶巡抚甘文焜也没有辜负其期望，他的巡察取得了很好的效果。

以上所举事例，都发生在施琅在京任内大臣期间。因此，施琅应是有所了解的，尤其是康熙帝风尘仆仆地亲自踏勘地形划定木兰围场一事，就发生在施琅被重新起用为福建水师提督前夕②，这理应会给复出后的施琅留下深刻的印象。为促使康熙帝重视其留台主张，施琅势必要在深入台地经亲自勘察后才上疏陈述意见，这不仅是他本人的行事作风使然，也是康熙帝的相关态度使然。

第三节 必须深思熟虑

施琅认为，台湾弃留，事关重大，不仅关系东南数省的安危，

---

① 章开沅主编《清通鉴》第一册，岳麓书社，2000，第 604～605 页。
② 据《清圣祖实录》卷九十八记载，康熙帝系于二十年七月二十八日复任施琅为闽省水师提督，时间为其划定木兰围场三个月后。

"弃之必酿成大祸，留之诚永固边围"，而且涉及拓土扩疆问题，所谓"台湾一地，原属化外，土番杂处，未入版图也"，因此"善后之计，尤宜周详"①。如何全面、深入、准确地去阐述其留台卫台的意见，并使之获得清廷的认可，这应是施琅入台后经常考虑的一个问题。所以，在经实地调查之后，施琅还须认真揣摩斟酌，这是需要花费一些时日的。此前，施琅对一些重要问题所持的主张，即是经长期的反复思考后才提出来的，如用以平台的"因剿寓抚"的战略方针的提出即为其例。

康熙四年（1665 年）五月六日，施琅上疏称：

> 澎湖乃通往台湾之要冲，欲破台湾，必先取澎湖。……倘蒙天赐良机，使臣飞渡澎湖，则将扼据咽喉，进逼巢穴。又择中坚处所设立大营，晴则望见台湾大山。果能如是，非但天时风势历历在目，且可伸展才智之处出奇制胜。届期方可论定相机进剿之策。②

在此疏中施琅提出了平台须先取澎湖的主张，这也是迄今所见最早记载施琅有此主张的史料。为什么要先取澎湖呢？因为占据澎湖，就等于扼住台湾的咽喉，而且可以为进攻台岛提供有利的条件。可见其时施琅仅仅是从军事斗争的角度考虑问题的。

康熙六年（1667 年）十一月二十四日，施琅再度上疏说：

> 盖澎湖为台湾四达之咽喉，外卫之藩屏，先取澎湖，胜势

---

① 施琅：《靖海纪事》卷下，《恭陈台湾弃留疏》。

② 《施琅题为舟师进攻台湾途次被风飘散拟克期复征事本》，厦门大学台湾研究所、中国第一历史档案馆编辑部：《康熙统一台湾档案史料选辑》，福建人民出版社，1983，第 51 页。

已居其半。是役也，当剿抚并用。舟师进发，若据澎岛以扼其咽，大兵压近，贼胆必寒。遣员先宣朝廷德意，如大憝势穷，革心归命，抑党羽离叛，望风趋附，则善为渡过安插，可不劳而定；倘执迷不悔，甘自殄绝，乃提师进发，次第攻克，端可鼓收全局矣。①

这次上疏，施琅重申欲平台湾须先取澎湖的看法。和此前的说法不同的是，他提出占据澎湖后，对于台湾本岛应"剿抚并用"，且应先用"抚"。军事进攻已成为在招抚无法奏效的情况下才迫不得已而采用的手段。可见这时施琅已认为在取得澎湖后，实施和平招抚，是为上策。

康熙七年（1668年）四月，施琅又上疏提出：

> ［郑军］中无家眷者十有五六，岂甘作一世鳏独，宁无故土之思？但贼多系闽地之人，其间纵使有心投诚者，既无陆路可通，又乏舟楫可渡，故不得不相依为命。郑经得驭数万之众，非有威德制服，实赖汪洋大海为之禁锢。如专一意差官往招，则操纵之权在乎郑经一人，恐无率众归诚之日。若用大师压境，则去就之机在乎贼众，郑经安能自主？是为因剿寓抚之法，大师进剿，先取澎湖以扼其咽，则形势可见，声息可通，其利在我。仍先遣干员往宣朝廷德意，若郑经迫之势穷向化，便可收全绩。倘顽梗不悔，俟风信调顺，即率舟师联艐直抵台湾，……用得胜之兵，而攻无援之城，使不即破，将有垓下之变，贼可计日而平矣。②

---

① 施琅：《靖海纪事》卷上，《边患宜靖疏》。
② 施琅：《靖海纪事》卷上，《尽陈所见疏》。

施琅是疏首次提出"因剿寓抚"之法，这和此前提出的"剿抚并用"是有所区别的，因为它特别强调和平招抚必须以军事进攻为前提，如果没有这个前提，招抚是难以奏效的。施琅还深入分析了在舟师攻占澎湖、大兵压境的态势下，郑氏官兵有可能接受招抚的具体缘由。"因剿寓抚"的提法无疑更加完善，更能体现其战略意图。康熙二十二年（1683年），施琅征台时，就把这一战略方针付诸实施，并取得了显著的效果。

综上可知，施琅"因剿寓抚"的战略方针，是从欲平台湾须先取澎湖的主张中逐渐延伸出来，并日臻丰富和完善的。因为这一方针关系靖台的大事，所以施琅十分重视，长期反复思考，历时两年多才最终形成。这足见其对重要问题所持的谨慎、认真的态度。诚如施琅本人所言，"航剿灭贼，关系臣之一身承当，责任何等綦重，以故凡贼之形势，风之顺逆，事之区画，亟当十分详审，以图万全"①。

还须指出，施琅遇大事持重，还和他的性格有关。李光地曾评论施琅的谈话说：

> ［施琅］言言着实，如先辈作文字，侃侃凿凿，结结实实，说出几句话，果然有精彩，必非寻常。施素不多言，言必有中，口亦不大利，辛辛苦苦说出一句，便有一句用处。②

施琅性格较内向，勤于思考，不尚虚言，遇事往往不会轻易表态，而一旦发表意见，则多有独特的见解，所谓"言必有中"、"说

---

① 施琅：《靖海纪事》卷上，《密陈专征疏》。
② 李光地：《榕村语录续集》卷十一，《本朝时事》。

出一句，便有一句用处"的原因即在于此。

而今当施琅面对台湾弃留这个重大问题时，当然不会匆匆发表看法的。综观其《恭陈台湾弃留疏》，应当承认，他确是经过深思熟虑以后才题呈的。真可谓该考虑的，都考虑到了；能够阐述的，也都阐述了。由此可知，施琅在这道奏疏上是花费了大量的时间和精力的：

一则施琅必须考虑如何把留台的理由讲得充分透彻，因为这是争取其主张被清廷采纳的首要因素。施琅知道，清廷关心的是台湾的弃留和海防的巩固、统治秩序的稳定之间所存在的关系，而不是别的。所以，他把留台在防止外侵内乱方面的作用作为重点进行阐述，指出如果放弃台湾，历史上曾经出现的内忧外患就有可能重演。关于是疏对于这方面的阐述，笔者前已述及，此不赘述。历史上人们已对此作出了客观的评价：

> ［台湾］北连三吴，南接两粤，实江、浙、闽、粤之左护。弃之则红毛巢穴于其中，勾连匪类，久而生变，此其为害匪细故也。公身历其地，熟识情形，特疏恳留，条陈详悉，为沿海计万全，为朝廷图治安，诚深且远也。……是皆公日夜焦劳，深思远虑，而为此久安长治之至计者也。①

"深思远虑"是中年以后的施琅处置大事的风格，八闽绅士评论是中肯的。既然是深思远虑，就需要有时间上的保证了。

二则必须考虑如何去打消清廷在保卫台湾问题上所存在的疑虑。这是一个施琅不能回避的问题，这个问题不解决，留台主张就难以

---

① 施琅：《靖海纪事》卷下，《恭陈台湾弃留疏》"附录八　闽绅士公刊原评"。

被采纳。大家知道，如果把台湾收入版图，就须驻兵卫台，而台湾远离大陆，孤悬海外，倘遇强敌进犯，需要大陆驰援时，一为风涛所阻，则人力难施。若因敌强我弱而撤兵弃台，或防御失败，台岛被占夺，则就损威辱国。简言之，留台后能否将它牢牢地守住，这个问题肯定是清廷要认真考虑的。卫台不仅涉及台澎的戍守，也涉及两岸之间有关人员和物质（兵员、粮饷、军火器械等）的交通运送。而此前，清廷对于舟师横渡台湾海峡，总是顾虑重重，缺乏信心。认为"风涛莫测，难必制胜"①；"海洋险远，风涛莫测，驰驱制胜，难计万全"②。

雄才大略的康熙帝由于不熟悉海上活动，对于渡海作战始终秉持谨慎的态度。他对于福建舟师的跨海远征，多次表示其忧虑。他说："别的不须踌躇，只是恐风起摄船入大洋，贼众乘之，丧师为虑耳。"③ "朕向于陆地用兵之处，筹算可以周悉，今海上情形难于遥度。"④ "海道进取难以遥度，今不难催令进兵，万一失事，奈何？"⑤ "自用兵以来，凡陆地关山阻隘，相度形势以为进止，朕往往能悬揣而决。海上风涛不测，涉险可虞，是以朕不强之使进，数降明旨言其难克。"⑥ 在施琅率领舟师夺取澎湖后，康熙帝仍说："海洋险远，风涛不测。"⑦ 甚至在平台二十三年后，康熙帝还保留有这种疑虑，他说："今天下太平日久，曾经战阵大臣已少，知海战之法者益希。

① 《清史列传》卷九，《施琅传》。
② 《清圣祖实录》卷一百一十二。
③ 李光地：《榕村语录续集》卷十一，《本朝时事》。
④ 《康熙起居注》，"康熙二十一年五月二十一日"条，中华书局，1984，第845页。
⑤ 《康熙起居注》，"康熙二十一年八月初四日"条，中华书局，1984，第876页。
⑥ 《康熙起居注》，"康熙二十二年三月十二日"条，中华书局，1984，第1027页。
⑦ 《清圣祖实录》卷一百一十一。

日后台湾可虞，台湾一失，难以复得。"①

　　康熙帝的忧虑并非全都源于其本人的不熟悉海战。其时，清政府内部从朝中大臣到封疆大吏，多对海上用兵心存畏惧，康熙帝不免受其影响。如原任福建水师提督的万正色，是一位曾被康熙帝视为可以"委以重任"、"有本事"平台的海军将领②，但他却不敢渡海作战，认为横渡海峡，"凌波绝险，事有不可知者"③。"台湾远处海外，刘国轩颇能用兵，若悬军远斗，不惟有穷兵黩武之嫌，且有伤威失重之虑"。万正色还把其意见上奏清廷④。他又致信长期驻闽的宁海将军喇哈达⑤，攻击主张用兵台湾者，为"不究所终，或欲攻台湾，或欲取澎湖，心非不壮，事则殆矣"。认为"若穷兵勤远，则黩武之变，有不堪言者"⑥。喇哈达这位满洲将军可能是相信了万正色的看法，所以在清廷议取台湾时，他即"以为断不可取"⑦。在

---

①　《康熙起居注》，"康熙四十五年十月初六日"条，中华书局，1984，第 2022～2023 页。

②　李光地：《榕村语录续集》卷十一，《本朝时事》。万正色，字惟高，福建晋江人。康熙十二年，吴三桂反，万正色从西安将军瓦尔喀征四川。累擢岳州水师总兵。后升任福建水师提督。十九年（1680 年），攻克海坛、厦门等地。二十年，改任陆路提督。二十五年，调云南。后因纳贿论死，康熙帝特宥之。三十年，卒。

③　万正色：《师中纪绩·决策航剿》，福建师范大学图书馆手抄本，第 34 页。多年前，张先清博士为我复印此书，谨此志谢！

④　万正色：《师中纪绩·议罢远征》，福建师范大学图书馆手抄本，第 36 页。

⑤　喇哈达，亦作拉哈达，满洲镶黄旗人，姓钮祜禄。初任侍卫，后历任兵部督捕侍郎、工部尚书、议政大臣，蒙古、满洲镶黄旗都统。康熙十五年（1676年）授宁海将军，随康亲王杰书入闽平靖南王耿精忠之叛乱，后长期驻闽，参与对郑军的征战、招抚。二十一年奉命率驻闽满洲兵返京。四十二年，卒。

⑥　万正色：《师中小札·与喇将军书》，福建师范大学图书馆手抄本，第 19～20 页。《师中小札》和《师中纪绩》系合订本。

⑦　《清圣祖实录》卷二百一十三。

施琅取得专征权后，已改任福建陆路提督的万正色还和福建总督姚启圣联名上疏，反对以武力征台，其理由是"一曰，十年生聚，十年教养，况于数十年之积寇乎；二曰，汪洋万顷之隔，波涛不测之险；三曰，彼船只坚牢，水务精熟"①。

以上这些人的说法，是有可能对康熙帝产生影响的。须知，喇哈达、姚启圣长期参与对郑军的征战和招抚，因此他们的意见不会被视为空穴来风。尤其是万正色，他和施琅系同乡，是生长于福建海滨的晋江人，曾担任海军将领，立有战功，在人们眼中他算得上是一个对海上用兵颇"内行"的人。因此，他的看法对于动摇人们渡海征战的信心所能起到的消极作用，是不宜低估的。

从史籍记载来看，其时对于远出外海征战持有必胜的信心者，可谓凤毛麟角。李光地指出："闽中正庙堂经略海事之会时，则自重臣宿将至于道路之口，言海可平者，百无一焉。"② 重臣宿将这种普遍的悲观情绪，不仅会影响福建舟师的士气，不利于其渡海进征，还可能会妨碍后来清廷作出把台湾收入版图的决定。

诚然，施琅顺利平台，在转变以往人们对于外海作战的认识方面，是能够发挥一定的积极作用，但是对这个作用似不应估计过高，原因有二：

这被认为是清代历史上甚至是中国历史上第一次到外海作战获胜的事例。李光地即曾指出：施琅征台，"斯役也，论者谓自古海外立功，盖至我朝仅见也"③。"盖自史册来，成功于海外者，千载一时也"④。仅此

---

① 江日昇：《台湾外记》卷九，福建人民出版社，1983，第333页。
② 李光地：《榕村全集》卷十三，《吴将军〈行间纪遇〉后序》。
③ 李光地：《榕村全集》卷十三，《吴将军〈行间纪遇〉后序》。
④ 李光地：《榕村全集》卷十三，《施怡园五十寿序》。

一次成功，是难以彻底转变人们既有的观念的。此其一。施琅能够顺利平台，是出于多方面的原因①，其中也包含偶然因素所起的作用。对此，施琅本人也是承认的。他在《飞报大捷疏》中说："稽古以来，六月时序，澎湖无五日和风，即骤起飓台，怒涛山高，变幻莫测，三军命悬，悉听之天。今抵澎旬余日，海不扬波，俾臣得以调度，七日夜破贼克捷。"② 姚启圣在报告澎湖大捷的疏稿中也指出："正值六月台风坏船之时，提臣施督师进兵，臣虽颁赏鼓舞士卒，心实忧之。兹幸连日风平浪静，十日安澜，交战之时，水头忽高四尺，提臣及各镇营官兵奋勇效命，实仰仗皇上洪福齐天，使数十年之逆孽立时扫荡，而海波从此不扬矣。"③ 因此，这次舟师战胜于澎湖，似不能用以证明到外海作战并不像许多人认为的那样艰难危险。也就是说，人们对于用兵海外的重重顾虑，不可能因此次澎湖大捷而被消除。如郑氏归降后，姚启圣就曾上疏说："臣亦闻议者皆以为台湾实难攻克，即得，亦实难守，臣非不知也。"④ 此其二。

　　情况如此，清廷对于留台卫台势必存在疑虑，这是施琅可以想见的。因此，如何打消或缓解清廷的疑虑，是施琅必须认真考虑的一个问题。在《恭陈台湾弃留疏》中有几段文字应与此有关：

　　一、[台湾] 实肥饶之区，险阻之域。逆贼乃一旦凛天威，

---

①　关于施琅战胜于澎湖的原因，笔者曾作过探讨，请参见《施琅评传》第五章第二节《澎湖海战获胜的原因》，厦门大学出版社，1987，第 171～194 页。

②　施琅：《靖海纪事》卷上。

③　《姚启圣题为攻克澎湖情形事本》，厦门大学台湾研究所、中国第一历史档案馆编辑部：《康熙统一台湾档案史料选辑》，福建人民出版社，1983，第280 页。

④　《忧畏轩奏疏》，康熙二十二年八月十七日姚启圣题。

怀圣德，纳土归命，此诚天以未辟之方舆，资皇上东南之保障，永绝边海之祸患，岂人力所能致？

二、伏思皇上建极以来，仁风遐扬，威声远播，四海宾贡，万国咸宁，日月所照，霜露所坠，凡有血气，莫不臣服，以斯方拓之土，奚难设守，以为东南数省之藩篱。

三、如我朝兵力，比于前代，何等强盛。当时封疆大臣，无经国远猷，矢志图贼，狃于目前苟安为计，画迁五省边地以避寇患，致贼势逾炽而民生颠沛。往事不臧，祸延及今，重遗朝廷宵旰之忧。

四、台湾、澎湖，一守兼之。沿边水师，汛防严密，各相犄角，声气关通，应援易及，可以宁息。……今地方既为我得，在在官兵，星罗棋布，风期顺利，片帆可至，虽有奸萌，不敢复发。①

以上四段话包含了三层意思：

一是台湾这块富饶且具有重要战略地位的宝地，是上天送给皇上您用来作为大陆东南屏障的，这样的好事不是依靠人力所能办到的。施琅为打消康熙帝的忧虑，不惜称说天命，谓将台湾纳入版图，是顺应天意。施琅之所以扛出"天"这面大旗，是因为他知道那时的康熙帝是敬畏天命的，而他自己也对天命笃信不疑。就前者来说，如康熙二十一年（1682 年）七月二十八日，因为天上出现彗星，相信天人感应说的康熙帝便认为这是上天对人间帝王的一种警示，说明"政事必有阙失"。其时正准备用兵台湾，尚书梁清标趁机奏称：

---

① 施琅：《靖海纪事》卷下。

"今天下太平，凡事不宜开端，当以安静为主。"出海征战，须兴兵动众，冲风颠浪，既是"开端"，也是无法"安静"的。而康熙帝却听信这一胡言乱语，说："梁清标所言，凡事不宜开端，当安静，甚得为治之要，近总督姚启圣疏称十月进剿台湾，可暂行停止。俟十月后，再行定夺。"① 这反映了上奏言事，如果抬出天命说，有时能收到意想不到的效果。施琅在朝中供职内大臣达十三年之久，对此类情况似应有所了解，由此不难窥见其奏疏宣扬天命的背后缘由。再就后者而言，笔者曾经指出，施琅从少年时代起就深受神话和迷信的浸染，成年后他笃信风水、鬼神、因果报应等。生活于三百多年前封建社会的施琅有这些迷信思想是不足为怪的，但这些思想观念却在一定的程度上影响他处理问题的态度和行为②。例如，在复出前夕，他奏陈台湾郑氏必亡称："海上肆毒几六十年，夫十甲十二子相对，数穷六十，其将复平。今卜之天时，揆之人事，郑氏气势，决不能再延。"③ 甲子满六十即为数穷，须从头开始。这本来并无什么神秘，而施琅却拿它来附会人事，以说明台湾郑氏统治近六十年，"气势"将尽，灭亡在即，其目的在于鼓动康熙帝出兵征台。施琅称引天命以陈请康熙帝留台，在方法上与此是相似的。

二是认为康熙时期的清朝在国际上享有很高的威望，世界各国莫不敬服，在这种国际环境中，于台湾屯兵戍守，是不难保证它的安全的。这显然是为了增强康熙帝守台卫台的信心而提出的。

三是强调清朝兵力强盛，不是明代可以比拟的。认为此前大可不

---

① 《清圣祖实录》卷一百零三。

② 施伟青：《施琅评传》，厦门大学出版社，1987，第 27～28、230～234 页。

③ 施琅：《靖海纪事》，施德馨：《襄壮公传》。

必采用"迁界"以对付郑氏，而当时之所以这样做，是因为封疆大臣苟且偷安，不顾国家利益。施琅一方面婉转地提醒康熙帝要审慎地对待臣下的意见，注意分辨是非；另一方面强烈地吁请康熙帝以强大的国力为后盾，要敢于有所作为，指出在台、澎驻军戍守，只要布防严密，是完全有能力保护它的安全并防止"奸萌"的复发的。我们知道，三国时代吴国将军卫温、诸葛直带领"甲士万人"到过台湾。隋朝有朱宽、陈棱等人先后抵达台湾。宋朝，澎湖列岛已有福建泉州籍的移民，"编户甚繁"，属于福建晋江县管辖。那里还建有二百间房屋，驻扎了军队。元朝至元二十九年（1292年）至三十一年（1294年）间，在澎湖设立巡检司，隶属于晋江县，并在那里征收盐课。明末又有不少汉人移居澎湖。宋元时代就有汉人到台湾本岛进行贸易。明朝嘉靖末年有大陆商船、渔船到北港、淡水、鸡笼一带活动。那时被称为"海盗"的曾一本、林凤、袁进、李忠等人先后在魍港等地活动，稍后的颜思齐、郑芝龙等人也占据了台湾。1624年明朝当局允许荷兰人在台湾进行贸易，条件之一就是要准许在台湾的中国移民照旧居住和生活①。在清朝以前，历代政府还未在台湾本岛设立过行政管理机构和驻扎过军队。因此，要把孤悬海外的台湾纳入清朝版图，在那里设官管理，驻军戍守，决策者确实是需要有一定魄力的。施琅显然很了解这一点，所以，弃留疏中出现上述四段文字并非偶然。后来，康熙帝和内阁学士李光地就台湾弃留问题的一次谈话，就能反映出施琅并不是杞人忧天，李光地记载：

> 海上初平时，予赴官进京，上即问云："如今台湾已平，姚启

---

① 陈孔立：《清代台湾移民社会研究》增订本，九州出版社，2003，第28~29页。

圣、施琅欲郡县其地，如何？汝来时曾见之否？"奏云："来时曾见之，臣议论与之不合。"上问云："如何不合？"曰："台湾隔在大洋之外，声息皆不通，小有事则不相救。使人冒不测之险，为其地之官，亦殊不情。"上云："然则弃之乎？"曰："应弃。"上曰："如何弃法？"曰："空其地，任夷人居之，而纳款通贡。即为贺兰（即荷兰——引者）有，亦听之。贺兰岂有大志耶？彼安其国久矣。事久生变，到彼时置之不顾，便失疆土。与之争利，或将不得人，风涛不测，便为损威，终非善策。"上云："目下如何？"曰："目下何妨，以皇上之声灵，几十年可保无事。"上曰："如此，且置郡县。若计到久远，十三省岂能长保为我有耶？"①

从康熙帝提到"姚启圣、施琅欲郡县其地"，可知他是在接悉施琅的弃留疏之后才和李光地谈话的。李光地所言应能反映其时较为普遍的看法，认为经营台湾是"冒不测之险"，弄不好会辱国"损威"。收台湾入版图和辱国损威相比，在许多人看来，是前者事小，而后者事大，于是后者便成为了弃台论的依据。而从康熙帝谈话内容似可看出，他在和李光地交谈之前就已经拿定主意要把台湾收入版图了。当李光地提出弃台的主张后，康熙帝却突然问"目下如何"，其实这个提问就已透露出他在弃留问题上的态度，因为以其时的清朝的声威来说，李光地不可能答谓"目下有事"。所以，当李答说"几十年可保无事"时，康熙帝便立即表态："如此，且置郡县。"可见，他早就胸有成竹了。我们佩服康熙帝的睿智善断；同时也相信施琅弃留疏的相关阐述是发挥了一定的积极作用的。

---

① 李光地：《榕村语录续集》卷十一，《本朝时事》。

169

　　所以，必须就台湾设防后兵饷的来源提出一个妥善的解决办法。许雪姬教授曾就兵饷和留台之间所存在的关系指出：

　　　　靖海将军施琅于康熙二十二年（1683年）七月取得台湾。清廷征服台湾的目的只是政治的，明郑的势力既经消除，就打算只守澎湖，而不顾及台湾的战略及经济地位拟予以墟置，经施琅力争，才决定将台湾收入版图。其实，清廷对台湾并非一无兴趣，只因在台设防，中央政府有财政困难。早在顺治八、九年（1651~1652年）时，全国一年的收入为一千四百八十余万两，所需兵饷则达一千三百余万，等到顺治十三年（1656年）增为二千万，以后又增到二千四百万；是时全国收入仅一千九百六十万，饷缺至四百万，全国收入应付军事尚且不足，遑论其他。顺治末年，基于财政的因素，虽曾裁撤了三四成的额兵，然以各地之赋应付兵饷仍感不足，故许多省份都需协饷。福建省是其中之一，每年需协饷一百六十余万。福建因明郑势力在台澎，所以康熙十九年（1680年）增设福建总督、提督标下五营，巡抚标下二营兵六千五百名，合计全闽兵数为七万一千八百四十五名。康熙二十一年（1682年）三藩之乱平定，各省军队略有裁减，福建省的额兵裁成六万五千七百五十名，然中央财政仍感拮据，施琅深知关键之所在，所以想就福建额设的官兵中，抽调一万名兵至台防戍，三年一易则"兵无广额，饷无增加"。不过因台澎初入版图，蠲豁各税，需三年后才能开征，故一万兵的兵食先要由朝廷供给。清廷不得不认真考虑这个方案的可行性。①

---

① 许雪姬：《清代台湾的绿营》，"中央研究院"近代史研究所，1987，第7~8页。

兵饷，的确是清廷在裁定台湾弃留时不能不考虑的一个问题。诚如许雪姬教授所说，施琅看到了这个问题，而且提出了解决的办法。他说：

> ……海氛既靖，内地溢设之官兵，尽可陆续汰减，以之分防台湾、澎湖两处。台湾设总兵一员、水师副将一员、陆师参将二员，兵八千名；澎湖设水师副将一员，兵二千名。通共计兵一万名，足以固守，又无添兵增饷之费。……然当此地方初辟，该地正赋、杂饷，殊宜蠲豁，见在一万之兵食，权行全给。三年后开征，可以佐需。抑亦寓兵于农，亦能济用，可以减省，无庸尽资内地之转输也。①

施琅所提这一解决兵饷的方案具有可行性。此前福建驻扎大量兵马，原主要是为了对付台湾郑氏的。而今郑氏政权已不复存在，两岸已归于一统，驻守闽省沿海的额兵完全可以适当裁减，而从中抽调一万名兵镇戍台澎，实际上就是一种以余补缺的措施，所以没有增多额兵和添加兵饷。至于三年的兵食先由朝廷供给，那只是一种权宜之计，不会成为中央财政的长期负担。施琅的这个建议，对于打消清廷由于财政困难而对留台产生的顾虑，是有积极作用的。

总而言之，经深入台湾，实地勘察，和反复斟酌并深思熟虑之后，才题呈《恭陈台湾弃留疏》，对于施琅来说是十分必要的，而非可有可无。正因为他是这样做了，所以他的奏陈才能打动清廷君臣。《康熙起居注》的二则记述很能够反映这个情况：

---

① 施琅：《靖海纪事》卷下，《恭陈台湾弃留疏》。

二十三年正月二十一日，上御乾清门听政，部院各衙门官员面奏毕。大学士、学士以折本请旨，福建提督施琅请于台湾设总兵官一员，副将一员，参将二员，兵八千；澎湖设副将一员，兵二千，镇守其地。议政王、贝勒、大臣、九卿、詹事、科道会议准行。上顾汉大学士等曰："尔等之意若何？"李霨、王熙奏曰："据施琅奏内称，台湾有地数千里，人民十万，则其地甚要。弃之必为外国所踞，奸宄之徒窜匿其中，亦未可料。臣等以为守之便。"上曰："台湾弃取所关甚大，镇守之官三年一易，亦非至当之策。若徙其人民，又恐致失所。弃而不守，尤为不可。尔等可会同议政王、贝勒、大臣、九卿、詹事、科道，再行确议具奏。"①

二十三年正月二十七日，明珠奏曰："前为台湾二事所降谕旨，已传与议政王大臣及九卿、詹事、科道等官公同详议。议政王等云，上谕极当。提臣施琅目击彼处情形，请守已得之地，则设兵守之为宜。"②

从李霨、王熙的奏言和康熙帝听取意见后所发表的看法，可以看出施琅从巩固和加强海防、保卫国家安全的需要着眼来阐述留台的必要性、重要性，是完全正确的。笔者早已指出，如果拿施琅所阐述的留台理由和同样疏请留台的福建总督姚启圣的意见作一番比较，就更能看清这一点。姚启圣也主要是从巩固海防的角度提出留台主张的。他说："查台湾地方，自汉唐以及宋明，历代俱未入版图，地原系荷兰之地，人即住荷兰之人，自应听其住居方外，岂可劳师远涉以开边衅？一自郑贼占踞之后，即有浸浸不安思图内犯之

---

① 《康熙起居注》，"康熙二十三年正月二十一日"条，中华书局，1984，第1127页。
② 《康熙起居注》，"康熙二十三年正月二十七日"条，中华书局，1984，第1129页。

势，其地即已不同当日荷兰之台湾矣。曩时见不及此，姑为一时暂安之策，弃金厦而不守，置台湾而不问，以致耿逆变乱，郑逆即鼓棹相应，占夺惠、潮、漳、泉、兴、汀七府，燎原之势几不可制。……今幸克取台湾矣，若弃而不守，势必仍作贼巢，旷日持久之后，万一蔓延再如郑贼者，不又大费天心乎？故臣以为台湾若未窃作贼巢，则剿亦不应剿，守亦不必守，此自然之理也。今既窃作贼巢矣，则剿固不可少，而守亦不可迟，此相因而至之势，亦自然之理也。"① 值得注意的是，姚启圣系于康熙二十二年（1683 年）八月十七日题呈是疏，而康熙帝于五十多天后还说："台湾仅弹丸之地，得之无所加，不得无所损。"② 这说明姚启圣的意见未能引起康熙帝的重视，而是在施琅疏请留台之后，康熙帝才改变了看法，认为不能弃台。姚、施的疏奏为什么会产生如此迥异的效果呢？这固然与其时施琅立有大功，康熙帝对其甚为信任有关，但主要原因应是施琅主张留台的见解精到，不是姚启圣所能企及的。施琅能够清醒地认识到西方殖民者东来的企图，提醒清廷警惕来自外部的威胁。当然，姚启圣能够看到国内"海贼"占据台湾对大陆沿海所造成的危害，因之主张留台，也是值得肯定的。但是，他毕竟未能从国际的角度来认识台湾的重要性，没能看到西方殖民者东来的图谋，所以他也就不可能去关注台湾在防御外敌、藩屏大陆方面的积极作用，从而导致他对于留台主张的阐述不够全面深入。他的疏请不能引起康熙帝的重视，理应是出于这个原因③。而姚启圣的看法有此不足，可能和其未到过台湾有关。

① 《忧畏轩奏疏》，康熙二十二年八月十七日姚启圣题。
② 《康熙起居注》，"康熙二十二年十月十一日"条，中华书局，1984，第1078页。
③ 施伟青：《论施琅的海防思想及其实践》，王日根、张侃、毛蕾主编《厦大史学》第三辑，厦门大学出版社，2010。

　　大学士李霨、王熙赞同留台，也是从靖海宁疆的目的出发的，且他们首先关注的是来自外部的威胁——"弃之必为外国所踞"，其次才是内部的扰乱——"奸宄之徒窜匿其中，亦未可料"。康熙帝显然认同这个看法，所以才会立即表态支持留台的主张。而议政王大臣会议强调"提臣施琅目击彼处情形"，这充分说明他们对于施琅亲履台地调查的重视和信赖，反映出这是施琅的留台主张最终得以被采纳的重要因素。《清代官书记明台湾郑氏亡事》卷四记载："都察院左副都御史赵士麟、将军侯施琅、侍郎苏拜等俱以台湾不宜弃，交章上言。"可见除施琅、姚启圣外，还有赵士麟、苏拜也都曾疏请留台。然而，值得注意的是，议政王大臣会议和李霨、王熙在发表意见时，都只有提到施琅，而未言及他人。究其缘由，可能是除了施琅对留台主张的阐述确比他人精辟外，恐怕还由于这四位主张留台者，只有施琅一人到过台湾。所谓眼见为实，而这一点应是很被那些从未渡台的朝中大臣们所看重的。

　　但是，不管是实地勘察，还是深思熟虑，都需要有时间上的保证。所以，施琅未能就台湾的弃留问题较快地上疏阐述其意见，并不足怪。

　　而清廷的相关决定恰恰符合施琅的需要。我们知道，施琅系于康熙二十二年八月十三日率领舟师抵达台湾。此前，他于七月二十四日题奏《台湾就抚疏》时，第二次请求清廷对台湾的弃留问题作出裁夺。据《清圣祖实录》记载，清廷系于八月十五日收悉该疏，旋即作出决定："台湾应弃应守，俟郑克塽等率众登岸，令侍郎苏拜与该督、抚、提督会同酌议具奏。"① 而施琅接悉清廷这一决定大约

---

① 《清圣祖实录》卷一百一十一。

是在二十天后，即九月上旬①。而施琅入台后，事务繁多，为迅速控制台湾的局势，他拨兵分守各要口。同时重视发挥郑军武平侯刘国轩的作用，他"与国轩等谈竟日夜，各恨相见之晚"②。十五日，施琅整旅登岸，举行受降仪式。十八日，郑氏文武官员削发，施琅"逐一分发袍、帽、外套、靴全副"，并对前来迎师的各乡社百姓酌量赏给银牌、袍帽等物品，接见流寓在台的明宗室诸王。二十日，颁布《谕台湾安民生示》③。二十二日，施琅刑牲奉币祭告郑成功庙。二十三日至二十六日，率吴英、刘国轩等巡视台湾南北两路。二十八日，拨船渡载明宗室朱桓等往厦门，交总督姚启圣、巡抚金鋐安插。二十九日，颁布《严禁犒师示》④。九月初一日，刘国轩面

① 《清圣祖实录》卷一百一十一载："（二十二年）八月十五（甲寅），福建水师提督施琅题报：'七月十五日，郑克塽遣伪官冯锡珪等，伪侯刘国轩、伪伯冯锡范遣其弟伪副使刘国昌、冯锡韩等赍降表文稿诣臣军前请缴伪册印，率众登岸，以求安插。臣随遣侍卫吴启爵、笔帖式常在同冯锡珪等持榜示往台湾晓谕伪官兵民，验视薙发，即令郑克塽等缮写降表，并伪册印一并赍送，以便代奏。至台湾虽在海外，地方千余里，户口数十万，或弃或守，伏候上裁。'"施琅《台湾就抚疏》称："兹七月十五日，郑克塽复差伪兵官冯锡珪、伪工官陈梦炜、刘国轩遣胞弟伪副使刘国昌、冯锡范遣胞弟伪副使冯锡韩，同曾蜚、朱绍熙赍送降本稿前来澎湖军前回话，一一依臣前言。……随于十六日遣侍卫吴启爵、六品笔帖式常在，同冯锡珪、曾蜚、朱绍熙，带安插告示五张，先往台湾晓谕，看验各伪官兵百姓人等削发，令其催赍伪藩郑克塽及刘国轩、冯锡范等敕印，并缮誊降表前来交缴，以便代为赍进。……第查台湾土地千余里，户口数十万。地在复海之表，或去或留，……所当亟请皇上迅锡睿裁。"（施琅：《靖海纪事》卷下）两相对照，可知八月十五日，清廷接悉的施琅奏疏是《台湾就抚疏》，而该疏题呈于七月二十四日，可知用了二十天时间才送达。

② 江日昇：《台湾外记》卷十，福建人民出版社，1983，第361页。

③ 施琅：《靖海纪事》卷下。

④ 施琅：《靖海纪事》卷下。

见施琅，要求渡海进京陛见。九月初三日，施琅祭台湾山川后土。九月初六日，拨船送刘国轩渡海。接着陆续拨船渡载各省难民和郑克塽、冯锡范等文武官员及其家属往大陆安插①。施琅大概是在送走刘国轩前后接悉上述清廷决定的。

显而易见，施琅入台后至少有二十多天是非常紧张繁忙的。在那期间，他安排了四天的时间察勘台湾南北两路，进行了实地的调查研究，"见其山川峭峻，土地膏腴，茂林修竹，人烟辐辏，且番民杂处耕种，实海外之雄镇。若弃而不守，则将来不但宵小窃据，亦必为红毛所图；其贻害地方，又不仅吾闽一省。自当请留，以作边海屏藩"②。实地调研，证实了他多年前即已萌生的留台湾作为大陆藩屏的初步想法是正确的，于是他决定吁请留台。但那时他根本没有工夫坐下来题写这份重要的报告。而不久当他接悉清廷的决定后，他就可以把此事暂时搁置起来。因为这个决定要求台湾弃留问题的讨论，必须待郑克塽等率众登岸以后才进行。按规定参加会议讨论的包括侍郎苏拜和福建的总督、巡抚、提督。钞晓鸿教授已就清廷的这个决定和施琅延至康熙二十二年十二月二十二日才题呈弃留疏这二者之间所存在的关系进行过探讨，值得参看③。被要求参与讨论台湾弃留问题的人中，只有施琅一人到过台湾，无论如何他是不能缺席的。因此，即使郑克塽等早就已率众登岸了，也得待施琅班师返闽后才有可能举行这个会议。

---

① 以上施琅入台后的活动，可参见《施琅评传》第五章第三节《招抚郑氏》，厦门大学出版社，1987，第214~222页。

② 江日昇：《台湾外记》卷十，福建人民出版社，1983，第363页。

③ 钞晓鸿：《施琅留台主张述论》，施伟青主编《施琅研究》，国际文化出版公司，2002。

据史籍记载，郑克塽等人系于十月初六日乘舟离台，十一月初六日至泉州①。而施琅则是于十一月二十七日班师返抵厦门，十二月初一日即赴福州参加讨论台湾弃留的会议。因"众以留恐无益，弃虞有害，各议不一"②，而施琅决意主留，"虽谆谆极道，难尽其词"，所以"不避冒渎，以其利害自行详细披陈"，上疏清廷③。施琅系于十二月初一日会议上就已明确提出留台主张了，只是因为与会者对于台湾的弃留问题意见不一，才于会后独自上疏，吁请清廷把台湾收入版图。

前述清廷的相关决定使施琅有充足的时间去深入台地详细勘察并从容思考斟酌，这一决定客观上为施琅写出高水平的弃留疏提供了时间上的保证。施琅疏称其对台湾"躬亲履历，其于民风、土俗、安危、利害无不详悉"，"熟察该地属在东南险远海外之区，关系数省地方安危"④。"无不详悉"、"熟察"，就是这个情况的反映。

值得指出的是，施琅《恭陈台湾弃留疏》系题呈于十二月二十二日，距十二月初一日的会议已有二十一天。从当时施琅力主留台的迫切心情来看，他是不会拖延该疏的题写的，且此前他应早就对此问题已经深思熟虑过了。由此看来，当施琅拟向清廷提出书面报告疏请留台时，还是极其认真慎重、颇费思量的，不然是不必花费这么多时日的。

第四节　三提台湾"或去或留"和三请"班师"

也许有人会问，施琅既然在康熙初年就已经萌生留台湾为大陆

---

① 彭孙贻：《靖海志》卷四。
② 江日昇：《台湾外记》卷十，福建人民出版社，1983，第364页。
③ 施琅：《靖海纪事》卷下，《恭陈台湾弃留疏》。
④ 施琅：《靖海纪事》卷下，《壤地初辟疏》。

屏障的初步想法，那么，为什么在攻取澎湖后要先后三次疏请清廷对于郑氏政权覆灭后的台湾的弃留作出裁夺？如果是因为前述的原因，诸如尚未经实地调查、深思熟虑等，还不宜提出主留的意见，那也尽可以暂时回避这个问题，为什么要反复提及呢？这岂不说明他对于台湾的弃留没有定见，甚至是漠不关心吗？这个问题的提出，不无道理，不过它还是可以得到合理的解释的。

前已述及，施琅不仅在康熙二、三年间就已初步产生留台湾为大陆藩屏的想法，而且在攻取澎湖和郑氏归降后的安民告示和祭文中都曾宣称台湾"土地人民悉入版图"，但奇怪的是他在上疏中却多次奏请清廷对台湾的弃留作出裁定，以便其遵行。在夺取澎湖后，他上疏称："但二穴（指澎湖、台湾——引者）克扫之后，或去或留，臣不敢自专。合请皇上睿夺；或遴差内大臣一员来闽与督臣商酌主裁；或谕令督抚二臣会议定夺，俾臣得以遵行。"① 这是施琅首次提出台湾弃留问题，他表示其对这个问题"不敢自专"，而提出裁定台湾弃留的三个方案：一是由康熙皇帝亲自裁夺；二是由清廷选派一位大臣赴闽和总督姚启圣商酌决定；三是谕令总督姚启圣和巡抚金鋐讨论定夺。从这三个方案来看，施琅对台湾的弃留问题，岂止是不敢自专，而是不敢介入了。而当台湾郑氏表示愿意接受招抚后，施琅再次上疏称："台湾土地千余里，户口数十万，地在夐海之表，或去或留；伪官兵户口繁多，当作何安辑？事关重大，所当亟请皇上迅赐睿裁，敕差才能户、兵二部迅速前来，会同督抚主裁料理，安置得宜，毕此大事。"② 施琅在率领舟师进

---

① 施琅：《靖海纪事》卷上，《飞报大捷疏》。
② 施琅：《靖海纪事》卷下，《台湾就抚疏》。

入台湾数日后又上疏说："〔台湾〕应去应留，臣经具疏题请，未奉敕旨，仰冀迅赐睿夺，俾得钦遵奉行。"① 这后两道疏稿基本上是重申前议，都没有言及他对台湾弃留所持的意见，也没有表示他要参加这个问题的讨论。前已指出，大概在此后不久，施琅即接悉清廷关于"台湾应弃应守，俟郑克塽等率众登岸，令侍郎苏拜与该督、抚、提督会同酌议具奏"的决定。所以，此后他再也没有上疏请求裁夺台湾的弃留问题。

从施琅提出的裁夺台湾弃留的三个方案都没有其本人参与其中来看，可以认为，他的三提台湾弃留问题，只不过是摆出一种姿态而已，并非其真实的意思表示。众所周知，施琅顺利平台，很受康熙帝的赏识。康熙帝曾指示被派到广东、福建展界的吏部侍郎杜臻、内阁学士石柱"一切事宜可与将军施琅会商"，并说："施琅于沿海岛屿情形无不悉知，今在台湾，可移文会商。"② 且其时施琅是清政府中唯一到过台湾的大吏，又任职福建水师提督，所以清廷在商议台湾弃留问题时不可能不征求其意见，这是施琅应该想见的。在明知不可能置身事外的情况下，却要作出不介入的表态，这是为什么呢？

我们知道，在郑氏归清后，台湾的弃留问题势必要提到清廷的议事日程上来。事实上福建总督姚启圣于康熙二十二年八月十七日已就这个问题上疏阐述了他的意见③。而施琅作为即将或已经率师入台的舟师统帅，如果对这个问题一直保持缄默，刻意回避，并不合

---

① 施琅：《靖海纪事》卷下，《舟师抵台湾疏》。
② 《康熙起居注》，"康熙二十二年十一月十一日"条，中华书局，1984，第1101页。
③ 《忧畏轩奏疏》，康熙二十二年八月十七日姚启圣题。

适。这和施琅此前的经历密切相关。

大家知道，施琅早年曾经是郑芝龙、郑成功的部将，曾于顺治年间两度降清，他的这个经历容易使清廷产生疑虑。所以，他第二次降清后，虽参与了清军的一些军事活动，但显然遭到了冷落，故返回泉州后"独居深念，郁郁不得志"①。直至顺治十三年（1656年），经海澄公黄梧推荐，施琅才被起用为副将。后因其表现突出，遂得到进一步提拔重用，由副将而同安总兵，再升福建水师提督。这时，清廷对其已是深信不疑。但后来出现的一个变故，使这个情况又发生了根本的变化。康熙七年（1668年），施琅调任内大臣，他挈眷入京。十年（1671年），其长子施世泽（亦名施齐、施世骐）返闽完婚，以后就留在故里管理产业。十三年（1674年），驻闽的靖南王耿精忠举兵叛应吴三桂，郑经趁机率兵进入大陆，施世泽被郑氏挟持。施琅次子施世纶记其事说：

> 甲寅（康熙十三年——引者）之变，海寇窃踞漳泉，兄潜逃弗脱，挟以为职，力辞不受。私谓所亲曰："我全家在京，彼欲藉我以成反间，戕害我家也。"乃密遣家人林闰间行入都报襄壮公，陈贼情形。前兄陷贼中，襄壮公即具题明。迨兄信至，襄壮公复题灭贼机宜，有旨褒嘉焉。②

据此，施世泽被挟持后不仅拒绝担任郑氏官职，而且遣家人林闰潜往京城向施琅报告郑氏的情形，施琅据之题奏了攻打郑军机

---

① 施琅：《靖海纪事》，施德馨：《襄壮公传》。
② 康熙五十四年《浔海施氏族谱》荒本，卷二十四，施世纶：《总戎忠烈文御兄传》。

宜，因此得到清廷的褒奖。但《台湾外记》卷六则有不同的记载：
"寻而施琅子施齐亦至，改姓王，名世泽，授女宿镇。"① 这是说施
世泽系主动加入郑军，并担任女宿镇。档案资料也说他"授海贼
伪职"②。其时，施琅全家都在京城，谓施世泽置父母亲人于不顾，
主动投靠郑氏，这个说法恐不可靠。但被迫接受郑氏官职，则是可
能的。施世泽曾于康熙十六年（1677 年）逃离郑军，他一边派人向
南下清军报告郑军情形，一边率施氏族人千余名夜袭同安城，杀郑
军部将郭左镇，接着坚守同安数月，清军到后，题授副将。次年二
月，施世泽随提督段应举驰援漳州；三月，被郑军围困于海澄；六
月，郑军攻破海澄，世泽被执。对以后的情形，施世纶写道：

> 俘至鹭岛，郑经素知其才，百计诱降，终不屈。遂羁岛中，
> 待以宾礼，欲以阴结其心，且牵制襄壮公，使不出都。兄乃密
> 陈岛上事情，密遣家人阴达总督姚公。刘国轩察其终无降意，
> 乃谓经曰："施某既不归顺，即当除之，毋姑纵以生祸端。"兄
> 侦知，毅然曰："生死，数也，何可使贼刃加吾颈耶！"遂赴海
> 而死。③

康熙十九年（1680 年），施世泽和在郑军中担任镇将的族兄施
明良（又名施凤、施亥等），密款于福建总督姚启圣，谋擒郑经献厦
门，结果因事败露而被杀④。施世纶所言世泽"赴海而死"，即

---

① 江日昇：《台湾外记》，福建人民出版社，1983，第 220 页。

② 《忧畏轩奏疏》，康熙十九年十二月二十二日姚启圣题。

③ 康熙五十四年《浔海施氏族谱》荒本，卷二十四，施世纶：《总戎忠烈文御
兄传》。

④ 《忧畏轩奏疏》，康熙十九年十二月二十二日姚启圣题。

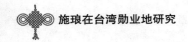

指此。

施世泽的这段遭遇，直接影响清廷对施琅的态度，也就是说郑经施行反间计取得了预期的效果。康熙七年（1668年），清廷调施琅入京为内大臣后，福建就不再设水师提督，而改为总兵。十五年为对付善于海战的郑军，当时的福建总督郎廷相疏请复设水师提督，康熙帝命海澄公黄芳世兼管。十七年（1678年）四月，黄芳世病逝，则调江南提督杨捷为福建水陆提督。而其时郑军进攻连连得手。福建总督姚启圣疏称："海澄、长泰、同安、惠安等十县相继沦陷，贼船竟抵泉州、兴化矣。纵横狂鼓，势成燎原。当此之时，水陆难以兼顾，虽提臣四应不穷，亦难分身接应。且此时水战更重于陆战，以陆攻水，断难净绝根株，若欲以水攻水，而无总统重臣，何能削除祸乱。……伏祈皇上敕部详查旧制，准于海澄县复设水师提督一员，令其专练水兵，熟习惯战，牵制贼势，以便水陆夹攻厦门，海贼易于扑灭。"① 而《清史稿·杨捷传》载，杨捷本人也疏请另设水师提督，要求专管陆路。兵部讨论后，采纳了姚、杨的意见，并指出："今正值海寇侵犯鸱张之际，总管水师兵马不可无熟谙之员，应请敕下总督姚、提督杨、巡抚吴简选可任水师提督素有才略之人保题，到日补受（授）可也。"康熙帝批复："依仪速行。"② 姚启圣接旨后经和杨捷、吴兴祚面商，"皆称无保题之员"，他们合疏上奏称："臣细加搜求，实无谙练水战，堪任闽省水师提督之官，不敢冒昧妄保，合无仰请皇上垂念闽疆重地，见在荡剿方殷，

---

① 《忧畏轩奏疏》，康熙十七年九月初一日姚启圣题。
② 《忧畏轩奏疏》，康熙十七年十月十三日姚启圣题。

请乞敕部另简廉勇优长、威名素著、深识水性、谙练才能者，
仰祈钦点一员。"① 此前，姚启圣在任福建布政使时，就已向入
闽的康亲王杰书保举施琅可任水师提督②，但未被采纳。这次上
疏可能是因为当时施世泽在郑军中任职而有所顾虑，而没有明荐
施琅，但从他们提出的担任水师提督的诸项条件来看，显然施琅
是最合适的人选。可见姚启圣是采用婉转的办法再度保举施琅出
任水师提督。可是，康熙帝并无如他所希望的那样"钦点"那
时就在其身边的施琅，而是于十七年十一月调京口将军王之鼎提
督福建水师。旋因四川战事所需，又改调王之鼎为四川提督。十
八年四月，敕调湖广岳州水师总兵官万正色为福建水师提督。而
未获这个消息的姚启圣又疏荐施琅出任水师提督，他称："但今
水师提督愈选愈难，伏乞皇上密敕康亲王等，查去年四月臣曾具
有保举施琅启详，早赐定夺，速灭海氛。"③ 但部议认为："……
该督所请遣发原任提督施琅之处，应无容议。"康熙帝批复："依
议。"④ 而当姚启圣得悉清廷已调万正色为水师提督时，遂于七
月十九日上疏建议授施琅靖海将军，以统领水师。他说："臣曾
保举原任水师提督施琅，如以万正色拟补水师提督，即施琅曾蒙
国恩授靖海将军，或以施琅以将军总统水师事务，则将军、提督
并收得人之效。至广东应否添立水师，万正色可否移调广东，仰
祈裁夺。"⑤ 议政王大臣会议认为："该督所请遣发原任提督施琅

① 《忧畏轩奏疏》，康熙十七年十月十三日姚启圣题。
② 《忧畏轩奏疏》，康熙十八年七月二十八日姚启圣题。
③ 《忧畏轩奏疏》，康熙十八年七月二十八日姚启圣题。
④ 《忧畏轩奏疏》，康熙十八年七月二十八日姚启圣题。
⑤ 《忧畏轩奏疏》，康熙十八年八月十一日姚启圣题。

之处，应无容议。"八月十三日，康熙帝再次批准了这个意见①。

　　施琅从顺治年间到康熙初年，就在福建历任副将、总兵、水师提督，入为内大臣后，清廷因认为其"劳绩甚多"而于康熙八年（1669 年）十一月授其伯衔。此事发生于擒治鳌拜以后，加施琅伯衔是康熙帝亲自批准的②。可见康熙帝对于施琅的才能和功绩是了解和承认的。施琅在福建沿海为将多年，对这一带十分熟悉，且他富有文韬武略，善于海战，又与郑氏之间存有深仇，熟悉郑军内部情形，就各方面条件来说，较之杨捷、王之鼎、万正色更适合担任福建水师提督。而且，其时清廷正为平定吴三桂等叛乱，而调兵遣将，亟须将才，王之鼎被任命为福建水师提督不久就改调四川提督，即为其例。可是，在这种情况下，姚启圣多次举荐施琅都被驳回，康熙帝为什么不用施琅呢？是因为施琅另有重任吗？不是的。当时施琅作为内大臣只是"朝夕侍御"而已③，这类职务并不是非施琅担当不可，和福建水师提督的职务相比较，后者显然更适合于施琅。所以，只能认为是因为施世泽在郑军中担任官职，使施琅遭到疑忌，清廷怀疑他和郑氏藕断丝连，这就是姚启圣多次疏荐施琅未能被采纳的原因所在。我们可以从若干史料看出清廷对于施世泽之事的疑虑极深。康熙十九年（1680 年）四月十九日，姚启圣把施世泽等人企图擒郑经献厦门而被杀一事具疏上奏，请求给予优恤：

　　　　康亲王札授副将施齐即施世泽出师海澄，城陷被执，与贼

---

① 《忧畏轩奏疏》，康熙十八年八月十一日姚启圣题。
② 《清圣祖实录》卷三十一。
③ 康熙五十四年《浔海施氏族谱》荒本，卷二十四，施世纶：《总戎忠烈文御兄传》。

授总兵族兄施亥即施明良谋擒郑逆，假心事贼，真心为国。不料事露被拿磔杀，并亥男施馨、施伟全家沉死在海。施齐、施亥虽失身海上，忠义难泯，题请优恤。①

而部议则认为：

查该督虽称施齐、施亥谋擒郑逆事露磔杀，全家沉死在海等语。但施齐等俱授海贼伪职，今不便据家人一语为凭遽议，相应行令该督俟剿灭海贼之日，将施齐等被杀情由，详加查明具题再议可也。②

康熙帝同意部议意见③。但姚启圣对批复持有不同的看法，他不肯罢休，随即向众多的当事人和知情者作了深入的调查取证，从各方面证实施世泽等人确实是为擒郑经献厦门而被杀的。十二月，姚启圣再次上疏：

准宁海将军都统喇、参赞刑部尚书介、署理福建将军参赞礼部侍郎吴咨前事内开：据施士轩呈称：伊父世泽缘随提督段从征海澄，致陷贼手，贞诚不泯，矢志灭贼。自奉将军老爷密谕，遂与族伯伪援剿前镇施亥舍即明良，及族叔伪副将施琦、施廷辅，海澄被陷田香五、伪金事道王捷、伪都事施典国等，歃血私室，密图献逆。不意被书办吕运首发事露，两家七十三口尽被磔杀。……而内部尚以家人一语难凭，另行查复。此诚

_____

① 《忧畏轩奏疏》，康熙十九年十二月二十二日姚启圣题。
② 《忧畏轩奏疏》，康熙十九年十二月二十二日姚启圣题。
③ 《忧畏轩奏疏》，康熙十九年十二月二十二日姚启圣题。

内部持重，士轩何甘隐忍而不碎首再为披沥。切父世泽失身海岛，报效末由。得遂臣子之私，获全忠孝之名。论当日情节，豫通信息授以秘计者，将军老爷也；画谋计策引见关通者，随征知府王麟、通判蔡搏万、副将王振勋也；冒险下海密赍令谕往授伯、父者，则有施良辰也；伯、父先差伪道来投见将军商略机宜者，则有王捷、施典国也；被获杀脱输诚标下，则有副将施琦、施廷辅也。逆贼惧逃，身膏斧钺，满汉官兵闻者心伤，海上伪党见者惨目，岂特家人一语。此皆将军老爷身为目击之事，乃竟以军务倥偬未蒙题恤，是忘灭贼之本根，没靖海之先谋，致蒙部驳，恤典久悬，使父世泽及伯明良举家七十三口抛尸巨浪，号冤海底，似非所以表既往而励将来。伏乞俯念草野血诚，阖家殉节，电察始末，迅咨题明。

……据副将施琦等禀称：琦等合家顶戴朝廷洪恩，所以任世泽、明良等虽胁从在海，无不阴谋以图报称。迨将军密谕，遂阴谋各镇营翼，阳启设造烟墩，欲图内外夹杀，擒献郑经于阙下。不意刘国轩侦知密启，后又林亥口传，郑经尚未深信，于十八日抽兵三千排列街巷，前后围房，勒搬下船，令往台湾。二十三日，不料明良书办、家人吕运、吴芳、叶任新等不愿跟随过海，将情出首，登时就船搜出各位老爷札谕，遂于二十三日夜，立将世泽、明良等两家七十余口，尽行砍杀下水。琦等闻知，率兵杀脱。至于同谋将弁立即阴散，从来报国未有此惨……

据此案，据随征知府王麟、通判蔡搏万同禀称：伪援剿前镇总兵施明良有谋擒逆魁反正报国之意，密令伊兄施良辰前来请给凭据等情。本将军随发绥书，内开：足下识时俊杰，必有勋猷，以自表见。所以屈身海岛，决非素心，实迫于时势万不得巳耳。来使到备悉高怀，知足下有去逆效顺之心，深乐虚左以待。果能从中斡旋，早立不世奇勋，我朝廷报功之典，原有成规，自当力疏推引，裂土分茅，以上公之爵相待。愿足下乘机决计，自有胜筹，以相接应，毋怀犹豫也。翘企。等语。密交知府王麟等转发去后。续据王麟缴到伪总兵施明良回禀称：明良朽樗弃材，沦落海隅，每同功弟世泽深怀朝廷鸿恩，早有归输之志。兹奉将军德谕，益以捐躯为期。第事非苟且，一时难就。明良已屯兵集美，吴潜为明良知契，吴国俊素有报国之心，仰冀鉴宥，容良设法徐图，以报不次之恩。等情在案。本将军据其前后通信情由，具见伪总兵施明良虽失身贼穴，而惓惓不忘朝廷，希图尽倾贼巢，反手归正，已足觇其忠诚矣。兹据投诚副将施琦等禀称，明良及伊弟世泽谋擒逆经，被首事露，两家七十余口尽遭贼害。则其始终阴谋，以致阖家殉难，事败身亡，尤堪悯恤。第我朝褒义劝忠原有成典，矧现今贼岛虽平，而余党游魂尚泊外海，正宜阐幽忠以示鼓励。如明良等之抱义遭惨，应否表彰，合咨督部院请烦查照，希将施明良等怀忠死义缘由查明确实，或应优加恤典，即为题请，以慰忠魂，以昭激劝施行。等因。

……本将军窃念明良、世泽等孤忠遭惨，历有确据，目经亲给密谕，往返通信，备知始终情节。若不再为据实咨明会题请恤，似非所以阐幽忠而昭激劝也。合就咨会，请烦查照。希将明良、世泽等怀忠死义缘由查明确实题复，以彰恤典，以慰忠魂施行。等因到部院。

……又据随征候补总兵官左都督陈昌咨呈前事内开：奉总督部院姚照会开，施亥、施齐等当日是否假心事贼，谋擒郑逆

187

事露被杀情由，该总兵在于厦门，时系亲信重镇，必知详细，立即据实逐一声说明白，具文回报，以凭具题恤叙施行等因。计粘抄原疏一纸到卑职。奉此，该卑职细查当日施世泽自海澄陷城，被执下海，吞哑避时，对职则出忠愤之言，密图灭敌，矢志报国，洵非朝夕矣。迨康熙十九年二月初一日，据施明良胞侄施应元冒险密到陈洲营盘，对职备称叔施世泽、施明良、施琦等奉总督部院密谕，誓约擒逆，令应元先在同安王总镇处请兵进援，并望声应等语。至本月十九日，又据施明良辖下中军伪副将施琦到营，密禀同谋擒逆，被人出首，今世泽等被擒等语。该职一面整搠，一面差探确息，不料于本月二十三日果报施世泽等惨在蓼罗被杀。揆厥情由，是世泽、明良等先以谋擒报国，继而泄事捐躯。此皆海上投诚各官所共见知者也。况职当日在海受伪职时，见海贼虽因宪台总统水陆官兵齐时并进，势大难当，而亦因施世泽等供出同谋共擒郑经之人，皆系郑经左右亲随之人，以致郑经仓忙奔逃，将古器、金玉等物不及搬移下船，放火自焚，不可谓非施世泽等之功也。职等在海目击，不敢不为申明，施应元、施琦等与事同谋，忠诚可念，并当据实开报，仰听圣恩。随附甘结呈缴，以便题叙。等因。

投诚随征候补金事道黄性震，随征总兵张胜、罗士珍，副总兵方却、陈世、林柱、康玉、郭华、副将庄泽、柯录等，各结状呈报姚启圣。据此，姚启圣认为：

是施齐等谋擒被杀，已经万耳万目，昭著天壤，历历可凭，实非止家人一语而已也。此虽谋擒之功未遂，而郑经因之内变，内外夹攻，贼众奔走，金厦全收。揆厥所由，二人之功似不可泯。兹准巡抚、将军、参赞大臣会咨及同安总兵咨呈，并海上新投诚各总兵各具甘结前来，相应题请从优恤奖，以阐忠魂。①

从这道疏稿可以看出，提供证言者人数颇多，有些人地位还较高，如宁海将军喇哈达、福建总督姚启圣等，他们既都是当事人，又是知情者，都曾经和施世泽、施明良等人秘密联系，并给密谕。施世泽等人谋擒郑经献厦门因事露被杀，可谓证据确凿、充分，无可置疑。然而，此疏呈上后，虽不见清廷提出驳议，但也未见有叙恤之举②，足见清廷对此事疑忌之深！

两个月后（康熙二十年二月），康熙帝还私下询问内阁学士李光地："施齐果以内附为海上杀邪？"这说明该疏尚无法令他对世泽事完全释疑。李光地回答说："施琅既来，琅，海上所畏也。恐我朝用之，故彼用其子以生我疑，不用其父耳。施齐后得便来降，复为海上所得，知其必不能一心，故杀之。"③ 因为李光地为康熙帝所信任，且所言又点到要害，指明郑氏任用世泽是为了施行反间计，以使清廷不敢复用为其所畏惧的施琅为将。所以，通过这次了解，康熙帝才消除了对世泽事的怀疑，同时也才打消了对施琅的疑忌，数月后才会复用施琅为福建水师提督，命其征台。

平心而论，在施世泽的问题弄清楚之前，康熙帝没有复用施琅为将，是可以理解的。康熙帝作为清朝的最高统治者，必须从全局的高

---

① 《忧畏轩奏疏》，康熙十九年十二月二十二日姚启圣题。

② 笔者对施世泽事曾作过考述，请参见《施琅年谱考略》，岳麓书社，1998，第342～386页。

③ 李光地：《榕村语录续集》卷十一，《本朝时事》。

度看问题。施世泽被迫担任郑氏官职，系发生于三藩叛乱时期，而其时"吴三桂传檄四方，汉官汉将纷起响应"①。在叛清的汉族将领中，就有不少是郑氏旧部降清后又倒戈的，其中较著名的如担任清军河北总兵官的蔡禄、襄阳总兵官的杨来嘉、南瑞总兵官的杨富②、广西总兵官的郭义等。他们已属于高级将领，且驻扎一方，清廷待其可谓不薄。他们和不少郑氏旧部的反叛，势必会导致或加重清廷中一些人对仍在清朝任职的原郑氏官员、将弁的怀疑。而今施世泽在郑军中担任"伪职"，而作为父亲的施琅又曾经是郑氏部将，在那个特殊的历史时期，施琅是无法避开人们猜疑的眼光的。尽管可以奏告世泽担任郑氏官职是出于被迫，但是又有谁会相信呢？康熙帝于数年后接见施琅时说："尔前为内大臣十有三年，当时因尔系闽人，尚有轻尔者。惟朕深知尔，待尔甚厚。"③ 前已述及，施琅入为内大臣后，清廷授其伯衔，原是对他信任的。但从康熙十三年起，因世泽担任"伪职"，施琅的命运也随之发生变化，他遭人所"轻"，恐不全是因其系闽人，而是和世泽事有关，只是康熙帝回避了这个问题。不过，他谓其待施琅"甚厚"，还是有些道理的。试想，其时施琅长子世泽担任正在和清军作战的郑氏的官职，康熙帝没有让其解职以避嫌疑，而是继续用其为内大臣，这样做似已对得起他。而选将毕竟是大事，在世泽之事水落石出前康熙帝采取谨慎的态度，似不足怪。

而站在施琅的角度，则就不免有另一番的感受。世泽事发生于施琅任内大臣六年后，施琅自入京供职后，"于朝退休闲，翻阅历代

---

① 章开沅主编《清通鉴》第一册，岳麓书社，2000，第689页。

② 杨富于康熙二年（1663年）降清，次年被清廷任用为施琅的副手之一，统领福建水师进征台湾。详见《清圣祖实录》卷十二，"康熙三年七月十八日"条。

③ 《康熙起居注》，"康熙二十七年七月十五日"条，中华书局，1984，第1786页。

二十一史，鉴古今成败及名臣言行可法者，一一具志胸中"①。读史使人明智，何况其时施琅已入仕途多年。因此，其对于世泽事将造成的影响，应当是有相应的心理准备的。不过，在郑军西进略地，纵横于东南沿海之际，"蒿目时艰"、富有文韬武略的施琅却不能亲赴前线，为扫靖海氛而施展才干，且父、弟之仇未报，长子又被挟持，成为了郑氏推行反间计的工具，忠孝难尽，其内心是遭受着难以言状的痛苦折磨的。复出以后，施琅理当知道，这次能够重新为将来之不易。自从顺治八年（1651 年）归清以来，他经历了从不被信任，到得到信任；再次不被信任，再次得到信任的曲折的变化过程。其间，施琅从壮年进入了暮年。人的认识往往来源于经验，前车可鉴，施琅当然知道。此后，如果他在重大问题上举措失当，清廷对他的态度还是有可能发生变化的。因此，在面对大事时，他考虑必须更加周密，处置必须倍加谨慎。

何况，在施琅被重新起用前后，清廷内部仍有许多人对他持怀疑态度。康熙帝曾经指出，为平台，"朕欲遣施琅，举朝大臣以为不可，遣去必叛"。"朕力保之，卒遣之，不日台湾果定"②。施琅终究是幸运的，他遇到了执着的姚启圣，相知的李光地，睿智的康熙帝，三者如果缺一，他就不可能复出。康熙帝的决断尤为关键。数年后，康熙帝接见入朝的施琅时还说道："今尔来京，又有言当留尔勿遣者。朕思寇乱之际尚用尔勿疑，况今天下太平，反疑尔勿遣耶？今命尔复任，自此宜益加敬慎，以保功名。"③ 在施琅平定台湾郑氏以

---

① 施琅：《靖海纪事》，施德馨：《襄壮公传》。

② 《清圣祖庭训格言》。

③ 《康熙起居注》，"康熙二十七年七月十五日"条，中华书局，1984，第 1786 页。

后，朝中仍有人反对让其继续提督福建水师，而建议康熙帝将其留在京城，以便于控制。由之不难想见施琅复出前的处境有多么艰难，姚启圣、李光地保荐他需要有多大的勇气，而康熙帝重新起用他又要排除多大的阻力！

这个状况仍会给复出后的施琅形成不小的心理压力，从而影响着他的行为。所以，对此有作进一步阐述的必要。在施世泽谋擒郑经而被杀的真相弄清之后，仍有众多朝臣对施琅疑虑重重，甚至在施琅平台之后，还有人继续散布怀疑论，不放心让其在外为将，而主张将其控制于京城，这就不是很正常了。出现这个现象的缘由可能较多，这里不去全面探讨这个问题，但有一点是可以肯定的：即存在别有用心、恶意中伤者。

笔者曾经指出，施琅得罪了许多人以及清廷内部存在的党争，是其屡遭诽谤、攻击的根源。如施琅复出后不久即得罪了福建总督、浙江人姚启圣。姚为举荐施琅出任福建水师提督而竭尽全力，锲而不舍。他弄清世泽事的真相并具疏上奏，为施琅的复出创造了条件。这些都应予充分肯定。但姚启圣保举施琅的意图是欲以施琅为征台的先锋，由他本人担任统帅①。而施琅到任后不久，却疏请专征权，不让姚启圣与其同征，结果施、姚之间产生了矛盾隔阂。郑氏降清后，施琅得封靖海侯，世袭罔替，而姚启圣由于种种原因没有得到封赏，郁郁而终。这引起了一些人的不平，有人甚至认为姚未得封赏是施琅造成的。他们不认为施琅请求专征，是为了避免不必要的掣肘，以保证舟师的顺利进军，反指责他是为了邀宠争功，对姚启圣是恩将仇报，故对施琅很是反感。曾和施琅同朝为官的吏部侍郎、浙江人杜

---

① 全祖望：《鲒埼亭集》卷十五，《姚公神道第二碑铭》。

臻和生活于雍乾年间的浙江人全祖望，就在他们记述施琅和姚启圣平台事迹的著作中，通过歪曲和捏造史实，恣意描述，以贬施扬姚。这当与他们与姚启圣是同乡且对其持同情态度有关①。此其一。施琅得罪了一批江、浙籍地主。据伊能嘉矩记载，康熙二十二年（1683年）八月，施琅入台后，在台"原有地主为江、浙籍者十之八九皆被遣回大陆"，从而致使他们失去了土地②。可见施琅得罪的江、浙人恐非少数，这自然易于招致这些人及其亲友、同情者的不满和报复。此其二。康熙时期，朝臣中存在不同的派系，其中江浙集团尤其引人注目。历官内阁学士、刑部尚书的徐乾学③和其弟历任明史馆总裁官、左都御史、文华殿大学士的徐元文，收受贿赂，结党营私。他们颇具势力，颐指气使，施琅、李光地等人都是其打击的对象。李光地记其事说："……张右南、施尊侯（施琅——引者）皆为予言东海托伊搜予居家事密奏，张廉访不得。施曰：'渠荐我成功，而我害之，不祥。且渠亦无可指者。'施已受东海谮，深怨予，然不肯为此。"④ 徐乾学托人暗中搜集李光地在福建安溪老家的所作所为，欲秘密上奏，其目的很清楚，就是要整垮李光地。施琅明确拒绝了他的委托。施琅为乾学所谮，所以"深怨"李光地，大概是因他认为自己系为光地所累才得罪了徐乾学，因而才为其所谮害。以前笔者也是把此事视为纯粹党争的表现。然而，笔者近来新发

---

① 施伟青：《施琅评传》，厦门大学出版社，1987，第 159~160 页；施伟青：《施琅年谱考略》，岳麓书社，1998，第 541~547 页。

② 伊能嘉矩：《台湾文化志》，台湾省文献委员会，1985，第 517 页。

③ 徐乾学，江苏昆山人，字原一，号健庵，又号东海。其弟徐元文，字公肃，号立斋。兄弟俩同朝为官，后因招权纳贿，都被参劾罢官。

④ 李光地：《榕村语录续集》卷十三，《本朝时事》。

现的二则史料则告诉我们，事情远没这么简单。昭梿《啸亭续录》
记载：

> 姚制府启圣……决意欲灭郑氏，以绝民望。尝与纳兰太傅
> 明珠不睦，太傅嗾徐总宪元文劾之。立斋为顾亭林①甥，乃阴庇
> 明裔者，亦嗾公所为，遂周内其罪，露章弹劾。幸仁皇帝察知，
> 不究其事。②

> 予向言健庵兄弟暗扶明裔，有失君亲之义。近见其《咏酴
> 醿诗》云："春至酴醿始着芳，天姿绰约舞霓裳。亭亭自向东风
> 立，不与凡姿斗艳阳。"盖时郑氏尚据海东也。其诗不觉流露而
> 出，言为心声，信非诬也。③

《啸亭续录》的作者昭梿，系清朝礼亲王，为礼亲王代善的第八
个继承者，生活于乾嘉年间，其地位显贵，记载清廷内部一些事情当
有所本。如他所载关于徐元文罗织罪名参劾姚启圣事，在《康熙起居
注》、《清圣祖实录》、李光地《榕村语录续集》和《清史稿·姚启圣
传》等史籍里就都有记载。《清史稿·姚启圣传》载其事说："〔康
熙〕二十年，左都御史徐元文劾启圣疏请借司库银十二万，经营取
息，侵占民利；题报军前捐银十五万，皆克军饷朘民膏而得。闽民极
困，启圣不能存抚，拆毁民居，筑园亭水阁，日役千人，舞女歌儿充

---

① 顾亭林，即顾炎武（1613～1682 年），学者。江苏昆山人。清兵南下后，曾参
加抗清斗争，失败后仍不忘兴复。诗多表现其不满清廷统治、眷恋明室的感
情。据昭梿《啸亭续录》所载，徐元文、徐乾学系顾炎武外甥。
② 昭梿：《啸亭杂录》，中华书局，1980，第 504 页。该书系《啸亭杂录》和
《啸亭续录》合刊本。
③ 昭梿：《啸亭杂录》，中华书局，1980，第 541 页。

牣房闼；又强取长泰戴氏女为妾。海坛进师，力为阻挠，及克厦门，又言当直取台湾。始欲养寇，继欲穷兵。吴兴祚、万正色平海奏功，启圣惭妒，妄谓正色与锦将朱天贵有约，让海坛而去。险诈欺诬，乞敕部严议。"在施琅复出之前，姚启圣和福建巡抚吴兴祚、水师提督万正色之间确实曾经发生矛盾冲突。吴兴祚、万正色上奏称他们协力规复被郑军占据的海坛、厦门、金门，而姚启圣先是劝阻其进兵，后来则在赴闽的兵部侍郎温代和众多官员面前说万正色事先和郑将朱天贵相通，等他率师前往时，郑军已撤走，所得是空地，所以吴、万是"妄报军功"。后康熙帝严令查核，得知吴、万所言属实。此事导致吴、万对姚启圣心怀怨恨。笔者曾论及此事，请参看①。但是，徐元文所劾未必全都和事实相符。如《康熙起居注》"二十三年九月十三日"条记载："兵部题原任总督姚启圣修理船只兵器，浮冒钱粮四万七千余两，应行追赔。"② 而徐氏劾其"克军饷朘民膏而得""银十五万"。前后两相比较，从数量上看就有较大的出入。姚启圣曾遵旨复奏说："臣于康熙十七年十月进兵至凤凰山，因一时投诚者多，犒赏不继，与抚臣吴兴祚议外省贸易，颇有微利，前督臣李率泰、经略洪承畴尝借帑为之，遂冒昧上疏，未尝俞允。臣自入仕，京师未有产业，而军前捐银十五万有奇者，香山罢官后，贸易七年，得积微资，并臣浙江祖产变价，及亲朋借贷，经年累月而后有此。臣于十七年七月至省，见总督官廨为耿精忠屯兵毁伤倾圮，因捐资修整，日役不过数十，栅外员役私舍，令其自行撤除。至臣妾皆有子女，年已老大，并无歌儿舞女，强取戴氏女，尤无其事。十八年十一月，臣密陈进剿机宜，请水陆五道进兵，并未阻挠。

① 施伟青：《施琅年谱考略》，岳麓书社，1998，第 456~463 页。

② 《康熙起居注》，中华书局，1984，第 1228 页。

至得厦门即攻台湾，先于十八年九月预陈，亦非届时发议……""疏入，报闻。"二十一年，叙攻，授世职拜他喇布勒哈番兼拖沙喇哈番①。可见，康熙帝是可能知道一些内情的。应当承认，姚启圣确有过错，问题在于徐元文的参劾并非出于公心。

而李光地记载此事的发生系源于吴兴祚的收买：

> 立斋参姚总督，乃健庵、吴伯诚②所买。而为此，故人不服。姚虽可参，而非出于公。若是魏环溪③参，谁不服？乃参姚不动，乃嫁祸于我。一日姚熙④之长子造予曰："家君与老伯相好？"予曰："然。"又徐徐曰："家君近日有得罪处？"曰："毫无。"又徐曰："小侄闻前参本甚骇异。"予问之，曰："都言稿出老伯手。"……后来北门⑤良心发现，知此言即健庵为之，何苦令地方一大吏害予，仍谕姚所亲赵姓曰："为我告汝，总督前言大没影，是吴兴祚买出来的。李某何干？我误矣，李是好人。"⑥

把此则材料和前述昭梿的记载结合起来看，可知吴兴祚为报复姚启圣，收买了徐元文、徐乾学、明珠。徐乾学又把劾姚一事嫁祸于李光地，说该参本是出自李光地之手，以图一箭双雕。弄得被蒙在鼓里的姚启圣长子找上门来，和李光地理论。幸好，后来明珠良

---

① 《清史稿》卷二百六十，《姚启圣传》。

② 吴伯诚，即吴兴祚，字伯成，号留村，浙江山阴人，入正红旗籍，历官福建按察使、巡抚、两广总督、古北口都统。

③ 魏环溪，即魏象枢，字环极，山西蔚州人，官至刑部尚书。

④ 姚熙，即姚启圣，其字熙止。

⑤ 北门，即大学士明珠。

⑥ 李光地：《榕村语录续集》卷十五，《本朝时事》。

心发现，让人转告姚启圣实情。

李光地的记述反映出他显然是认为，徐元文、徐乾学兄弟俩参劾姚启圣纯系出于吴兴祚的贿买，可见他并不知道徐氏实施这一举措的深层次的原因。康熙十九年（1680 年）八月，在清军收复厦门、金门后，姚启圣遂上疏称："台湾断须次第攻取，永使海波不扬。此款在臣必欲亲率舟师剿灭台湾，永除后患，以报国恩。"① 而且，他多次疏荐施琅出任福建水师提督以征台灭郑，他还弄清世泽案的真相，促成了施琅的复出。而这一切，都是同情、向往台湾郑氏政权的徐氏兄弟所难以容忍的。而这恐怕才是他们参劾姚启圣的主要原因。

徐乾学对李光地的打击也是不遗余力，他甚至给李戴上存有"异志"的帽子。光地记其事说："予假归，东海不欲予来，对上言我谤诽朝事，曰此时非我有为之日，此去不复返矣。"② "云予族众万余，有事时，予本有霸王之志，坐观成败。其为人臣，非其本志，故来朝辄去。即在朝，日与二三同心讯切时政。上遂各处侦探采访，而不得其踪迹，至今方歇。"③ 这是足以置李光地于死地的罪名。李光地知其和徐乾学之间存有芥蒂，但他认为就他们之间的隔阂而言，徐氏不该如此痛下杀手。他不无困惑地说："予平生与人无怨怒，独与徐健菴则不免略有之，盖无故而必欲见杀，不遗余力，可怪耳。"④ 史载，康熙帝曾垂询李光地："海贼可招安否？"光地答道："不能。……彼恃海上风涛之险，一闻招安，他便说不削发、不登

---

① 《忧畏轩奏疏》，康熙十九年八月姚启圣题。
② 李光地：《榕村语录续集》卷十三，《本朝时事》。
③ 李光地：《榕村语录续集》卷十，《本朝时事》。
④ 李光地：《榕村语录续集》卷十三，《本朝时事》。

岸、不称臣、不纳贡，约为兄弟之国。"① 在郑经去世后，他奏称"宜急取之。且举内大臣施琅习海上形势，知兵，可重任。上用其言，卒平台湾"②。李光地有这些表现，"暗扶明裔"的徐乾学深恨于他，欲置之死地而后快，可谓顺理成章的事，而光地对这个背后的缘由却全然不知，难怪他对徐氏的狠下毒手会大惑不解。

而施琅向来主张用兵台湾，入为内大臣后仍积极宣传其平台方略，复出后终于荡平台湾，结束了两岸长期对峙的局面，使之归于一统，令徐乾学讴歌的所谓"亭亭自向东风立"的郑氏政权已不复存在。因此，徐氏切齿于施琅是势所必然的。而施琅同样也不了解这一点，所以才会认为其得罪徐氏，是被李光地拖累所致。

据史籍记载，在康熙十九年至二十一年（1680～1682年）施琅取得专征权之前期间，清政府内部的大吏力主武力平台的只有施琅、姚启圣和李光地三人，而这三人都遭到徐氏兄弟的忌恨和打击，这绝非偶然。所以，昭梿《啸亭续录》的有关记载是可信的。

徐元文先是指责姚启圣主张进兵台湾是"欲穷兵"③，后又奏称："福建总督姚启圣、提督施琅自去年率兵进剿台湾，至今尚无成效，百姓供应军需极为困苦，应敕该督、提暂行停止。"④ 反对出兵的理由讲得冠冕堂皇，似有一副关心民瘼的菩萨心肠，目的却在于阻止武力平台，以使郑氏苟延残喘。徐氏兄弟的政治取向是如此诡秘，他们吃里爬外，身在曹营心在汉。并且，他们又善于拉帮结派、舞文弄墨、摇唇鼓舌、搬弄是非，所以不能低估他们的能量和作用。

---

① 李光地：《榕村语录续集》卷十一，《本朝时事》。
② 《清史稿》卷二百六十二，《李光地传》。
③ 《清史稿》卷二百六十，《姚启圣传》。
④ 《康熙起居注》，"康熙二十一年七月二十八日"条，中华书局，1984，第873页。

这个历史现象是可以给今人提供某些有益的启示的。

　　关于徐氏结党营私事，史籍多有记载。《清史稿·徐乾学传》载，康熙二十八年（1689 年），副都御史许三礼弹劾徐乾学"乘修史为名，出入禁廷，与高士奇①相为表里，物议沸腾，招摇纳贿"。《清史稿·高士奇传》载，左都御史郭琇劾高士奇等说："乃有原任少詹事高士奇、左都御史王鸿绪②等，表里为奸，植党营私。"其传后"论曰：儒臣值内廷，谓之'书房'，存未入关前旧名也。……乾学、士奇先后入直，鸿绪亦以文学进。乃凭藉权势，互结党援，纳贿营私，致屡遭弹劾，圣祖曲予保全"。李光地记载，徐乾学、高士奇"日日入南书房修书，凡有文字，非经徐健菴改定，便不称旨，满汉俱归其门"。徐氏由于纳贿很多而成为巨富，竟和大学士明珠"斗财力，势均力敌，莫如之何"③。昭梿《啸亭杂录》也载："徐健菴乾学昆仲与高江村比昵，时有'九天供赋归东海，万国金珠献淡人'之谣。上知之，惟夺其官而已。"④"东海"，即谓徐乾学；"淡

---

① 高士奇，浙江钱塘（今杭州）人，字澹人，号江村。以诸生供奉内廷，任詹事府少詹事，颇得康熙帝宠幸。以结党营私被劾而解职离京。后复起用，官礼部侍郎。

② 王鸿绪，江苏娄县人，初名度心，字季友。康熙十二年进士，历官翰林院侍讲、内阁学士、户部侍郎、左都御史，因与高士奇等结党营私，被革职归里。

③ 李光地：《榕村语录续集》卷十四，《本朝时事》。

④ 昭梿：《啸亭杂录》，中华书局，1980，第 7 页。据《啸亭续录》记载，因徐乾学兄弟曾打击姚启圣，启圣子姚仪心不能平，后得悉乾学被罢官归里的消息，知其"苞苴无算，伺于卢沟桥，俟其车数十乘至时，公子固兼人力，乃拽其车尾，尽掀于巨浪中。大言曰：'若辈赀财，皆取诸不义者，敢与予鸣之官乎？'健菴惧，隐忍而已。事久，仁皇帝闻之，大笑曰：'姚仪此举，殊快人意！然有此勇力，不可使闲置郎署。'遂改授武职，立功海上，洊至南阳镇总兵官，以善终"（昭梿：《啸亭杂录》，第 504 页）。

人"系指高士奇。

对于清廷内部一些人的疑忌、中伤，在朝中供职十三年的施琅不会不知道。尤其是他和同乡、好友李光地过从甚密，这也是其悉知这方面情况的重要渠道。当然，他未必了解某些人攻击他的背后原因。但这已经能够促使他在复出后，当遇到有可能反映他是否尽忠清廷的问题时，采取格外谨慎的态度。

我们知道，康熙帝自复用施琅为将后，对其已是十分信任，对他征台的工作给予大力支持①。然而，施琅似乎还存有顾虑，这与他归清后曾经两度不被信任的遭遇有关，也和上述的情况不无关系。李光地不也是很得康熙帝的信任吗？可是，前已述及，当徐乾学诬告他怀有异志时，"上遂各处侦探采访，而不得其踪迹，至今方歇"。再英明的人君也不可能做到洞察一切，从不出错，而人臣心怀异志，是人君最大的顾忌。因此，康熙帝听到这个谗言，进行了一番的调查，似不值得大惊小怪。不过，皇帝的这一举措对于被诬陷者李光地来说，势必在心理上造成很大的震动，并影响其此后的处事态度和作风。而施琅似也可以从此事中获得某种启迪。

前已言及，当康熙帝欲用施琅平台时，众多朝臣持反对意见，认为"遣去必叛"。有这个看法者，除别有用心的人外，有的当属于认识问题。因为施琅曾是郑氏部将，这样的出身难免令一些人不放心。同时，出现这个看法，还应和台湾的地理位置有关。在时人看来，台湾和大陆隔着两重大洋，从大陆渡台是极其危险的事。所以，只要占据台湾，就获得了和大陆清政府分道扬镳的有利的自然地理条件。许雪姬教授曾指出，赴台班兵和一些文官对

---

①　陈孔立：《施琅史事的若干考辨》，《福建论坛》1982 年第 5 期。

渡海都很有"恐惧感"：

> 台湾虽是汉民族另一个生存空间，但毕竟在海外，欲横渡
> 狂涛万顷的台湾海峡，在轮船尚未发明以前，确非易事，来台
> 遭海难而毙命者所在都有。除非在台有亲戚，或在台找到什么
> 生财之道，否则没有人愿意来台防戍，此种心理不独班兵为然，
> 即文官陈璸被任为台湾知县时（康熙四十一年）亦然。他在给
> 儿子的信中表示："汝父幸得海外生还……"徐宗干在道光末年
> 出任台湾道时，只因他前任在东三省有所亏空，必须赔补三万
> 两以上，所以来台藉官俸补葺，他自称到台是"瘴海迢迢，冒
> 险前往"，这种想法一直到光绪年间还有，征兵一闻被调戍台，
> "当其赴台也，朋旧牵衣，未免有苦哉远征人之叹！"①

朝臣中可能有人会认为，施琅这位惯于海上活动的昔日的郑氏将
领，一旦有机会进入台湾，就会依恃两岸间的汪洋大海而和清廷分庭
抗礼，就像此前的郑氏一样。因此，他们反对任用施琅征台，这应是
朝廷中出现施琅"去必叛"说法的原因之一。在使用木帆船作为交通
工具和战舰的三百多年前，面对着波涛万顷、风信难测的大海，有人
有这种想法似不足怪。换言之，当施琅进入澎台后，清廷中会有一部
分人对其言行举措特别敏感。而施琅本人也似乎意识到了这个问题。
在此期间施琅所题呈的奏疏中，存在若干令人困惑的内容，应即是他
为消除嫌疑、防止他人中伤或误解而特意提出来的。

　　中国自先秦时起就有"将在外，君王之命有所不受"的传统。

---

① 许雪姬：《清代台湾的绿营》，中央研究院近代史研究所，1987，第 369 ~
　　370 页。

如成书于战国时期的《尉缭子》说："夫将者，上不制于天，下不制于地，中不制于人。……将者，死官也。故不得已而用之。无天于上，无地于下，无主于后，无敌于前。"① 同样成书于战国时期的《六韬》说："军中之事，不闻君命，皆由将出。"② 反映唐代军事思想的《李卫公问对》也说："军中但闻将军之令，不闻君命。"③ 这个主张对于中国古代帝王将相来说，是一种常识。例如，康熙十七年（1678 年）正月，郑经拟派遣郑军总督刘国轩攻打漳州，刘国轩趁机提出："古为将者，出师在外，必有阃外之寄，君命有所不受。倘若如前掣肘，则轩不敢拜命矣。"郑经只得应允④。

施琅认为攻取澎湖后，"台湾残贼必自惊溃胆落，可以相机扫荡矣"⑤，故平定台湾本岛已经不成问题。他知道，消灭郑氏政权后，台湾弃留问题总是要摆到桌面上来的。施琅统率征台的福建水师是当时清朝最精锐的海上武装，台湾郑军中又有施琅"旧时部曲现为职官者"⑥，而施琅本人富有韬略、善于海战是时人公认的。台澎和大陆隔着汪洋大海，可谓天高皇帝远。在这种情况下，本应有阃外之寄的施琅，手握重兵，身处海外，如果对台湾弃留问题不作出表态，就容易在清廷内部引起猜疑，甚至可能有人会怀疑他深藏不露，有不臣之心。而别有用心者又可以趁机编造流言蜚语，对其施加诋毁。因此，不如变被动为主动，尽快向清廷提出这个问题，这不仅

---

① 《尉缭子》卷二，《武议第八》。
② 《六韬》卷三，《龙韬·立将》。
③ 《李卫公问对》卷下。
④ 江日昇：《台湾外记》卷八，福建人民出版社，1983，第 270 页。
⑤ 施琅：《靖海纪事》卷上，《飞报大捷疏》。
⑥ 施琅：《靖海纪事》卷下，《移动不如安静疏》。

可以使施琅自己避免由这个问题可能带来的嫌疑，而且能够及时地提醒清廷关注台湾弃留这件大事，认真考虑，以便作出正确的决定。问题是应当如何表态，对此施琅可能颇费斟酌。

前已述及，施琅早在康熙初年就已初步产生把台湾作为大陆东南屏障的想法，所以，他不可能主张弃台。那么，赶快提出留台的意见呢？这样做也不合适。因为一则前已指出，留台主张必须经实地调查和深思熟虑后才好题奏，这样做是需要一定时日的。则时机不很适宜，其时施琅先是驻扎澎湖，后又进驻台湾。他是征台的统帅，又任职福建水师提督，此时如果他疏请留台，就可能有人会怀疑他是在为自己长驻台湾创造条件。因为，清廷倘若同意把台湾收入版图，施琅岂不是可以镇戍台湾的需要为借口，而要求长期驻扎该地吗？如果清廷答应其要求，他就可以拥兵海外，久而久之，就有可能演变成为割据势力；要是清廷拒绝其要求，欲撤其回大陆，那么因撤藩而致三藩迅速反叛的类似事件就有可能重演，可谓殷鉴不远。对以上可能出现的疑虑，刚刚从弥漫着"去必叛"的怀疑论的朝廷中走出来的施琅，应当有所预见。有人说施琅入台后才上疏提出留台主张。其实，这个说法不很准确，事实是施琅系在离台返闽后才建言留的。我们知道，施琅是在三提台湾"或去或留"之后才接悉清廷关于讨论台湾弃留问题的相关决定的——即等郑克塽等人登岸后，由侍郎苏拜和福建的督、抚、提督一起会议讨论，而清廷的这个决定是在接到施琅关于台湾或弃或留的请示后作出的。有了这一决定，施琅会顿觉轻松，因为此后他在台期间不再谈台湾的弃留问题，就不易被人怀疑是怀有"异志"了。而这应即是施琅三提台湾弃留的真实目的。前已言及，尽管施琅在上疏中都无表示他要介入台湾弃留问题的讨论，但清廷不可能撇开他去对这个问题作出裁夺。清廷在接悉施琅的有关请示后，所可能作出的决定不外以下三种：一是要求施琅就台湾的弃留提出具体的意见，上疏陈述，以便清廷作出裁定；二是谕命福建的督抚等会同施琅商讨后提出意见，供清廷定夺；三是派朝中大臣赴闽，和福建的封疆大吏一起会议讨论，然后报清廷裁夺。对此，是不难预见的。如果是后两种情况，施琅即可待其返闽后再来谈其主张。倘是第一种情况，施琅尽可以向清廷说明，因台湾弃留，事关重大，他须经实地深入勘查和认真考虑后才能具疏上奏。这种慎重的态度想必是会得到尊重的。所以，不管出现何种情况，施琅都既可以规避嫌疑，又可以争得时间从容应对，变被动为主动。施琅三提台湾或去或留的真相应是如此。所以，不应认为此举表明其时其对于台湾的弃留漠不关心。试想，如果不重视这个问题，他会在上疏中表示台湾弃留"事关重大"吗？会先后三次疏请清廷对此作出裁夺吗？

在台湾郑氏答应就抚后，施琅曾经先后三次疏请班师。本来率师出征的将帅于适当的时候疏请班师是正常的事，有时也是必要的。问题是施琅此举就时间点来说，明显不合适，而其提出的其他相关意见，有的也不很适宜。多年来，笔者对这个问题一直疑惑不解，也不见史学界有人注意到这一问题。这次因探讨施琅三提台湾弃留的缘由，又想到他的三请班师，难道二者之间有存在某种内在的联系？于是把它们结合起来分析，不料竟有顿悟和收获。

施琅系于台湾郑氏遣使至澎湖表示愿意接受招抚后所题呈的《台湾就抚疏》里首次提到"班师"问题。从该疏可知，郑氏是于康熙二十二年（1683 年）七月十五日遣使至澎湖缴纳降本，而九天后即七月二十四日施琅才题呈是疏。如果拿此前的《飞报大捷疏》和是疏就题呈的速度进行比较，就会发现前者迅速，而后者迟缓，这颇值得注意。综观大捷疏，谈到郑军在澎湖列岛的防御部署，清军抵达澎湖后的情况，把六月十六日初战时舟师冲锋陷阵的将弁、二十二日决战时清郑双方参战的主要将弁以及山上投降的郑军将弁的姓名、职衔都一一列出。该疏还谈到攻打澎湖的具体部署、双方伤亡的情况、澎湖的天气风信，赞扬了姚启圣催趱粮饷、犒赏将士的工作，同时还对颁发赏功银、安置投诚郑军官兵、救治清军受伤人员、请求补充兵员以及所缴纳的大炮、器械、甲器各种物质等各方面的情况都一一作了汇报。可谓千头万绪，仅调查收集上述方方面面的资料就颇费时间。而该疏题呈于六月二十六日，距决战之日仅四天而已，真是神速。而就抚疏的内容比前疏简单得多，它先是简要回顾闰六月初八日郑氏遣使求抚的情况，接着报告七月十五日郑氏遣使表示愿意就抚的经过和派遣吴启爵等人先往台湾晓谕的安排，最后即提出班师的请求。它的字数比大捷疏少得多，不到其四分之一。可是，是疏迟至九天后才题呈。

对于清廷来说，就重要性而言，郑氏就抚恐怕还重于澎湖获胜。后者是为武力底定台湾和开展和平招抚创造了有利的条件，而前者则是宣布郑氏政权的覆灭、台湾问题得到彻底的解决。所以，康熙帝在得悉澎湖大捷的消息时高兴地指示："施琅大败海贼，此乃捷音，尔等遍谕扈从八旗诸王、贝子、公、大臣、侍卫各官知之。"① 但当康熙帝收到郑氏就抚的报告时，更是异常欣喜，随即赞扬施琅"筹画周详，剿抚并用，克奏肤功"，表示"朕心深为嘉悦"，指示兵部对"在事有功人员""从优议叙"②。李光地记载，康熙帝在中秋夜接到

① 《清圣祖实录》卷一百一十。
② 《清圣祖实录》卷一百一十一。

"捷报"后"喜甚",因而脱其所穿锦袍以赐施琅,并赐其亲手所书诗一首①。前已指出,清廷系于八月十五日收到施琅《台湾就抚疏》,因此康熙帝于中秋夜所接到的捷报即是该疏。不难看出,康熙帝对于澎湖大捷和郑氏就抚都感到欣喜,但更看重后者,这是很正常的。

对这两件事在清廷心目中所分别具有的分量,施琅应是清楚的。因此,就题报这两件事的心情来说,他不会是急于前者而缓于后者。若此,为什么头绪简单清楚的就抚疏反而花费更多的时间呢?笔者认为,这大概是由于该疏中有部分文字内容是经反复斟酌后才提出的,而大捷疏却没有这样的内容,所以题写简短的就抚疏反而要多费时日。郑氏就抚的情况易于道明,在这方面无须多费心思,让施琅认真思量的应是该疏的后半部分:

> 第查台湾地方千余里,户口数十万。地在敻海之表,或去或留;伪官兵户口繁多,当作何安辑?事关重大,所当亟请皇上迅赐睿裁,敕差才能户、兵二部迅速前来,会同督抚主裁料理,安置得宜,毕此大事。俾臣得即勾当班师,从此金瓯永固,玉烛常调,可无虞南顾矣。此番澎湖克捷,台湾就抚,实赖我皇上洪福齐天,威灵远暨,乃克见成效。但臣卤莽武夫,性直愚戆,直道行事,不肯遗贼以为君父忧。荷蒙皇上豢养之恩,特知之遇,无足报称,誓必扫靖海氛,少效涓埃耳。今年逾六十,筋力衰迈,难胜封疆重任。且孤忠独立,既不肯苟合,又不能弥缝。征剿台湾之举,乃面奉谆谆温谕,屡次俞旨专征,是以臣竭效死力,坚不阿徇,务期荡平。极知深拂人意,宄必

---

① 李光地:《榕村语录续集》卷十一,《本朝时事》。

逮身。兹贼岛既平，臣职已尽，若早不引退，将来必为祸阶。伏乞皇上恩赐召臣回京，俾得时觐天颜，臣所深愿也。①

这段文字篇幅较短，措辞得体，针对性极强，如果没有经过反复推敲、字斟句酌，是不可能写出来的。前已述及，施琅是在此疏中第二次提到台湾弃留问题的，这是重提前议。而言及"班师"则是首次。但在此时请求班师，却是很令人困惑的。那时郑氏刚刚答应就抚，施琅尚在澎湖，还未赴台开展受降工作。为将者都知道，"受降如受敌"②。何况，郑军虽然在澎湖伤亡甚多，但在台湾仍保留着大部分的兵力，有"武职一千六百有奇、文职四百有奇"，"兵四万余人"③。而施琅所率舟师官兵仅二万余人④，并且还得留下一部分扼守澎湖，不能全部开赴台湾⑤。当时正值"北风盛发"季节，台湾和大陆之间，"船只来往"，"阻滞难行"⑥。舟师官兵虽训练有素，但郑军熟悉当地情形，在人数上又占有优势。因此，如果受降一旦出现不测，就会后果难料，即使大陆驰援，也恐有远水难解近渴之虞⑦。事实上，后来施琅入台，郑军中确曾出现过"不效顺"的情况。施琅在《谕台湾安民生示》里曾说：

　　至于本地之跳梁伏莽，夜聚晓散，访闻皆系台湾新附之将

---

① 施琅：《靖海纪事》卷下，《台湾就抚疏》。
② 万正色：《师中小札·与吴抚院书》，福建师范大学图书馆手抄本，第19页。
③ 《清圣祖实录》卷一百一十八。
④ 施伟青：《施琅进军澎湖几个问题的考订》，《历史研究》1997年第6期。
⑤ 施琅：《舟师抵台湾疏》（《靖海纪事》卷下）称其"拨水陆官兵三千员名、大小船三十余只，留守"澎湖。可见赴台官兵仅一万多名。
⑥ 施琅：《靖海纪事》卷下，《舟师抵台湾疏》。
⑦ 请参见《施琅评传》第五章第四节《不杀郑氏的原因》，厦门大学出版社，1987。

不严约束，故纵官兵剽劫。经本提督一面发示招徕解散，恐不效顺，复一面行伪武平侯遣发搜捕，法处该管将弁故纵之罪。①

这些新投诚的郑军将弁，敢于故纵官兵剽劫，还抗拒施琅的招徕解散，施琅还得行请原郑氏武平侯刘国轩出面帮忙，搜捕当事人，惩处相关将弁。这透露出，这些人进行剽劫，恐怕不仅仅是为了钱财，而多少是含有反抗的意图的。连横《台湾通史》记载："清人得台之际，……当是时，郑氏部将，痛心故国，义不帝胡，改服缁衣，窜身荒谷者，凡数十人。"② 以上情况反映出，部分郑军官兵是不愿降清的。对此，施琅持有清醒的认识。所以，他入台后礼待刘国轩，与其相交，借重他原有的地位和威望以控制台湾的局势。同时，他也进行严密的部署，保持着高度的警戒。他报告清廷说：

> 兹在台湾，如鹿耳门、大港、隙仔港、马沙港、蛲港、打狗港、上下淡水等处，俱已调拨船兵，分布守御。臣带水陆镇营官兵一半登岸驻扎，一半在船。③

---

① 施琅：《靖海纪事》卷下。
② 连横：《台湾通史》卷二十二，《宗教志》，商务印书馆，1983，第407页。
③ 施琅：《靖海纪事》卷下，《舟师抵台湾疏》。施琅入台之前，对郑氏就抚后的台湾局势应是有所了解的。他称其自复出到任后，就"遣心腹三四人渐次密往台湾、澎湖贼中，通达臣之旧部，在彼现为镇营管兵，令其就中谋叛取事。自去年亦有通信数次"（施琅：《靖海纪事》卷上，《海逆日蹙疏》）。而暗中和施琅联络的就有郑军左武卫将军、北路总督何祐（施琅：《靖海纪事》卷下，《移动不如安静疏》、《台湾就抚疏》）等。施琅可以从他们的"密禀"中了解到相关信息。又郑氏同意就抚后，刘国轩、冯锡范曾各致信一封给在澎湖的施琅，"称说台湾兵民数十万，恐人心危疑不一，事久生端"，请施琅"速去安辑"（施琅：《靖海纪事》卷下，《报入台湾疏》）。这说明台湾是存在动荡不安因素的，难怪施琅一入台，就会迅速地采取相应的措施以稳定局势。

可见施琅一点也不敢麻痹大意、掉以轻心。应当承认，施琅是统帅入台主持受降、安置等工作的最合适的人选，但他却提出了让户、兵二部和福建督、抚负责安置工作的建议。

七月二十九日，施琅再次疏请班师，并重申由户、兵二部和总督姚启圣负责归降的郑氏官兵和移民的安置工作的意见。他说：

> 臣当即亲临台湾，先将要紧之人载入内地安插。但伪官兵人民户口繁多，仰祈皇上迅差户、兵二部前来主裁料理得宜。臣奉命专征，剿抚之事，俱已勾当，仰候俞旨，以便班师。其安插事宜，悉交督臣自行料理。①

八月初九日，在赴台前夕，施琅又上疏第三次请求准其班师：

> 更有请者：臣右眼自六月十六日冲击贼艍，被铳打伤，医治至今，两月有余，犹昏昧未明，勉强在军调度。剿抚之事勾当，臣职已尽，伏乞俞旨，准臣班师，回汛调治，俯赐睿裁施行。②

其实，那时受降仪式尚未举行，郑氏文武官员都还未削发，是不能说"剿抚之事勾当，臣职已尽"的。施琅对此不会不明白。且率师入台受降，没有比他更合适的人选，施琅对此同样不会不清楚。再则，从后来施琅入台后一直至十一月下旬③才离台返闽可知，从他首次疏请班师到其离开台湾，有四个月之久。因此，他提班师问题

---

① 施琅：《靖海纪事》卷下，《赍缴册印疏》。
② 施琅：《靖海纪事》卷下，《报入台湾疏》。
③ 施琅：《靖海纪事》卷下，《班师过澎湖祭阵亡官兵文》。江日昇：《台湾外记》卷十，福建人民出版社，1983，第364页。

未免过早，此时即提出由他人负责台湾善后诸项工作的要求，也不是很适宜。

那么，施琅为什么要在赴台前连续三次奏请班师呢？其答案可以在《台湾就抚疏》里找到蛛丝马迹。在该疏中，施琅自谓其系"卤莽武夫，性直愚戆，直道行事，不肯遗贼以为君父忧"，"且孤忠独立，既不肯苟合，又不能弥缝"，"务期荡平"台湾，因此"极知深拂人意，灾必逮身"。施琅把他直道行事的作风、孤忠独立的性格和其不为任何干扰所动摇、务期平台灭郑的实践活动紧密地联系在一起，说明倘无前者，就不可能有后者。当然，施琅没有忘记强调他靖台的动力还来源于"皇上豢养之恩，特知之遇"和"谆谆温谕"的教诲，以及"屡次俞旨专征"的信任和支持。但他却因之冒犯了一些人，必定遭人报复。为自己的安危考虑，他请求允准其及早引退，调其回京。

施琅的这一番说法，以往学界都认为是针对福建总督姚启圣而提出的，因为在施琅取得专征权后，姚启圣就从以前的主张以武力平台而转变为反对出兵台湾，鼓吹以招抚替代进征，施、姚之间为此又发生争执①。所以，这个看法是有道理的。但是，恐怕问题并不限于此。康熙二十七年（1688年），施琅入京朝见康熙帝时，说其"孤踪独立，心直口快，以致获戾于人者多"②。一个"多"字很值得注意。前述康熙帝拟派施琅平台，而"以为不可"遣，鼓噪"遣去必叛"的不就是"举朝大臣"吗？这恰恰应了一个"多"字。而

① 施伟青：《施琅评传》，第四章第三节《与福建总督姚启圣的分歧》，厦门大学出版社，1987。
② 《康熙起居注》，"康熙二十七年七月十五日"条，中华书局，1984，第1786页。

复出后的施琅，不仅没有如他们所说的那样举兵反叛，而且不负任使，圆满地完成了靖台的任务，这不等于是给予这些怀疑论者当头一棒吗？因此，施琅谓其"极知深拂人意"，这"人意"，应是包括"举朝大臣"在内的。这帮大臣所具有的能量自不待言，和他们相比，施琅知道自己是处于弱势地位的。为防祸患，他就必须想方设法表明其是尽忠清廷绝无异心的，以使康熙帝能够始终信任他，而他也就可以获得康熙帝的"保全"①。他疏请清廷裁夺台湾弃留，没有表示其要参与讨论这个问题，谓其"不敢自专"，是出于这个目的。他奏请班师，过早地提出这一请求，同样是出于这个目的，就是为了表明施琅他虽关心台湾的弃留，但并不眷念长驻台岛，而是希望能够尽快班师而返，并引退入京。你看，谁还能指责施琅企图在台拥兵自重甚或割据自立？

综合这个时期施琅所题呈奏折来看，他统兵进台是为了做三件事：一是"看其形势，暂行安辑"；二是"先将要紧之人载入内地安插"；三是"到台湾察阅土地人民情形，另疏题报"②。而其他事情他就不插手了，交由户、兵二部和福建督抚主裁料理。施琅甚至"移咨督抚，或亲临安插，或酌委有司前来料理，以仰候敕差户、兵部臣到时与督抚二臣商酌安插得宜"③。他咨请督、抚，或亲临台湾负责安插，或委派相关官员赴台主持料理，他想尽快从安辑工作中脱身。

———————————

① 康熙二十七年（1688 年）七月十五日，施琅面奏康熙帝称："臣孤踪独立，心直口快，以致获戾于人者多，全赖皇上始终保全。"（《康熙起居注》，中华书局，1984，第 1786 页）

② 施琅：《靖海纪事》卷下，《台湾就抚疏》，《赍缴册印疏》，《报入台湾疏》。

③ 施琅：《靖海纪事》卷下，《报入台湾疏》。

施琅的三请班师，表示不愿长期负责安辑工作，和他的三提台湾弃留，表示不介入该问题的讨论，目的是一样的，都是做出一种姿态，而不是他的真实意愿。睿智的康熙帝似了解这一点，因为笔者虽然没能找到清廷对施琅班师请求的答复，但从后来的史实来看，康熙帝对其这个请求是作出了积极回应的：

一则后来施琅是在完成台湾郑氏就抚的各项善后工作后才返回大陆的。这表明康熙帝曾谕令其料理完安辑事项后才班师，而未命其提早撤回。

二则康熙帝没有派遣福建督、抚或朝中大臣渡台，而是让施琅始终全盘主持各项工作。

三则连沿海展界，康熙帝也要求相关官员移文台湾，和施琅会商①。

四则康熙帝对施琅既赐袍又赐诗，还迅速地作出决定，封其为靖海侯，世袭罔替。前述提到李光地载有康熙帝对施琅赐袍赐诗事，而康熙帝本人也曾言及此事，他亲自书写的《御制褒章》说：

> 海氛之不靖，鲸鲵出没，波涛震惊。滨海居民，鱼盐蚕织耕获之利，咸失其业。朕心恒悯恻焉！迩者滇、黔、陇、蜀、湖湘、百粤，悉皆底定敉宁；蕞尔台湾，险阻负固。尔施琅衔命祖征，决策进取。楼船所指，将士一心。遂克岛门，迫其营窟，勇以夺其气，诚以致其归。捷书到阙，时值中秋，对此佳辰，欣闻凯奏。念瀛壖赤子，获登衽席，用纾南顾之忧，惟尔丕绩！即解是日所御之衣驰赐，载褒以诗：

---

① 《康熙起居注》，"康熙二十二年十一月十一日"条，中华书局，1984，第 1101 页。

岛屿全军入，沧溟一战收。降帆来蜃市，露布彻龙楼。上将能宣力，奇功本伐谋。伏波名共美，南纪尽安流。

康熙二十二年九月初九日御笔。[1]

伏波，即东汉名将马援，他不仅具有杰出的军事才能，而且对光武帝刘秀忠心耿耿[2]。康熙帝以马援喻施琅，既赞扬他的平台功绩，又肯定其对清廷忠心不二。

翌日，康熙帝就封施琅靖海侯一事指示吏、兵二部，说道：

> 朕念海氛不靖，则沿海兵民弗获休息，特简施琅为福建水师提督，前往相度机宜，整兵征进。该提督忠勇性成，韬钤凤裕，兼能洞悉海外形势，力任克期可奏荡平。遂训练水师，整顿战舰，扬帆冒险，直抵澎湖，鏖战力攻，大败贼众，克取要地，立奏肤功。余众溃遁台湾，慑服兵威，乞降请命，已经纳土登岸，听候安插。自明朝以来，逋诛贼寇，始克殄除。濒海远疆，自兹宁谧。此皆该提督矢心报国，大展壮猷，筹画周详，布置允当，建兹伟伐，宜需殊恩。施琅着加授靖海将军，封为靖海侯，世袭罔替，以示酬庸。[3]

康熙帝在这段话中先后两次提到施琅，都颂扬了施琅的才干及其对靖台宁疆的贡献；同时，都是首先赞誉施琅尽忠清廷，即"忠勇性成"，"矢心报国"。同日发布的《封侯制诰》重申了这个说法[4]。

---

① 施琅：《靖海纪事》卷下。
② 范晔：《后汉书》卷二十四，《马援列传》，中华书局，1965，第827～852页。
③ 施琅：《靖海纪事》卷下，《上谕兵部》。
④ 施琅：《靖海纪事》卷下。

康熙帝以上的举措和表态，对于因被人疑忌而忧虑重重的施琅来说，无疑是一个很大的慰藉和鼓励。康熙帝是疑人不用，用人不疑。对此，施琅当有所领会。但他对于大事仍是小心谨慎，不敢忘乎所以。前已指出，施琅在台前后约有百日，在后期他应是有条件就台湾的弃留问题上疏阐述其主张的。因为其时他对台岛已进行过实地调查，对它的弃留问题也理应已经过深思熟虑。尽管清廷已对讨论这个问题的时间和参与对象作出规定，但它并未禁止施琅在参与讨论之前先单独疏陈其意见。类似的事例，如康熙六年（1667年）十一月二十四日施琅疏请出兵台湾，次年正月初十日接悉谕旨："渡海进剿台湾逆贼，关系重大，不便遥定。着提督施琅作速来京，面行奏明所见，以便定夺。"① 四月，由于急切于进征，施琅在进京前夕又题呈一疏，详陈"台湾剿抚可平机宜"②。可见他并没有因为马上要入京面陈所见，而放弃再次上疏。从施琅后来题奏的弃留疏可以看出，他主张留台，是非常强烈和迫切的，但在返回大陆之前，他却对清廷只字不提，守口如瓶。这个不寻常的表现，似反映了他对在台期间疏请留台心存顾忌，是认为时、地均不宜。

李光地曾经指出，施琅虽平台"成功，亦得防祸"，认为他不杀郑氏也是出于防祸的需要。不然，"若郑氏灭尽，万一有嫉忌腾谗谤之口，谓施琅得郑家珠宝若干、美女若干，郑氏无人，将谁与辨？今郑氏全在，可以质问。为自己祸患计，亦当如是"③。任职内阁学士的李光地有这个看法，是因其对清廷内部情况有所了解，而非凭

---

① 施琅：《靖海纪事》卷上，《边患宜靖疏》末附。

② 施琅：《靖海纪事》卷上，《尽陈所见疏》。

③ 李光地：《榕村语录续集》卷十一，《本朝时事》。

空想象，杞人忧天。曾经两度不被信任的施琅，对那痛苦的岁月，是如此刻骨铭心，终生难忘。因而，率师东征后，防祸，已成为他的一种自觉。而当他班师返闽后，时、地情况已发生变化，他已不是出征在外的将帅，没有阃外之权；他已身在大陆，两岸之间的汪洋大海已不能用来作为"反叛"的有利条件了。因此，这时他已经可以对留台主张畅所欲言了。这应是施琅在班师之前没有疏请留台的原因之一。

也许有人会认为，施琅在这个问题上的顾虑属于"过虑"。然而，前已指出，在郑氏就抚后，康熙帝实施了那么多褒赏施琅的举措，而且在施琅返闽后，他仍让其继续提督福建水师，可见康熙帝对施琅已是何等信任。并且，事实也已经证明，施琅对清廷确是忠心不二。然而，在这种情况下，朝中仍有人继续散布对施琅的怀疑论，反对让其在外为将，而主张把他留在京城加以监控。由此可知，这帮疑忌者是多么顽固和阴险！甚至可以认为，他们有些藐视康熙帝对施琅的信任，从而不肯停止对施琅的攻击中伤。所以，施琅对待大事采取谨慎态度是完全必要的，并非过虑。年逾花甲的施琅只恐来日无多，他亟望余生不要再度发生重大的变故。因此，在事关有可能反映他是否尽忠清廷的问题上，他务须尽可能地处置妥善，防止出现纰漏，以俾不授人可以作为诋毁其怀有"异志"的任何把柄。因而笔者的分析，并非捕风捉影。

第五章　经营官庄的评价

第一节　清初台湾"萧条"的原因

近年来，有人不仅企图否定施琅主张留台的动机，而且把施琅、吴英及其随征将弁在台经营田庄说得一无是处，指责说："施琅、吴英以及其部众，在台湾夺取郑氏旧额近三分之二的土地。""施琅所掠夺的田庄既然如此，其副将吴英以下将校员吏群起效尤，甚至连其亲友，亦得到施琅的特许，招佃开垦草莱"。"施琅之贪婪无厌，掠夺田园，独占利权，致台湾在未经战事，和平转移政权之后，其残破的程度，远比经年累月战乱严重"。"短短一年之后，首任知府蒋毓英到任之时，台湾竟然是'井里萧条，哀鸿未复'，'台民悉伪俘，强有力者归故土，所留者琐尾残黎耳'之地，可见施琅对台湾摧残之甚"。导致台湾首任知府"蒋毓英则必须'躬历郊原，披荆斩棘'"①，这是公然要求施琅、吴英等将弁为台湾入清初年的"萧条"承担责任了。

首先，前已论及，把施琅在台的土地说成是掠夺而来的，并不符合历史事实。

---

① 石万寿：《台湾弃留之探讨》，林金悔主编《沤汪·将军·施琅——将军乡乡名溯源暨施琅学术研讨会论文集》，台南县将军乡公所，2002。

其次，施琅、吴英及其随征将弁在台经营田庄，不外是为了招佃垦种以收取大租。为此，他们往往须投入大笔资金兴建水利设施，购置牛种，建屋结庐以养佃拓荒。前述施琅之修筑陂圳，即为其例。至于施琅的亲友"招佃开垦草莱"，则是把草地开辟成为田园。这些举措，显然有利于促进台湾社会农业的进步，推动台地社会经济的恢复发展，怎么反会导致台湾"残破"呢？这个说法，殊不可解。

康熙二十三年（1684 年）台湾首任知府蒋毓英到任时，台湾"井里萧条，哀鸿未复"，他须"躬历郊原，披荆斩棘"，究其原因有二：

一是在郑氏治台时期，台湾的开发仍非常有限。陈孔立先生指出：

> 在郑氏时代，据我估算，汉族移民增加到 10 万～12 万人，即增加了 6 万人左右，除了郑氏军队以外，新增移民有 2 万～3 万人。……开垦的范围仍照以荷据时代为基础，逐渐向南北扩展，南到凤山、琅𤩝，北到鸡笼、淡水。耕地面积一度达到 3 万甲，比荷据时代扩大 1.45 倍。但这只是开垦的成绩，实际上新垦土地并没有全部成为耕地，或因田土力薄而抛荒，或因溪沙冲积而毁坏。所以，到清朝取得台湾时，可耕田园只有 18454 甲，比荷据时代只增加 6000 多甲。郑氏时代还兴修了一些小型的水利设施，并且帮助土著居民改进农耕技术，谷物总产量估计最高可达 84 万石以上，比以往增加大约一倍。后期由于连年征战和人口增加，粮食供应还发生不少困难。上述情况表明，在郑氏 23 年统治期间，对台湾开发做出了一定的贡献，但实际效果并不十分显著。①

---

① 陈孔立：《清代台湾移民社会研究》增订本，九州出版社，2003，第 30～31 页。

　　因此，在台湾入清初期，荒地极多，大片草莱亟待开垦，地广人稀是当时的实际情况。

　　二是郑氏降清后，郑氏官兵和移民大量迁回大陆。清廷是把郑氏兵民移入大陆安插作为接受郑氏归降的既定条件之一的。康熙帝曾指示奉命到福建料理舟师兵饷的工部侍郎苏拜等人说：

　　　　更念以兵力攻取台湾，则将士劳瘁，人民伤残，特下诏旨招降，倘其来归，即令登岸，善为安插，务俾得所，勿使余众仍留原地。此事甚有关系，尔等勉之。[①]

　　这个政策的实施，加剧了台湾劳动力的紧缺，造成台地开发的停滞甚至倒退。所以，康熙二十三年（1684 年），施琅上疏称："自臣去岁奉旨荡平，伪藩、伪文武官员、丁卒与各省难民相率还籍，近有其半。人去业荒，势所必有。"[②] 季麒光也持同样的看法，他说："不知台湾之人，自官兵去之，难民去之，郑氏之官属宗党去之，人散地荒。"[③] 所谓"业荒"、"地荒"，是指原已垦种的田地由于劳动力的离开而被抛荒了。至于本未垦辟的大片草地，那就更加缺乏劳力去开垦了。高拱乾《台湾府志》所载"井里萧条，哀鸿未复"，"强有力者归故土，所留者琐尾残黎耳"，就是上述两个原因导致的情况。蒋毓英须"披荆斩棘"的缘由也即在此。对于清廷迁移郑氏官兵和移民入大陆的政策，如何去评价，当然可以仁者见仁，

---

① 《康熙起居注》，"康熙二十二年七月二十八日"条，中华书局，1984，第1035 页。

② 施琅：《靖海纪事》卷下，《壤地初辟疏》。

③ 季麒光：《覆议二十四年饷税文》，季麒光撰，李祖基点校《蓉洲诗文稿选辑·东宁政事集》，香港人民出版社，2006，第 158 页。

智者见智，但这是另外一个问题。而把台地的萧条说成施琅等人"摧残"的结果，未免缺乏根据。

　　其实，由于台湾入清之前开发的范围还比较狭小，所以在归清经数十年的垦辟后，仍存在大量的荒地而需要人们去披荆斩棘。如康熙四十九年（1710 年），分巡台厦道陈滨上疏称：

　　　　按北路诸罗县属二千三百余里，南路凤山县属六百余里，台邑中路东西五十余里，其间旷土尚多，弃之可惜。漳、泉等郡民居仅一水之隔，应广为招徕，以闲旷之地处之，使之畊[耕]食凿饮，安居乐业于其中。①

康熙五十三年（1714 年），福建巡抚觉罗满保上奏称：

　　　　竹（诸）罗县虽宽五十、百里不等，然长近千里。其地虽有三十六社蕃人及从内地去人设庄耕田甚多，但因地广，未开垦之地仍然很多。据言土地亦为肥沃，故奴才交令新调往竹（诸）罗县知县周仲轩（即周钟瑄——引者）尽力招工开垦。②

　　其时，台湾已收入清朝版图三十年了，而诸罗知县周钟瑄仍须尽力于垦荒。如果把台湾在郑氏时期和清前期开发的田园面积作一番比较，就能够进一步看清这个问题。前已述及，清朝取得台湾时，郑氏留下已开发的田园为一万八千四百五十四甲，而到雍正十三年

---

① 陈滨：《为条陈利弊四事》，台湾史料集成编辑委员会：《明清台湾档案汇编》第二辑第九册，中华文化复兴运动总会等，2006，第 242 页。

② 《福建巡抚觉罗满保奏报雨水粮价并请开垦台湾荒地折》，康熙五十三年十一月初十日，中国第一历史档案馆编《康熙朝满文朱批奏折全译》，中国社会科学出版社，1996，第 984 页。

（1735 年），台湾计已开发田园五万五百一十七甲①。从 1684 年至 1735 年计五十一年间，新垦田园就达三万二千多甲。仅此，就可见台湾入清以前荒地之多，而遑论迄至清末台湾共垦出多少田园了。

由此可见，台湾入清初年荒地颇多，井里萧条，并非由于施琅等将弁"摧残"所致。

第二节　"有力者"开发台湾的积极作用

那么，应如何评价施琅及其随征将弁在台创立官庄经营田地呢？其实，早在康雍年间，蓝鼎元即已就官庄的积极作用进行过阐述，他说：

> 台湾旧有官庄，为文武养廉之具，今归入公家，各官救口不赡矣。夫忠信重禄，所以劝士，况官人于遐荒绝域，欲用其身心而冻馁其妻子，使枵腹为国家办事，非情之平也。既不许挈眷之官，而三载任满，又令以升衔，再任三载，六年海外，抛弃室家，谁能无忧内顾？又赏赉捐输，百无所出，不能得人死力，未有不怠乃公事。上焉者闭户茹蔬，为僧为佛；下焉者取偿于百姓之脂膏，为鹰为虎，孰与抚绥吾民哉！朝廷蠲租赈恤，动以百知万计，何爱此微末之刀锥。谓官佃多不法，能为盗贼，则不法岂独官佃？治得其道，盗贼可化为良，况佃乎？陷台诸贼，半属游手，半系衙蠹，岂皆官佃为之与？鄙意以为官佃犹古公田，古藉民力助耕；今官自养佃，较公田更不病民。

---

① 陈孔立：《清代台湾移民社会研究》增订本，九州出版社，2003，第 140 页。

旧庄虽没，新地可再垦也，查台北有竹堑埔，沃衍百余里，可辟千顷良田，又当孔道冲要，曩以弃置荆榛。故野番敢于出没，截杀行人。垦为田园，番患自息。但地大需人，非民力所能开垦。莫若合全台文武各官，就此分地垦辟，各捐赀本，自备牛种田器，结庐招佃，永为本衙门恒产。此不独一时之利，千万世之利也。台地素腴，随垦随收，一年稻谷，可足本钱，二年三年，食用不竭。以天地自然之利，为臣子养廉之资，又可祛番害，益国赋，足民食，此一举而数善备者也。①

蓝鼎元赴台时，台湾已收归清朝版图约四十年了，而其时尚有广袤的草地亟待开垦，足见入清初年台岛的土地垦辟具有何等的积极意义！蓝鼎元强调官员经营土地具有优越条件：能够"捐赀本，自备牛种田器，结庐招佃"，这是一般百姓所无法做到的。他又指出，官员经营田庄有四个方面的好处：可为官员提供养廉之资；可以去除番害；可以增收国赋；可以满足百姓的食用之需。以上看法是不无道理的。

当然，经营官庄也确实存在一些消极作用，如前述管事、官佃仗势欺人、谋取私利等现象，似难以避免。问题是此类事，不独官庄存在，如前所指出的，在官府办事的胥役倚仗权势敲诈勒索的现象就相当普遍。而在台湾的民庄中也多有不法事发生。蓝鼎元即曾指出：

　　广东饶平、程乡、大埔、平远等县之人，赴台雇佃田者，谓之"客子"。每村落聚居千人或数百人，谓之"客庄"。客庄

---

① 蓝鼎元：《鹿洲初集》卷二，《与吴观察论治台湾事宜书》，蒋炳钊、王钿点校《鹿洲全集》上，厦门大学出版社，1995，第51~52页。

居民，朋比为党，睢眦小故，辄哗然起争，或殴杀人，匿灭其尸。健讼多盗窃，白昼掠人牛，铸铁印重烙，以乱其号（台牛皆烙号以防盗窃，买卖有牛契，将号样注明）。凡牛入客庄，莫敢向问，问则缚牛主为盗，易己牛赴官以实之，官莫能辨，多坠其计，此不可不知也。①

客庄的人敢于杀人越货，倒不是因其有官势可以依靠，而是倚赖其数百上千之人聚居一处，沆瀣一气，人多势众，敢于为非作歹，分居散户难以与其抗衡。可见民庄也多有"不法"者。

施琅、吴英及其随征将弁，属于开拓台湾的"有力者"（或谓"有力之家"），而关于"有力者"在开拓台湾过程中的作用，学界已有深入的研究，许多学者已发表了相当客观公允的评价。下面略作介绍，希望对于人们正确认识这个问题以及明辨是非，能够有所帮助。陈孔立先生指出：

少数官员和"有力者"，他们通过经商、垦殖，或因军功受赏取得土地，进而成为拓垦的领袖人物。……业户通过申请，取得开垦大片土地的权利，然后招股筹集资金，召佃开垦，起了组织者的作用②。

尹章义教授认为：

郑氏的东来和台湾收归中国版图，为台湾的移民开发史注入

---

① 蓝鼎元：《鹿洲初集》卷二，《与吴观察论治台湾事宜书》，蒋炳钊、王钿点校《鹿洲全集》上，厦门大学出版社，1995，第49页。

② 陈孔立：《清代台湾移民社会研究》增订本，九州出版社，2003，第33页。

了决定性的因素：政府的干预和士族的参与。①

　　清代到台湾从事开发的移民，百分之九十八以上来自闽粤两省，其中百分之四十五来自唐宋以来的世界名港——泉州，百分之三十五来自工艺发达的漳州，两地也都是农业发达、科名鼎盛、文化水平相当高的地区。台湾除了有良港和肥沃的田野之外，还兼有前述与大陆一体化的行政、法律、文化系统，科举制度由大陆延伸到台湾，加上投资于土地、农业、水利事业又有厚利可图，更能吸引泉、漳的人才、资金和技术到台湾来参与开发，加上政府力行"护番保产政策"，使得台湾不仅开发得较快，民族关系较为融洽，台湾与大陆的一体化也进行得较快，而且较为顺利②。

　　［垦首］募得佃垦者后，必葺屋为寮，结厝为庄，预备耕牛、种子、农具和粮食。始垦之际"垦首"负担的比例较大。若是"易开平原"，每垦一甲地，"约须人力一百工"，开垦三年后才能勘界定租，若遇洪水冲崩，一切又得重新开始，这当然需要庞大的资金，若不是有远见、有魄力的"有力之家"孰能备办？假若要开凿陂、圳，其工本更巨，牵涉更广，更需要具备组织长才和今人所谓"企业化经营"能力的人才③。

　　尹教授对于参与台湾开发的士族给予很高的评价，他说："'缙绅'之士在中国传统社会中所扮演的角色早有定说，'拓垦'时代的台湾是福建省的一府，岂有异于中国？耕读是传统士族的主要活

---

① 尹章义：《台湾开发史研究》，台北市联经，2003年初版第四次印刷，第3页。
② 尹章义：《台湾开发史研究》，台北市联经，2003年初版第四次印刷，第7页。
③ 尹章义：《台湾开发史研究》，台北市联经，2003年初版第四次印刷，第61页。

动，士族是社会的领导人物，在台湾也不例外。"而通过对拓垦史的研究，"不但了解我们祖先披荆斩棘、化地为田的艰辛，更发现拓垦者从请垦到募股、筹资、备器、招佃、招垦、凿渠以及与平埔族人交涉诸事件上的表现，他们所呈现的精神、能力与业绩，已经不止是传统的农民与士族，他们也具备了现代工商业经营者与企业家们所必需的智慧、能力与气质"①。

森田明教授对"有力者"开发台湾，尤其是参与台湾大型水利设施建设的积极作用给予高度赞扬。他以施世榜开凿八堡圳为例来阐述其看法：

> 当初施世榜在彰化地区开凿了大规模的水利设施"八堡圳"，对台湾中部生产力的发展起了划时代的作用，成为向全岛开发发展的重要关键②。

> 施长龄（世榜）作为垦户，在对彰化地区一带的广大土地进行开垦的同时，从根本上解决了用水不足的困难。为了使水田化成为可能，他独力着手于水利的开发，经过了大约三十年的漫长时间，投入了五十万或九十九万余金的庞大资金，终于克服了技术上的障碍，在康熙五十八年建成了八堡圳。由浊水溪引水分流的八堡圳，通过其涉及广泛范围的圳路（引水沟）网，把彰化县全地区十三堡半中的东螺东堡、东螺西堡、武东堡、武西堡、燕雾上堡、燕雾下堡、马芝堡、钱东堡等八堡纳

---

① 尹章义：《台湾开发史研究》，台北市联经，2003年初版第四次印刷，第150页。
② 森田明撰《明末清初的福建晋江施氏》，施伟青译，施伟青：《施琅评传》"附录二"，厦门大学出版社，1987，第301~329页。

入灌溉范围内。八堡圳的灌溉地区包括了一百零三庄，耕地面积约达一万九千余甲。可以推测，这个地区大体上都是作为垦户的施氏拥有大租权的范围。……康熙五十八年以后，随着八堡圳的建成而实现的水利保障，施氏即把每甲六石的大租，增收至每甲八石，同时还征收了每甲四斗的水租。[①]

森田明教授注意到施世榜系福建晋江浔海施氏。他通过对明末清初的晋江浔海施氏历史的研究，指出其时晋江浔海施氏在经济上能有效地利用晋江沿海的自然条件开发埭田，从而拥有了相当规模的土地，成为乡居、自耕的经营地主。同时，因为利用晋江沿海的浅滩、砂滨，很容易设置与扩大盐场，施氏很可能就是借此独立地从事盐场的开发、设置和经营管理工作。这也使晋江浔海施氏拥有了乡绅的社会经济地位，并在沿海的埭田开发和盐场的设置、经营及管理方面都积累了一定的经验，具有相当的技术水平。而在政治方面，自明末以来，在和入侵晋江沿岸的倭寇的屡次交战和建立防备体制的过程中，在伴随着明清交替及三藩之乱而发生的政治、社会的动乱中，在维持治安和整理防备等方面，浔海施氏所起的领导作用是引人注目的。在这个过程中积累的海陆两方面的军事经验，特别是海事知识和海战技术等方面所具有的卓越的军事经验和能力，势必促使施家军事官僚辈出。施琅擢任福建水师提督和征郑活动，可以说正是施氏作为军事官僚家世的地位业已确立的反映。而这一切对于晋江浔海施氏参与台湾的开发建设具有积极的意义。森田明教授指出：

---

① 森田明撰《福建晋江施氏与台湾八堡圳》，施伟青译，施伟青：《施琅评传》"附录二"，厦门大学出版社，1987，第330～361页。

在明末清初，施氏在福建晋江历史上所形成的作为地方乡绅的社会经济力量和军事官僚的政治地位，不用说成为清朝占领台湾后的开发势力所不可缺少的前提，但不能认为只要有这个前提就足够了。据我浅见，作为晋江沿海地区开发势力的施氏，他们在历史上获得的技术经验和积蓄，照样适用于台湾的开发过程。正是有了入台前在福建开发中为垦殖埭田或者为造盐场而积累的水利、土木技术和经营管理能力，才使得施氏能着眼于开凿台湾中部的一大水利设施——"八堡圳"，或鹿港沿岸的填埋工程等大型的开发规划，并使之得以实现。如果让我们来考虑一下清朝占领台湾初期，台湾中部那种明显的尚未开拓的情形，即可这样认为：开发资金尽管重要，但开发所需的技术的、管理的、组织的经营能力，对推进当时面临的开拓，比资金更为重要。从这种意义上说，施氏开发台湾所显示的实绩，正是源于此前于福建晋江培养出来的经验和技术的应用。①

陈瑛珣博士以研究"施侯租契字"作为切入点，把施琅及其随征将弁经营官庄放在当时的历史条件下进行探讨。她认为施琅受封后，与其部下成为开发台湾另一股挟带官方资源挹注的开垦主力。于是，历史上的偶然性促使施琅将中国集约农业基础扎根在台湾土地上。他们先是复垦郑氏官兵放弃的已开垦的田园，同时对于嘉南平原大片未开发的荒野进行开垦。施琅在征收地租之后，并未对台湾采取竭泽而渔的做法，而是以官庄并私人大垦户

---

① 森田明撰《福建晋江施氏与台湾八堡圳》，施伟青译，施伟青：《施琅评传》"附录二"，厦门大学出版社，1987，第330~361页。

的身份开水圳、兴农业，运用大量移民劳动力，赋予农具、水利有规模的开发经营系统，提升台湾土地开发速率。此时的官庄经营，恰好提供一个长期稳定的开发体系，供作佃户依靠，永续开发台湾。这也疏解了大陆沿海的人口压力。在台湾的政治变迁中，施琅对于台岛的土地开发从失衡到重归均衡，无疑起到了关键性的作用，使得台湾农业发展在政府与官员这一主流势力挹注大量资金、人力之后，稳定了农业社会生活，为台湾拓垦史开启了一个汉人精耕细作的农业体系。回首清初台湾开发的时间点，他的所作所为有阶段性的贡献。陈瑛珣博士认为，不应对施琅及其随征将弁经营官庄持否定态度。她指出：

> 就政权转换之际，在台湾当时建立一个官营或半官营的庄园经济体系，有助于稳定民众生活与官兵生活，至少要比一个让人民自我掌控，却呈现脱序状态的社会要来得强。土地开发因有官方稳定有序的开垦制度可凭借，促使民间移民、台湾小佃民、权势之家、富户等愿意将资金投注在台湾开发上。论其投资动机，也不过就是"利"字挂帅，所谓"杀头的生意有人作，赔本的生意没人干"。纯粹就投资营利功能来看，清朝政府不会将建设台湾视同一种慈善事业，施琅也不会，其他跟着来台湾开发的人更不会。所以，何必将其营私利的动机邪魔化。……我们可以见到的是从清初民众持续不断的拓垦行动中，正需要官方或半官方的资源，帮忙象蓝氏（蓝鼎元——引者）所言非民力所能开垦的地方。①

---

① 陈瑛珣：《从"施侯租契字"探讨官佃庄园的历史地位》，施伟青主编《施琅与台湾》，社会科学文献出版社，2004。

第三节　对施琅经营官庄的评价

笔者早已指出，施琅及其随征将弁在获得土地后，成为开发台湾的"有力者"。他们拥有政治势力和经济实力，有条件投资于较大规模的垦殖事业，有能力组织、领导较大规模的生产活动。尤其是施琅及其族人，具有雄厚的资金、丰富的生产经验、高明的组织能力，这对于开发台湾具有积极的意义。在施琅获得台湾大片土地后，晋江施氏族人纷纷渡台，加入建设台湾的行列，他们为促进台湾社会的进步，做出了重要的贡献。笔者从《浔海施氏族谱》中搜寻出不少浔海施氏族人徙居台湾的资料，但由于族谱未载明这些族人渡台后是从事什么工作，所以只能作出推测，即认为其时施琅在台有大片土地，浔海施氏族人的渡台可能和经营这些土地有关①。

此前，一直未发现施琅支持其族人开发台湾土地的证据。这次为研究本课题，在高山的奏折中意外地见到一则这方面的珍贵资料，高山在报告台湾历任武职庄产时提到：

> 历任武职亲族在台置有庄产者，凤山县则有三块厝田园一十三甲四分零，系副将董芳族人董大新自置。新甲社、凤山庄以及大竹桥港、东港、西半屏山等处田园共一千二百三十一甲零，俱系靖海侯施琅族人施世魁等一十四户自行佃垦。以上各庄产俱并无侵占投献情弊，亦无民番争控等情，现据本人自行

① 施伟青：《施琅年谱考略》，岳麓社书，1998，第 720~721 页。施伟青：《施琅将军传》，岳麓书社，2006，第 84~85 页。

呈报各该县具有印结。臣已遵奉谕旨仍令照旧管业。①

　　高山报告的台湾历任武职亲族的庄产仅此二项。施琅族人施世魁等一十四户垦地一千二百三十一甲，平均每户约垦地八十八甲（近一千亩），可见施世魁等都是拥有不少田地的垦首。能够占有如此广阔的土地，这在人多地少的福建晋江沿海地区简直是难以想象的。那么，高山在疏陈台湾历任武职庄产时，为什么连他们亲族在台所置庄产也要列入呢？可能是因为这类庄产易于和武职的庄产相混淆，如果不予说明，也许会有人把它视为武职的庄产，亦未可知。施世魁等施氏族人所佃垦的土地在凤山庄及其附近地方，而前已指出，凤山庄（上庄、中庄、下庄）中有一部分土地是清廷赏赐施琅的"酬庸之产"，可见施琅似是把其受赏得来的一些土地交给其亲族去佃垦了。而这些亲族成为了垦首，所垦田地由他们收取大租。也就是说，他们并非施琅的佃户。这应即是施琅对其亲族的眷顾和帮助。

　　笔者在《浔海施氏族谱》中查寻出二位"施世魁"，相关记述都很简略：（1）"世魁，字口口，苑侯公次男，生康熙癸未年②八月廿四日辰时。"③（2）"世魁，字文占，国侯公次男，凤山武生，生康熙乙卯年④四月十一日卯时，卒康熙丙子年⑤十一月十一日亥时，

① 高山：《查办台湾武职庄产》，乾隆九年十二月十八日，中国第一历史档案馆等：《明清宫藏台湾档案汇编》第二十一册，九州出版社，2009，第392页。

② 康熙癸未年，康熙四十二年，1703年。

③ 康熙五十四年《浔海施氏族谱》辰本，卷五十二，《万安公第七房五世孙融和公支派》。

④ 康熙乙卯年，康熙十四年，1675年。

⑤ 康熙丙子年，康熙三十五年，1696年。

以胞兄文标次男士燥承嗣。"① 据族谱记载，这两位世魁都为浔海施氏第十七世，可知他们皆系施琅族侄。从他们出生的时间来看，都有机会参与清初台湾的垦殖。那么，是哪位施世魁参与了凤山等地方的垦辟呢？观《浔海施氏族谱》对其族人移居台湾者多有载明相关内容②，第一位世魁未见有这方面的记载，所以不知其有否移居台湾。第二位世魁系"凤山武生"，可知他即居住于凤山县。而其家世颇值得注意，族谱谓其系"国侯公次男"。国侯，即施秉。《浔海施氏族谱》载："秉，字国侯，象吾公三男，以军功授左都督。生崇祯庚辰年③正月廿四日，娶厦门曾厝安曾氏。"④ 施秉是于康熙二十二年（1683年）跟随施琅征台的三十二位施氏族人之一⑤。施世魁为其次子，因早逝，"以胞兄文标次男士燥承嗣"。文标，即施秉长子、开凿八堡圳的施世榜。族谱记载："世榜，字文标，国侯长男，凤山选拔贡生，拣选儒学正堂。生康熙辛亥⑥年十月廿五日寅时。"⑦ 因而似应是第二位施世魁参与了凤山庄等地方的佃垦。大概施世魁从康熙年间起就在凤山庄等地佃垦，他逝世后由承嗣的施士燥继承其事业。士燥虽已出嗣世魁，但毕竟是世榜的亲生儿子，所以倘若佃垦缺

---

① 康熙五十四年《浔海施氏族谱》月本，卷三十一，《万安公二房三五世洒乐公支派》。

② 施伟青：《施琅年谱考略》，岳麓书社，1998，第720～721页。

③ 崇祯庚辰年，崇祯十三年，1640年。

④ 康熙五十四年《浔海施氏族谱》月本，卷三十一，《万安公二房三五世洒乐公支派》。

⑤ 施伟青：《施琅评传》，厦门大学出版社，1987，第178～180页。

⑥ 康熙辛亥年，康熙十年，1671年。

⑦ 康熙五十四年《浔海施氏族谱》月本，卷三十一，《万安公二房三五世洒乐公支派》。

乏资金，似应能够得到世榜的帮助。其他一十三户施氏，当也是在该地方已佃垦多年，所以至乾隆九年（1744 年）高山赴台清查武职庄产时，他们在垦辟方面已取得不小的成绩。总之，施琅在台经营田庄，对于吸引晋江浔海施氏族人渡台参与土地垦殖是发挥了积极作用的。

许倬云教授在谈到施世榜对开发彰化地区的贡献时说：

> 台湾逐步开放之后，有势力的人士就可以在福建或广东，集股投资，招收劳工，在台湾开垦土地，例如，彰化地带的施家，由于是施琅的同族，有特殊的势力，便可以在尚未设立州县的地区，大规模地开发土地。民间传说，著名的施世榜就是开发彰化地区的重要人物。施家的八堡圳，是个大规模的水利系统，将早先还未开辟的彰化平原转变为渠道纵横的良田。①

前已论及，台湾入清后地方政府鼓励人们对土地进行垦辟，人不论贵贱，都可以向官府申领垦照以开垦土地，并非只有"有势力的人士"才有此资格。自清廷把台湾收入版图在台湾设一府三县始，彰化地区就隶属于诸罗县，并非"尚未设立州县的地区"。施世榜对开发彰化地区的重大贡献，在史籍中有明确的记载，并不只是"民间传说"。不过，许倬云教授谓施世榜"是施琅的同族，有特殊的势力"，并将之和大规模的土地开发、大型水利设施八堡圳的建设联系在一起，不是毫无道理的。试想，施世榜开凿八堡圳如此大规模的水利设施，势必要和许多的族群、移民、地方势力甚至官府打交道，须要妥善地协调方方面面的关系，绝不是仅靠雄厚的资金和从事大型建设的经验、技术，就可以顺利完成其规划的。而对于协调各方

---

① 许倬云：《台湾四百年》，浙江人民出版社，2013，第 44 页。

面的关系，无疑施琅的帮助就显得非常重要。施世榜和其父施秉早年曾在施琅支持下从事对日贸易活动①，他能有巨额资金用于开凿八堡圳，当与贸易所得有关。虽然迄今尚未发现施琅支持施世榜开发彰化地区、建设八堡圳的证据，但从他俩的亲密关系来看，认为施琅曾对世榜提供帮助，应不会大谬。从这一点上说其有特殊的势力，也即并非无据了。而八堡圳的投入使用，"将早先还未开辟的彰化平原转变为渠道纵横的良田"，足见施世榜对开辟彰化地区贡献之大。

似应承认施琅平台后继续提督福建水师，坐镇厦门，对于其宗族乡党是多有帮助的。施琅第六子施世骠说："襄壮公开府桑邦"，"宗党不无席庇"②。"桑邦"，指家乡福建；席，即凭借，庇，谓庇荫。世骠并不讳言施琅对于宗族乡党的关照和支持。作为"有力者"的施琅，在隶属于闽省的台湾经营官庄，虽然不免有一定消极的影响，但从总体上看，对于亟须开辟的地广人稀的台岛的土地垦殖、农业的发展和社会经济的恢复进步，无疑具有直接的促进作用。

而更具有意义的是，施琅的官庄在吸引和帮助其宗族乡党前往台湾参与建设方面，发挥了重要的作用。史籍记载，两岸统一后，浔海施氏族人纷纷渡台，加入开辟台湾的行列，如在施学吉、施暂渡主编《临濮施氏族谱》中就载有不少浔海施氏渡台的资料，笔者据之整理列出"渡台浔海派施氏一览表"，可以参看。不过，这里对该表的一些问题须作说明：

一则据传康熙帝曾赐施琅"百字行歌"，前面两句为"卿仕际

---

① 森田明：《第四十二次台湾研究研讨会：台湾开发势力的诸前提——福建晋江的施氏家世》，《台湾风物》第 36 卷第 1 期。

② 康熙五十四年《浔海施氏族谱》荒本，卷二十四，施世骠：《太学生待赠从兄雷峰公传》。

应侯，文章慧业修。至性能纯养，正心得自由"。后来浔海施氏族人
便用之于起名，且以明世系，如修、至、性、能、纯、养、正，分
别用之于第二十一世、二十二世、二十三世、二十四世、二十五世、
二十六世、二十七世浔海施氏族人的命名，余可类推。所以，看其
姓名，就可知其属于浔海施氏某世。倘施氏谱牒所列世系表中有若
干代人使用"百字行歌"中的字起名，且世系和上述相符，即可判
定该支派系浔海施氏。上述表中列入的部分施氏支派即是据此判定
其为浔海施氏的。当然，也有许多浔海施氏族人没有以"百字行歌"
起命，所以不能以偏概全，笼统地以之认定这些施氏并非浔海派。

　　二则历史上浔海派施氏族人居住并不局限于泉州地区，更不局
限于晋江县，在明清时期的漳州府漳浦县等地已有徙居的浔海施氏。
如表中列入的渡台祖施良方、施良乞、施良恭、施良让、施良勤兄
弟五人所在支派的世系表计有十九世，施良方兄弟俩属于第十世，
而其第一世是"始祖妣蔡氏"，第二世施文祥，第三世施均垣等，和
云霄县礁美村收藏的《施氏族谱》所载完全一致。该谱记载始祖妣
蔡氏丈夫系"泉州府晋江县牙（衙）口里浔海派"，"不幸早亡，时
值大明正德年间，干戈扰攘。况牙（衙）口逼近府地，屡被贼兵荼
毒。我始祖妈蔡氏无奈携子直奔至漳州府［漳浦］县云霄六都蕉
（礁）美社而居"①，遂成为施姓开基云霄的始祖。民国《云霄县志》

---

① 施杏春抄录：《施氏族谱》，第 2 页。目前保存于云霄县礁美村的《施氏族
谱》，系该村清末庠生（秀才）施杏春抄录其所见相关施氏族谱编辑而成的，
而被其所录的施氏族谱今已佚。抄录本保存了一些宝贵的资料。不过它也存
在一些谬误，如"正德年间"当为"正统年间"之误，笔者拟另文详考，此
略。该抄录本甚为破旧，文字有所残缺，引文中"漳浦"二字原残缺，据文
例补上，故加［］号。

卷六《氏族》载："施，夏诸侯有施氏。国亡，以国为氏。礁美，明由泉郡入漳，分居礁美，二千余人；云陵镇，一百余人。"[1] 明确指出，云霄县礁美村和云陵镇的施氏是在明代由泉郡（泉州府）迁徙而来的。又题写于清代的礁美村祖祠的楹联谓："树立本根，根深方知蕉山叶茂。德涌渊源，源远乃见浔海流长。"从文意看，这里的"浔海"是指浔海派施氏的发源地晋江衙口，对于移居繁衍异地他乡的施氏族人而言，它可谓源远流长。而这和上述族谱、县志的相关记载又是一致的，可以相互佐证，足见云霄礁美村施氏的来源甚明[2]。总之，历史上渡台的浔海施氏迁出地较为广泛，不止来自泉州府。

三则表中有部分支派谱牒的世系表没有标明其渡台祖为何人，这使我们无法了解该支派渡台后下传了几代。有七个世系表，既载明其祖籍是"晋江县衙口乡"，又交代了该谱牒的提供者，却偏偏未注明渡台祖为谁，如屏东施德明提供的家谱世系表列有五代，他本人属于第四代。既然祖籍是晋江衙口，而他又居住于台湾屏东，当然就有渡台祖，但他是谁呢？未见标明。再如台中市施万福提供的家谱世系表列有七代，他本人属于第五代。祖籍晋江衙口的他，所在支派当然也有渡台祖，但同样没有载明。台北市施铭锵、台南市施茂森、施连庆等所分别提供的谱牒，也都存在同样的问题，令人遗憾。表中未标明渡台祖的各支派，理应各有一位渡台始祖，因此在统计渡台祖人数时也将其计入。

四则从表中可知载有下传代数的渡台祖计有二十一位，其中：下传九代、八代、七代、五代、三代的各二位，六代、四代的各四

---

① 民国三十六年《云霄县志》重刊本，云霄县人大常委会编印，2006，第62页。

② 对于云霄县礁美村施氏的源流，笔者拟以专文考述，这里仅是简略提及。

位，二代的三位。学界通行的看法认为，下传一代平均约为三十年。施学吉、施暂渡《临濮施氏族谱》出版于 1968 年，渡台祖计算下传代数，当是至此年为止。据此，计算出下传各不同代数的渡台祖出生的大约时间：下传九代的为康熙三十七年（1698 年），八代的为雍正六年（1728 年），七代的为乾隆二十三年（1758 年），六代的为乾隆五十三年（1788 年），五代的为嘉庆二十三年（1818 年），四代的为道光二十八年（1848 年），三代的为光绪四年（1878 年），二代的为光绪三十四年（1908 年）。由之似可看出，除三位下传二代的外，其他十八位浔海施氏应都是在清代徙居台湾的，最先渡台者不会早于康熙末年，最晚者则至清末。

　　五则从表中可计算出浔海派施氏共有五十二位渡台祖。而康熙五十四年《浔海施氏族谱》记载："润琼，字佩侯，应裕公次男，生康熙辛亥年五月初四日酉时，卒康熙甲午年九月二十日巳时，葬台湾。娶梅林李氏，生男一俊日。"① "世仪，均遗次男，生康熙□年□月□日□时，俱住在台湾。"② "荣宋，字及殷，中午公次男，生顺治己亥年四月廿七日卯时，娶台湾□氏，生□年□月□日□时，生男二：龙从、龙兴，住台湾。"③ "荣德，字及性，中陆公长男，生康熙壬寅年七月廿四日午时，娶黄氏，生康熙□年□月□日□时，出住台湾。"④ "俊秩，字文庸，毅洪公次男，生康熙乙卯年十一月十七日子时，卒康熙甲午年十二月初二日卯时，葬台湾法华寺前。……

---

① 康熙五十四年《浔海施氏族谱》洪本，卷二十，《守忠公五世孙子翰公支派》。
② 康熙五十四年《浔海施氏族谱》收本，卷一，《真乞公长房五世孙体清公支派》。
③ 康熙五十四年《浔海施氏族谱》收本，卷三，《世郎公十二世孙》。
④ 康熙五十四年《浔海施氏族谱》收本，卷三，《世郎公十二世孙》。

娶杆柄蔡氏。……生男士锵。"① "锡锦，字絅侯，太初公男，生顺
治戊戌年三月十二日未时，卒康熙己丑年六月初五日辰时，葬台湾
洲仔尾。"② 施润琼、施世仪、施荣宋、施荣德、施俊秩、施锡锦或
"出住台湾"，或逝世后"葬台湾"，可知他们是渡台的浔海施氏。
而他们的名字皆异于表中列出的渡台祖。表中所列渡台祖姓名不详
的支派，在台下传最多的仅为八代（见序号第 43，世系表共为九
世，可知下传八代）。前已指出，下传八代者约生于雍正六年（1728
年），所以他不可能于康熙年间（1662～1722 年）渡台。可见《浔
海施氏族谱》所载施润琼等六位渡台的浔海施氏未被收入《临濮施
氏族谱》中。

而前述的施世魁等十四户从康熙年间起就在台湾凤山庄等地方
从事佃垦的施琅亲族，因为档案材料未列出施世魁以外其他十三户
的姓名，所以无从知道施润琼等六位浔海施氏是否包含在这十三户
之中。

此外，前已指出，浔海派施世榜于康熙年间就在台湾彰化地方
从事垦辟，并开凿大型水利设施八堡圳。

综上，可以计算出渡台的浔海派施氏的人数，如果施润琼等六
位不在十三户之中，则为：52 + 6 + 14 + 1 = 73（位）。倘若施润琼等
六位包括在十三户之中，则是：52 + 14 + 1 = 67（位）。这个数字当
和渡台的浔海施氏的实际人数存在不小的差距，因为谱牒的相关记
载往往难免疏漏。泉州地方史研究专家粘良图先生告诉笔者，据其

---

① 康熙五十四年《浔海施氏族谱》宙本，卷三，《守忠公五世孙方员公方重公
支派》。
② 康熙五十四年《浔海施氏族谱》辰本，卷五十，《济民公第七房长五世孙弘毅
公支派》。

调查，施琅在世时对于衙口施氏族人十分关照，施氏族人渡台的很多。这是足资参考的。

我们虽然不能说浔海施氏族人移居台湾，全都和施琅及其后裔在台经营官庄有关，但似应承认，施琅的官庄在实际上成为了晋江等地施氏族人开拓台湾的据点，为渡台的施氏族人的相互联络沟通提供了一个稳定的平台，并能够维系、支持和帮助这些离开故里的施氏族人。因此，它对于吸引宗族乡党前往台湾加入垦辟大军，具有不可替代的催化的意义。前述施世魁等一十四户施氏亲族参与凤山庄及其附近地区的佃垦并取得不小的成绩，即为其例。所以，在对施琅经营官庄作出评价时，不应忽略其在这个方面所起到的积极作用。

附录　渡台浔海派施氏一览表

序号	渡台祖姓名	祖籍或堂号	下传代数（不计渡台祖）	提供谱牒者	资料来源页码	备　注
1	施性馆	福建省晋江县衙口乡	4	施纯仁	第 37 页	该支派世系表载施性馆为第 23 世
2	施世鉴	晋江县衙口乡希舜公派下	9	缺	第 38 ~ 39 页	该支派世系表载施世鉴为第 17 世
3	施国盘	晋江县衙口乡安礼公派下	6	缺	第 39 页	该支派世系表载施国盘为第 19 世
4	施士洽	晋江县衙口乡安礼公派下	7	缺	第 39 页	该支派世系表载施士洽为第 18 世
5	施国坶	晋江县衙口乡安礼公派下	5	缺	第 39 ~ 40 页	该支派世系表载施国坶为第 19 世
6	施光场	晋江县衙口乡安礼公派下	4	缺	第 39 ~ 40 页	该支派世系表载施光场为第 20 世
7	施光圆	晋江县衙口乡安礼公派下	不详	缺	第 39 页	该支派世系表载施光圆为第 20 世
8	施　补	晋江县衙口二房三舍东堡份	8	鹿港镇施应成	第 43 页	该支派世系表载施补为第 19 世

序号	渡台祖姓名	祖籍或堂号	下传代数（不计渡台祖）	提供谱牒者	资料来源页码	备　注
9	施国伦	晋江县衙口乡	6	嘉义施天海	第44页	该支派世系表载施国伦为第19世
10	施　门	晋江县衙口乡长房四柱	5	北港施桂商	第45页	该支派世系表载施门为第22世
11	施世意	晋江县衙口乡	6	施培桂	第47页	该支派世系表载施世意为第17世
12	施　参	泉州府晋江县衙口乡	4	施金豆	第47页	该支派世系表载施参为第22世
13	施伯庭	晋江县衙口乡	8	台中市施炳坤	第67页	该支派世系表载施伯庭为第18世
14	施国居	福建省泉州府晋江县石狮区衙口乡二房份九耳柱	6	高雄市施耀宗	第70页	该支派世系表载施国居为第19世
15	不　详	福建省泉州府晋江县南门十七、十八都衙口乡	不　详	缺	第38页	该支派世系表计列出5代，未标明渡台祖
16	不　详	福建省泉州府晋江县衙口乡	不　详	缺	第38页	该支派世系表计列出4代，未标明渡台祖
17	不　详	福建省晋江县衙口乡	不　详	缺	第38页	该支派世系表计列出6代，未标明渡台祖
18	不　详	福建省泉州府晋江衙口乡	不　详	屏东施德明	第40页	该支派世系表计列出5代，未标明渡台祖
19	不　详	福建省晋江县衙口乡	不　详	台北市施铭锵	第42页	该支派世系表计列出5代，未标明渡台祖

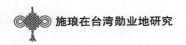

序号	渡台祖姓名	祖籍或堂号	下传代数（不计渡台祖）	提供谱牒者	资料来源页码	备注
20	不详	晋江县衙口乡	不详	台南市施茂森	第44页	该支派世系表计列出4代，未标明渡台祖
21	不详	晋江县衙口乡	不详	施火生	第44页	该支派世系表计列出4代，未标明渡台祖
22	不详	福建省晋江县衙口乡	不详	施登和	第46页	该支派世系表计列出5代，未标明渡台祖
23	不详	福建省晋江县衙口乡十七、十八都	不详	缺	第46页	该支派世系表计列出5代，未标明渡台祖
24	不详	福建省晋江县衙口乡十七、十八都	不详	缺	第46页	该支派世系表计列出7代，未标明渡台祖
25	不详	泉州府晋江县衙口乡	不详	施顺德	第47页	该支派世系表计列出7代，未标明渡台祖
26	不详	晋江县衙口乡	不详	台南市施连庆	第50页	该支派世系表计列出5代，未标明渡台祖
27	不详	浔海（晋江县衙口乡旧二房）	不详	缺	第50页	该支派世系表计列出6代，未标明渡台祖
28	不详	晋江县衙口乡	不详	施纯朴	第51页	该支派世系表计列出4代，未标明渡台祖
29	不详	福建省泉州府晋江县衙口乡	不详	台中市施万福	第55页	该支派世系表计列出6代，未标明渡台祖
30	不详	泉州府晋江县衙口乡	不详	施本	第66页	该支派世系表计列出5代，未标明渡台祖

序号	渡台祖姓名	祖籍或堂号	下传代数（不计渡台祖）	提供谱牒者	资料来源页码	备　注
31	不详	晋江县衙口乡安礼公派下	不详	施本	第66页	该支派世系表计列出5代，未标明渡台祖
32	不详	晋江县衙口乡希舜公派下	不详	施本	第66页	该支派世系表计列出3代，未标明渡台祖
33	不详	泉州府晋江县衙口乡	不详	施本	第66页	该支派世系表计列出4代，未标明渡台祖
34	施良方	福建省漳州府晋江县浔海泉郡	不详	施旗珍	第37页	"漳州府"系"泉州府"之误。施良方和后面列出的施良乞、施良恭、施良让、施良勤系亲兄弟
35	施良乞	福建省漳州府晋江县浔海泉郡	不详	施旗珍	第37页	
36	施良恭	福建省漳州府晋江县浔海泉郡	不详	施旗珍	第37页	
37	施良让	福建省漳州府晋江县浔海泉郡	9	施旗珍	第37页	
38	施良勤	福建省漳州府晋江县浔海泉郡	不详	施旗珍	第37页	
39	不详	浔江	不详	施养	第50页	该支派世系表计列出6代，未标明渡台祖。浔海派施氏亦称浔江派施氏
40	不详	浔江	不详	施水木	第51页	该支派世系表计列出6代，未标明渡台祖

续表

序号	渡台祖姓名	祖籍或堂号	下传代数（不计渡台祖）	提供谱牒者	资料来源页码	备　注
41	施国心	浔江	2	缺	第 51 页	
42	施能清	浔江	2	缺	第 51 页	
43	不　详	浔江漳浦	不　详	缺	第 65 页	该支派世系表计列出 9 代，未标明渡台祖。"浔江漳浦"应是指此支浔海派施氏渡台前系住于漳浦县
44	不　详	泉州府晋江县南门外杆头乡	不　详	缺	第 42 页	该支派世系表计列出 5 代，第 1 代施修晓，其后代多以至、性、能、纯起名。注明的世系是第 21 世至第 25 世。可知其为浔海派施氏。未标明渡台祖
45	不　详	泉州府晋江县南门外杆头乡	不　详	缺	第 42 页	该支派世系表计列出 5 代，第 1 代施修甜，其后代多以至、性、能、纯起名。注明的世系是第 21 世至第 25 世。可知其为浔海派施氏。未标明渡台祖
46	施清	晋江县杆头乡	3	缺	第 43 页	该支派世系表载施清父名能榷，系第 24 世。其兄弟名纯陆、纯永；其后代有以养、正、心取名者。可知其为浔海派第 25 世纯字辈
47	不　详	不　详	不　详	缺	第 47 页	该支派世系表计列出 6 代，为第 19 世至第 24 世。第 23 世、第 24 世分别皆以性、能起名。可知其为浔海派施氏。未标明渡台祖

序号	渡台祖姓名	祖籍或堂号	下传代数（不计渡台祖）	提供谱牒者	资料来源页码	备 注
48	不 详	不 详	不 详	缺	第 54 页	该支派世系表计列出 4 代，第 1 代施修蛇，系第 21 世。其孙、曾孙以性、能起名。可知其为浔海派施氏。未标明渡台祖
49	施性柿	不 详	3	缺	第 54 页	该支派世系表载施性柿为第 23 世。其后代多以能、纯、养起名。可知其为浔海派施氏
50	不 详	不 详	2	缺	第 54 页	该支派世系表载第 23 世、第 24 世多分别以性、能起名。可知其为浔海派施氏。未标明渡台祖
51	施静齐	不 详	7	缺	第 55 页	该支派世系表载其后代从孙辈（第 23 世）以降多以性、能、纯、养起名。可知其为浔海派施氏
52	施 粟	不 详	4	缺	第 55 页	该支派世系表载施粟子（第 24 世）孙（第 25 世）有以能、纯起名者。可知其为浔海派施氏

据施学吉、施暂渡主编《临濮施氏族谱》（台光文化出版社，1968）整理。

后　记

为研究本课题，本人曾拟赴台湾就施琅勋业地问题进行为期三个月的田野调查并查阅相关的清代档案资料。但是，在申办入台证件过程中，被台方有关部门先后多次告知须补充相关材料，且要详细载明在那三个月期间每天的上午、下午和晚上在何处、做何事。这些，本人都一一照办，然不知何故，最终仍未获准入台。

本课题系晋江市政府研究基金项目。值此结题之际，谨向晋江市委、市政府和曾向我提供过帮助的历任中共晋江市委书记和泉州市委书记的施永康先生、福建省姓氏源流研究会施氏委员会创会会长施良泉董事长、中山市福建商会会长王清洗董事长、澳门施氏宗亲会原会长施维伟董事长、台北县（今新北市）福建同乡会名誉会长施鸿儒董事长、台湾晋江商会副会长施晓锋董事长、台湾晋江商会秘书长施辉煌董事长致以衷心的感谢！

多年来，我一直得益于恩师陈孔立先生的教诲。研究本课题时，先生又提供了相关资料，谨此志谢！

施伟青

2014 年 8 月 16 日

图书在版编目（CIP）数据

施琅在台湾勋业地研究／施伟青著. —北京：社会科学文献
出版社,2015.5
ISBN 978 - 7 - 5097 - 7263 - 8

Ⅰ.①施… Ⅱ.①施… Ⅲ.①施琅（1621 ~1696）- 人物
研究 Ⅳ.①K825.2

中国版本图书馆 CIP 数据核字（2015）第 052973 号

施琅在台湾勋业地研究

著　　者／施伟青

出 版 人／谢寿光
项目统筹／宋月华
责任编辑／李兴斌　　周志宽

出　　版／社会科学文献出版社 · 人文分社（010）59367215
　　　　　　地址：北京市北三环中路甲 29 号院华龙大厦　邮编：100029
　　　　　　网址：www. ssap. com. cn
发　　行／市场营销中心（010）59367081　　59367090
　　　　　　读者服务中心（010）59367028
印　　装／三河市尚艺印装有限公司

规　　格／开　本：787mm × 1092mm　1/16
　　　　　　印　张：15.75　字　数：190 千字
版　　次／2015 年 5 月第 1 版　2015 年 5 月第 1 次印刷
书　　号／ISBN 978 - 7 - 5097 - 7263 - 8
定　　价／69.00 元